· 教育家成长丛书 ·

汪智星
与本真教育

WANGZHIXING YU BENZHEN JIAOYU

中国教育报刊社·人民教育家研究院 组编

汪智星 著

北京师范大学出版集团
BEIJING NORMAL UNIVERSITY PUBLISHING GROUP
北京师范大学出版社

图书在版编目（CIP）数据

汪智星与本真教育/中国教育报刊社人民教育家研究院组编；
汪智星著．—北京：北京师范大学出版社，2018.8
（教育家成长丛书）
ISBN 978-7-303-23833-0

Ⅰ.①汪…　Ⅱ.①中…　②汪…　Ⅲ.①小学语文课—教学研究
Ⅳ.①G623.202

中国版本图书馆 CIP 数据核字（2018）第 129777 号

营 销 中 心 电 话　010-58802181　58805532
北师大出版社职业教育与教师教育图书网　http://zjfs.bnup.com
电 子 信 箱　zhijiao@bnupg.com

出版发行：北京师范大学出版社　www.bnupg.com
　　　　　北京新街口外大街 19 号
　　　　　邮政编码：100875
印　　刷：大厂回族自治县正兴印务有限公司
经　　销：全国新华书店
开　　本：787 mm×1092 mm　1/16
印　　张：22.25
字　　数：381 千字
版　　次：2018 年 8 月第 1 版
印　　次：2018 年 8 月第 1 次印刷
定　　价：58.00 元

策划编辑：倪　花　伊师孟　　　责任编辑：周　鹏
美术编辑：焦　丽　　　　　　　装帧设计：焦　丽
责任校对：段立超　陈　民　　　责任印制：陈　涛

教育家成长丛书

编委会名单

总　序

　　教育是国家发展的基石，教师是基石的奠基者。古人云："国将兴，必贵师而重傅。"兴国必先强教，强教必先重师。党中央、国务院高度重视教师队伍建设。2013 年教师节，习近平总书记在给全国广大教师的慰问信中指出："百年大计，教育为本。教师是立教之本、兴教之源，承担着让每个孩子健康成长、办好人民满意教育的重任。"2014 年，在第 30 个教师节前夕，习总书记到北京师范大学视察并发表重要讲话，指出："一个人遇到好老师是人生的幸运，一个学校拥有好老师是学校的光荣，一个民族源源不断涌现出一批又一批好老师则是民族的希望。"《国家中长期教育改革和发展规划纲要（2010－2020 年）》也明确提出，"有好的教师，才有好的教育"，要"努力造就一支师德高尚、业务精湛、结构合理、充满活力的高素质专业化教师队伍"。"倡导教育家办学"，要创造有利条件，鼓励教师和校长在实践中大胆探索，创新教育思想、教育模式和教育方法，形成教学特色和办学风格，造就一批教育家。"两个一百年"奋斗目标的实现、中华民族伟大复兴中国梦的实现，归根结底靠人才、靠教育，而支撑起教育光荣梦想的，是千百万的教师。

　　时代呼唤好老师。有一流的教师，才有一流的教育；有一流的教育，才有一流的国家。出名师、育英才、成伟业，是时代赋予我们教育战线的神圣使命。"所谓大学者，非谓有大楼之谓也，有大师之谓也。"好学校、好教育的最重要标准，就是要有好老师。一所学校、一个地区，乃至一个国家，如果教师有理想、有爱心、有学识、有高超的教育艺术，那么硬件设施即使有些简陋，家长、学生也会心向往之。教师是中国梦的奠基者。教师的重要使命，就是为每个孩子播种梦想、点燃梦想，并帮助他们实现梦想。每一间平凡的教室，每一节朴实的课，都不仅是知识的传递，更是人类文明精神的接续、人生梦想的起航。正是有亿万个孩子梦想的放飞、绽放，中国梦才更加光彩夺目。如果说中国梦最坚实的土壤是在学校，那么教师就是最伟大的"筑梦师"，他们用默默无闻、孜孜不倦的智慧劳动，让每一颗年轻的心灵都与中国梦激情相拥。

倡导教育家办学，造就一批好老师，首先要尊重、珍惜我们的本土智慧、本土创造。教育家不是凭空产生的，而是扎根于自己的民族文化土壤，同时吸收一切人类文明成果，从而创造出独特而生动的教育实践、教育智慧和教育文明。五千年源远流长的中华文明，不但形成了有我们民族特色的教育理论话语体系，而且涌现出了千千万万优秀的教育家，有被推崇为"大成至圣先师""万世师表"的孔子，有"匹夫而为百世师，一言而为天下法"的韩愈，有"捧着一颗心来，不带半根草去"的人民教育家陶行知，等等。改革开放30多年来，随着教育改革的不断深入，教育战线涌现出了一大批杰出教师。他们痴情于教育事业，坚守理想信念和教育良知，在三尺讲台上默默耕耘、刻苦钻研，同时以敢为天下先的精神大胆创新，不断进取、不断超越，形成了各具特色的教育思想和教学风格。正是他们的成功探索和实践，创造了具有中国风格的教育经验，丰富了具有中国特色的教育理论宝库。原由教育部师范教育司组织编写，现由中国教育报刊社人民教育家研究院具体组织编写的"教育家成长丛书"，就是要向这些宝贵的本土创造性的教育经验致敬。

当前，教育领域综合改革正在深入推进，考试招生制度改革的大幕已经拉开，立德树人、培育和践行社会主义核心价值观成为大中小学教育的头等任务。可以预见，中国教育将发生深刻的变革，将从"中国制造"向"中国创造"转变。"没有革命的理论，就没有革命的运动。"没有适合中国土壤、具有中国智慧的教育理论，就不可能为未来的中国教育改革提供有效的指导。我们的教育要向"中国创造"飞跃，必然要首先创造属于我们自己的教育理论，而不是"言必称希腊"或者老是贩卖欧美的教育理论。170多年前，美国思想家、诗人爱默生发表了著名演说《美国学者》，号召美国知识界："我们依赖旁人的日子，我们师从他国的长期学徒期时代即将结束。在我们周围，有成百上千万的青年正在走向生活，他们不能老是依赖外国学识的残余来获得营养。"由此，美国迈入精神立国阶段。

如今，我们也面临与爱默生同样的情形。随着我国GDP已从世界第二向第一迈进，我们的经济崛起已成为事实，但在道德文明、文化精神等方面，我们还需奋起直追。没有文明的崛起，经济崛起就难以持续。当务之急，是我们需要化解内心深处的文化自卑情结，摆脱对他国文明的精神依附，自觉养成强烈的"中国意识"，独立的中国文化品格，并由此去俯视世界，去改造本土实践，去创造属于我们自己的精神养料——这在教育界显得尤为紧迫。"教育家成长丛书"，旨在把我们本土教育实践中蕴含的中国智慧提炼出来，从而形成具有时代意义的中国特色的教育话语体系，再以此去观照、引领、改造中国的教育实践，为伟大的教育改革提供经验、理论支持，也为未来的教育家提供丰富、可资借鉴的精神养料。

让我们为中国教育的伟大未来一起努力吧！

2018 年 3 月 9 日

前 言

见证着中国基础教育半个世纪的春华秋实，代表着中国基础教育教学成果的最高成就——"首届基础教育国家级教学成果奖"，闪耀着李吉林、窦桂梅、吴正宪、张思明、洪宗礼、唐江澎、邱学华、于永正、孙双金、薄俊生、龚春燕等一大批优秀教师的名字。而上述这些杰出代表恰恰都是《人民教育》"名师人生"栏目中最受读者喜爱的名师，都是"教育家成长丛书"的作者。

"教育家成长丛书"（以下简称"丛书"），是在第20个教师节前夕，为了研究、总结、宣传和推广我国众多优秀中小学教师的先进教育思想和鲜活的宝贵的教育教学经验，培养造就一大批德才兼备的优秀教师和杰出的教育家，促进教师队伍整体素质的提高，根据教育部党组安排，由师范教育司组织编写的一套凝聚着一大批教育家成长智慧的大型教育丛书。

"丛书"自2006年问世以来，不但得到国务院和教育部领导同志的高度重视，而且先后印刷多次尚不能满足广大读者的需求。这其中的奥秘何在？

当你翻开"丛书"，每一部著作都讲述着一位教育家成长的故事。这些著作主要从"成长历程""思想概述""课堂实录"和"社会反响"等方面全景式反映其教育思想、教育智慧、专业精神和专业人格的形成过程与教学实践过程。这是教育家成长的基本素质所在。

当你沿着教育家成长的足迹走近他们的时候，你会融进这些带有"草根色彩"，扎根中华教育实践大地，充满田野芳香的真实感人的教育故事中。

当你从"丛书"中，从这些当年和自己一样的普通教师，成长为今天受人尊敬的教育家的成长过程中受到启迪，当你触摸着自己的心，把学生的成长和祖国的未来紧紧连在一起的时候，你会真切地感受到教育家离我们并不遥远。

当你用整个身心蘸着自己的生活积累去品味"丛书"中的每一部著作的"成长历程"时，在一位位名师不断学习、不断超越自我、不断超越学科教学的求索足迹中，你会读懂"教育是事业，其意义在于奉献"的丰富内涵。

当你研读"丛书"中的每一部著作的"思想概述"，和每一位名师展开心灵对话的时候，都会深深地感受到，一名教师对教育独立的理解与执着的追求有多么重要。从一名普通的教师成长为受人尊敬的教育家的过程中，你会读懂"教育是科学，其价值在于求真"的深刻含义。透过"丛书"，你会看到一代代教师用爱与智慧塑造民族未来的教育理想。

随着我们从"知识核心时代"走向"核心素养时代"，教师教育教学活动的视野已拓展到人的生存与发展的方方面面。教师要结合自己的教学实践去感悟"教育理念是指导教育行为的思想观念和精神追求"，应该把爱化为自己的教育行为，让爱充盈课堂，触摸到一个个灵动的生命，让爱产生智慧，让爱与智慧在学生心中留下岁月抹不去的美好回忆，让教育者和受教育者都感受到教育的幸福。这是"丛书"给我们的启示，也是每位教师应有的胸怀和视野。

时代呼唤教育家。为了进一步把我们本土教育实践中蕴含的中国智慧提炼出来，从而形成具有时代意义的中国特色的教育话语体系，以此去观照、引领、创新中国的教育实践并在更大范围加以推广，"丛书"将由中国教育报刊社人民教育家研究院继续组织编写，希望能够在更广大教师的心田中播种教育家成长的智慧，从而出更多的名师，育更多的英才，成就中华民族复兴的伟业。这是时代赋予广大教育工作者的神圣使命。如果广大教师能在每位教育家成长、探索教育智慧的过程中受到启迪，形成自己的教育智慧，则实现了我们编辑这套"丛书"的初衷。

"教育家成长丛书"
编委会
2018 年 3 月

目 录
CONTENTS
汪智星与本真教育

本真的课堂
——我的课堂实践

本真的影响
——我的社会反响

［附　录］

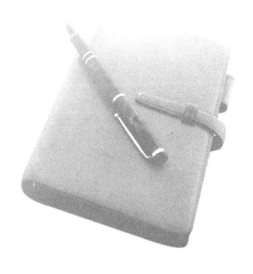

本真的自我
——我的成长之路

一、乡村学校遇良师

（一）在大山，我遇到了张锦根校长

1. 车田小学，我正向你深情走来

师范学校毕业后的那个暑期，在参加了由县教师进修学校举办的新教师岗前培训后，我和同期的师范毕业生都拿到了由县教育局开出的分配介绍信。50 多个人都被分配到了全县各个学校。我看了看自己的介绍信，上面写着"鄣山乡车田小学"（后改名为"大鄣山希望小学"）。说句心里话，我根本就不知道这所学校在哪里，因为从没有到过，也从没有听过。

那时，有的同学欢呼着自己被分配到了离县城不远的郊区小学，也有一些同学欣喜地嚷着自己被分配到了大镇上的中心校。那一刻，我的内心有点不是滋味。回到家，我把分配的消息告诉了家里人，父亲、母亲也不知道这所学校在婺源的哪个镇、哪个乡。我的爷爷是一位老中医，从小跟着自己的父亲在全县各地行医治病。爷爷告诉大家，鄣山是一个乡，在婺源县的最北边，车田是一个村委会的所在地。那个地方交通极其不便，以前，他到那里行医治病主要是靠步行。

爷爷的话犹如寒冬腊月里的一盆凉水浇到了我的头顶。次日，我收拾好行囊，独自出发了。我从离村口五六里地的候车点挤上了一趟班车，一路颠簸，约莫 2 小时，到达了县城汽车站。在车站询问了工作人员，得知要想到鄣山乡车田村，先得坐车到清华镇，再转车。当时的班车很少，去清华镇的班车等到下午 2 点左右才发车，一路行驶，足足开了 2 小时才到清华镇。我下车问当地人还有什么车可以到时，大家都惊讶地望着我，说："小伙子，这时候哪还有车去车田。你要么在这里找家旅店住一晚，要么步行前往车田。不过，还是建议你明早再乘车去。现在天快黑了，这一路上，深山密林的，没有人家，足足有 20 里的路程呢。"被这些好心的本地人一说，我真有住上一宿的念头，但摸了摸兜里母亲给的几十元零钱，又有些舍不得。于是，我鼓足勇气，在心里告诉自己：没啥的，自己年轻力壮，即便遇到野兽，我也可以赤手空拳斗一斗。

我背着行囊，一路疾行。当走到被当地称为清华水库的地方，月亮已升上天空。我望了望迷人的天空和四周黑乎乎的林子，内心似乎有一种温暖，因为这一切景致跟老家夜里的差不多。我继续走着，这时，时而从路边的丛林里传来小动物们爬过的"哗哗"声，时而从右边的水库里传来水鸟的"呱呱"声，时而还有大鸟从头顶飞过。我抬头望去，总感觉那鸟的影子特别的大。

一路上，我心里只记得赶路，20里地的夜路，走了不到2小时，便看到不远处闪着星星点点亮光的村落。夜里望去，我感觉村落比较大，至少比我老家的村子大。

迎着亮光，我敲了好几家村民的门再三询问后，才找到了那所我即将在这里从事教育教学工作的学校。到了校门口，校门已锁上，我没有立马敲门，而是借助这满天的星光和村落里微弱的灯光注视了一阵这所学校的大门。大门口并没有"郭山乡车田小学"的字样，倒是在大门中间有一颗特别大的五角星。望着这样的大门装饰，我基本上能猜着学校建造的年代，因为我读小学时的学校大门也跟这差不多。大门顶上长满了密密的似乎挺旺盛的灌木丛，望着这一切，我有点迟疑，真有点怀疑这就是我要开始工作的地方。

我敲了好几次门，见没有回应，便大喊了几声。片刻，一位年轻男士出来为我开门。当我告诉他我的来意后，他非常热情地帮我提行李。在自我介绍中，我知道了他就是郭山乡车田小学的校长张锦根。我在张校长家里坐了片刻后，他便带我来到一间早已打扫得干干净净的房间。他告诉我，这是近两天让学校总务主任帮忙打扫出来的。这是一个套间，里一间，外一间，他问我想住哪一间，因为还有一位年轻老师要分配到这里来教书。我选择了外面一间。我躺下来望了望这间小房子，多大呢？一张不大的小木床、一张小方桌、一把椅子，再加上我带去的一个小皮革箱，也就是这么大的一间小房子而已。不过，想到自己终于来到了分配的学校，想到从现在开始，自己就是这所学校里的一名教师，想到今后在这所学校里将会如何去实现自己的一个个美好的梦想……那个晚上，我很快就进入了甜蜜的梦乡。

2. 好人张校长，引领我走上教育路

在外乡教书，在那个交通和信息传递极其不便的年代，我在车田小学也只有寒假、暑假回家，其他时间均在学校里度过。在这期间，学校成了我和另外一个外乡教师的家。尤其是张校长的家，让我感到特别温暖。乡下条件艰苦，学校食堂只有

从乡下老百姓购来的一些蔬菜，如豆角、萝卜、白菜之类的。鱼呀，肉呀，食堂里是很少有的。我们这些年轻人想吃到肉，就常常往张校长家里跑。张校长真诚，他的爱人也热情，每每蒸熟肉后，就会喊我们去尝尝鲜。记得有一次，学校终于杀了一头猪，卖掉大部分后，决定让食堂实实在在地蒸一大脸盆肉给全校十几位老师吃。那一餐，硕大的油嘟嘟的肉块，我一口一块，一连吃了 18 块。从此，我在那所学校吃肉排上了头号。

　　那些日子，我们的吃、住、行条件都非常艰苦，但是老师们一个个都乐呵呵的，彼此真诚待人，一心教书，不求回报，毫无怨言。刚到这所学校，张校长便让我担任班主任，教五年级一个班的语文和全校各班的体育教学。我算了算，加上早读和晚自习，一个星期共 23 节课。面对这样的教学工作量，我不假思索地接受了，还乐呵呵的。心想，这是张校长对我的重视，对我的信任。这个案例，在今天，我常常跟当下的老师们分享，因为现在的老师太在乎自己一点一滴的得与失，太懂得和在意享受生活了，太追寻那种"安逸"生活了。可在那时，张校长跟我说："工作任务会很重的。"我总是乐呵呵地说："不重。做着这样的工作，同自己随父母在暑天里顶着烈日在山上挖地、砍柴，在田里割稻、插秧比起来，又算得了什么？"

　　从那一刻开始，张校长对我的关爱似乎更多了一些，尤其是在教学业务上对我的指导更多些。一天晚上，吃过晚饭，大山里的风吹来，凉凉的，真有一种轻风拂面的惬意。这时，张校长拿着他的一个备课本到我的床边，我们挨着坐一起，当我翻开他的备课本时，首先被他那优美、隽永的钢笔字吸引了。他告诉我，这是他前两年在县城听一位特级教师上《卖火柴的小女孩》一课时做的听课笔记。细看听课笔记，密密麻麻，却井井有条，红色、蓝字的字体交叉着记录。他还告诉我，这位特级教师的语文教学水平非常高，那天会场上听课的老师听到这位特级教师深情讲述安徒生的妈妈乞讨发生的故事时，一个个都默默地流泪了。出于对张校长的尊重和对这位特级教师教学水平的好奇，我静静地听着张校长详尽地给我讲述、分析这位特级教师是如何上《卖火柴的小女孩》一课的。

　　我记得他是这样转述的：读了《卖火柴的小女孩》这个题目，同学们有什么疑问吗？在学生们纷纷提出问题后，教师准确、巧妙地抓住 3 个问题来引导学生进一步读书、思考，即小女孩是在什么样的情况下卖火柴的？小女孩是怎样卖火柴的？

小女孩最后怎么样了？开始我不明白课堂上学生提出了许许多多的问题，为什么这位特级教师只捕捉到这3个问题。后来，在张校长的悉心分析下，我欣喜地发现，这3个问题其实就是整个童话故事发生、发展的一条主线。课堂教学的主线清晰了，教师教的思路、学生学的思路也就清晰了。我后来成长为特级教师时，提出的"主线清晰、细节饱满"的好课观也是受了此影响。要是没有早年张校长这样手把手地指导我、帮助我、关爱我，我的成长是不可能这么快的。

在大山里，我和张校长共事了2年。2年后，我调离了车田小学，张校长后来也调离了车田小学，去其他乡镇学校任校长一职，但我们的联系不断，情谊不断。我庆幸自己一走上工作岗位，虽然教书的条件极其艰苦，但碰到了教学人生中的第一位好校长——张锦根。他让我对教学产生了些许的兴趣，对教学有了琢磨的意识——我总在想，原来教学中的某一个问题可以这样去思考、去处理、去改善，效果会更好。

大山2年，我有了一些人生的感悟。

条件艰苦，更加可以让人的心智得到历练，尽快成长、成熟；遇上好人，可以让自己的教学之路不走偏，不走错。看来，年轻老师多吃点苦，真是一件好事！年轻老师遇到好人，真是人生的大幸事！

南昌市东湖区委书记刘闯一行莅临"汪智星名师工作室"调研

（二）在老家，找寻着教学的滋味

1. 首次外出，外面的世界真精彩

在郌山乡车田小学工作 2 年后，我调到了家乡江湾镇中心小学任教。与此同时，学校从中云镇调来了胡万开同志任江湾镇中心小学校长，从晓容乡调来了江立源同志任江湾镇中心小学副校长。听说这两位校长都是有真才实学的，他们在全县都是赫赫有名的，在没有跟他们直接接触前，我就已经感到特别的庆幸。

虽然工作前两年我教过语文，但我对体育学科的教学更感兴趣。到了江湾镇中心小学后，校长照样安排我任班主任，教一个班的语文和学校高段班级的体育。在这里工作近三个月，正逢全县举行体育学科教师教学大比武，校长派我代表学校参加。没想到初生牛犊不怕虎的我，竟拿了全县第三名。回到学校后，可能是校长觉得眼前这位小伙子还是蛮有教学潜能的，于是派我去山东济南参加一次全国性的小学语文教学研讨会。那是 1997 年，当时，教师外出培训学习的机会是少得可怜的。那次外出学习，全县只有 4 个指标，一个大学区仅 1 个，整个江湾学区共 6 个乡镇的教师，只有 1 个指标，胡校长竟把这个学习的机会给了我。

外面的世界到底有多精彩，外面的课堂教学到底怎样，我一无所知，因为在这之前，我从未出过远门，更没有看过那些名师们的课堂教学。我怀着好奇与憧憬，和其他学区的 3 位老师前往济南。

大会第一天上示范课的是一位头发银白的老先生，大概 50 余岁。主持人介绍，他叫于永正，全国著名特级教师。我静静地听着，因为我不知道台上的老先生是谁，我也不知道全国著名特级教师是一个什么样的概念。我只注意到这位老先生神情自然，面带微笑，一脸慈祥。他时而静静地站在台上的一角，时而走进学生中间跟他们低头细语，似乎就在瞬间，台上这位老先生与学生之间的关系特别亲切，特别自然。

于永正老师执教的是白居易的《草》。课堂教学一步步地深入、推进，直至结束，近 2 节课。我听傻了，或者说我完全沉迷在那精彩至极的课堂教学中了。当清醒过来时，我开始想，平时上一首古诗课，不就是带着学生读一读诗句，保证读正确、读流利、读出感情吗？不就是引导学生理解一下作者的情感，理解一下每句诗的意思，保证学生对诗的内容有一个整体的把握吗？不就是引导学生思考作者写这首诗的目的在哪里，保证学生明白作者为什么而写吗？不就是引导学生在课内或课外熟读、背诵诗句，保证学生做到对诗句的背诵积累吗？

可是，我没有想到，一首四言绝句竟然被教得如此有情趣、有诗味。说实话，从那一刻起，我告诉自己：小汪老师，语文教学太有味了，语文教学研究之路你得花一辈子去实践、去研究。我也万万没有想到，从那次听课后，十年如一日，我对语文教学爱得不可自拔。2006年10月，由于对语文教学的执着与实践，对教育的挚爱与痴迷，在上饶市教学研究室郑初春老师的举荐下，我拜在了全国著名特级教师于永正的门下，成为他老人家的弟子。至今，我依然记得恩师于永正在拜师当天给我留下的四个大字——大教无痕。恩师的教诲，永铭于心。我读懂了他的深意——教育的第一个名字，叫影响，当你的学生意识到你在教育他的时候，这种教育往往是失败的。

这一次外出学习彻底改变了我对语文学科教学的看法。我告诉自己，要通过自己的不懈努力，使自己成为像于永正一样的好教师。在我心中，于永正就是方向；于永正的教育思想、教学风格就是我一生的追求。就是这样的一次外出学习，让我早早地懂得了"方向决定力量"，懂得了"方向比努力更重要"。回到学校，我把自己的所见、所闻、所思、所悟，向胡校长进行了口头汇报。汇报后，胡校长竟要求我在次年（1998年）的正月开学初给全镇语文老师上一节公开课，做一个专题讲座。

那一刻，我感到了从未有过的压力，又再一次感到这是多么庆幸。我，一个初出茅庐，只教过3年书的老师给全镇百余位语文老师进行教学示范与专题讲座。对我而言，这是何等的荣幸。那个年，我根本没有时间好好过，就连大年三十晚上，我都在撰写讲座稿，前前后后，不论是教学设计还是讲座稿，自己都记不清易过多少次。到了展示那天，我上的是《林海》一课。整节课设计还算周全，可一到上课，太多的"意外"让我措手不及。40分钟的课堂教学时间，完全是我牵着学生一步步往下进行着，进行得是那样的僵硬，那样的别扭，那样的无序。讲座环节更是令我始料未及。整个讲座过程，我完全是照本宣科地从头念到尾。1小时的讲座，我半小时不到就结束了。

2. "才子"立源，一步一步领我行

活动结束后，我知道这次展示彻底失败了。我看到每一个同事，总是不敢直视，

我怕他们注视我的那种眼神。第二天早上，副校长江立源笑着对我说："智星，来我办公室一下。"反正"死猪不怕开水烫"，去就去吧。没想到，当我与江副校长面对面坐下时，他极其兴奋地夸着我《林海》一课的开课非常精彩。那一刻，整个导入过程开始在我的脑海里浮现。

"同学们，有人说，花儿一片连一片，一眼望不到边，叫花海。那我想问问你们，知道火焰一片连一片，如同海水一般，叫什么？人群密密麻麻，如同海洋一样，叫什么？树木一片连着一片，漫山遍野都是，叫什么？"当学生在老师的启发与思考后，依次说出"火海""人海""林海"时，我巧妙地导入了新课，"同学们，今天，我们一起来学习作者笔下的'林海'。看看作者笔下的'林海'有着怎样的特点，作者是如何写下《林海》这样一篇文章的。"

当时，我的确是这样设计的，课堂上也是这样教学的，感觉也挺自然的。也许是接下来的教学有太多的预设没有考虑与斟酌，有太多的生成没法捕捉与处理，所以我对自己在课堂上值得肯定的做法也全盘否定了。江副校长对我说："智星，你知道吗？你的这个导入形式是我没有想到的。非常有意思！"听他这么一说，我感觉自己的课堂似乎还是有许多可圈可点的环节的。他告诉我，他像我这样的年龄的时候，连站在全镇教师听课的场合上的勇气都没有。所以，这次展示对我而言，不是失败，而是一种莫大的成功！一位年轻教师，能拥有这份勇气与自信，就是成功。我明白了，原来江副校长在告诉我"勇者无惧"，更在暗示我"年轻人没有失败"。

接下来的教学中，在江副校长的指导下，我的课堂教学有了自己的许多思考，每一个环节的设计，我都做到了有理有据。我始终思考，我这样做是为了达成什么样的教学目标，我这样做的理由是什么，是基于怎样的教学理论和主张。那些日子里，我先后听过江副校长的多节示范课，其中，《威尼斯的小艇》和《蛇与庄稼》两节课的教学深深地影响着我。我甚至觉得这样的课堂教学理念的呈现，这样的课堂教学策略的实施，让我看到了于永正老师课堂教学风格的彰显。

我开始暗暗地模仿江副校长的课堂教学风格。从不知怎么学，到学得有点意思，再到学得有几分像，慢慢地，学生开始喜欢我的课堂教学。学生们都说我的课堂教学幽默风趣，他们学得扎实。在这一刻，我深知，最得感谢的人是江副校长。没有他的倾囊相授，没有他的悉心指导，我是不可能有这样的进步的。

这一年又迎来了整个江湾学区的语文学科教学竞赛。胡校长和江副校长都首选了我，要我代表江湾镇参加江湾学区比赛。我满怀信心地准备参赛。可是待到晚上，所有选手坐在会场里准备抽课题备课时，意想不到的事情发生了。平日里，我一直教的是高段，从未涉及中低段。当我抽签后，打开一看，呈现在眼前的是韵母"ie、üe"。我瞬间愣了，那一刻，我下意识地告诉自己：放弃比赛，免得到时丢人现眼。正当我准备起身离开时，江副校长经过窗户边，笑着问："怎么样？"我一脸苦笑着说："完了，完了。抽到一年级的两个韵母的教学。"江副校长对我说："没事，用心备课，我对你有信心！"真不知哪里来的力量！难道真是"鼓励"给予的神奇力量吗？我不但瞬间打消了放弃的念头，而且整个人似乎变得特别安静。注视着这两个韵母，一个个教学环节、教学策略，不断留在了我的备课纸上。3 小时的备课，我的备课纸上写满了字迹。

次日的课堂教学中，一个个一年级小朋友在我的引导下，兴致盎然地学习着"ie、üe"。当下课铃声结束时，我的内心有一种特别满足、特别成功的感觉。此刻，我也猜到自己的课基本上成功了。当天下午，当评委组最后宣布成绩时，我果然获得了江湾学区第一名，并将代表江湾学区参加全县语文学科教学竞赛。那一刻，我感觉内心的压力大于兴奋。因此，接下来的日子里，我脸上的思考神情显然多于兴奋的神情。

江副校长可能早就看出了我的心思，一天晚饭后，他把一本叫《浅谈语言文字训练》的书递给我，并告诉我，这本书是县里的教研室主任借给他看的。他还没有来得及看，为了保证我这次全县比赛再获佳绩，决定先让我阅读。不过，只借我一周的阅读时间。我坐在书桌前细细阅读这本专著，完全沉浸于其中。要知道，在 20 世纪 90 年代末，能读到关于"语言文字训练"这样的主题的专著是多么前卫、多么难得呀！我读得很慢，读得很细，生怕书中的每一个细节、每一句话从我眼前溜掉。约莫读了两天后，我的内心有一种强烈的挣扎：再过四天，这本书我虽然能完全读完，但是里面许多精彩的内容，我还是会淡化、忘记。就在第三天早上，我的脑子里冒出一个特别的想法——把这本书完完整整地抄下来。说干就干，最后的四天里，除了完成教学任务，我一天有时只吃一餐或两餐，有时晚上只睡两三小时，到了第六天早上，我用了整整 16 个作业簿，将这本书一字不漏地抄了下来。后来，在母亲的帮助下，我用钻鞋底的钻子将这厚厚的 16 个作业簿钻出一排小孔，并用家里平时都不太舍得用的毛线将这 16 个作业簿小心翼翼地整理好。

这一天正逢周一，我一到学校，江副校长就向我要回那本书。我把书递到他手里，他认真地翻了翻里面的内容后，瞬间，脸色一沉，似乎要批评什么。我紧接着把自己抄的那本"书"递给他。他一页一页地翻过去，过了许久许久，他脸上露出了我从来没有看见过的最灿烂的笑容。至于后来我参加全县语文教师课堂教学竞赛的结果，你应该能猜得到花落谁家了。

从此，汪智星"抄书"一事在学校里传开了。江副校长更是在大会小会上宣传这个案例，旨在影响更多的年轻教师主动好学，积极进取。在江湾镇中心小学，我也只工作了 2 年，但这个"抄书"的举动依然成为历届校长们教育一批批新教师的事例。

江西省督学游日辉、时任南昌市人民政府副市长姚燕平，
来"汪智星名师工作室"视察指导

虽然后来我没有再抄过整本书，但一直有着"抄"的习惯。凡是在阅读中能引起我思考、能带给我启迪的句段，都会被我摘抄在"摘抄本"上。如今，"摘抄本"已不下 20 个。我欣喜地发现，许许多多文字，我阅读了一遍，思考了一遍，再摘抄一遍，那些文字就会不知不觉地内化为自己的文字；在言语交际或写作表达时，就

能引经据典，成为别人羡慕的"才子"。这其中，我也体会到了看慢书的魅力，因为阅读绝不仅仅是感受书的内容及情节，而是要在阅读中思考、体会、感悟书中文句的表情达意、文字的推敲琢磨、作者的布局谋篇、作者的修辞表达。总之，读慢书能让你在读了一定的书籍后，有一种写作表达的冲动与欲望。那一刻，你也会真切地体会到"书的厚度决定人的高度"的含义。

　　2年的江湾镇中心小学教书生涯后，我参加了县城最好的小学选调，以全县第二名的成绩进入了一所有着丰富办学底蕴及内涵的学校工作。遗憾的是，这位才华出众、待人热情的江副校长因工作过于忙碌，永远地躺在了他挚爱的工作岗位上，留给我的只有无尽的怀念。

二、科研活动促发展

（一）在阅读写作中沉淀

1. 勇于尝试，迈出论文写作第一步

　　1999年8月，我被选调入婺源县紫阳第一小学。那一刻，我内心有着说不出的喜悦。家人为我高兴，同事为我点赞，同学为我祝贺。在县城学校工作2年后，除了把一个班带好，把一个班的学科成绩教好，真正能提升一个教师的是什么呢？在2001年初，我始终思考着这个问题。

　　这一天，我在学校的阅览室里静静地阅读着，瞬间，内心似乎有了清晰的答案。我告诉自己：多阅读，多汲取，多思考，多实践，多写作，多表达，在阅读、实践与总结中，提升自己的教学理论水平，用教学理论来武装自己的头脑，用教学理论来进一步指导自己的教学实践。

　　于是，我勇敢地尝试着从自己的课堂教学出发，撰写教学反思和教学论文。起初，我写了十几篇，但没有勇气把自己的文章投稿，因为我深知自己文章的水平。直到2001年6月，我撰写了一篇题为《立足质疑排难　开启创新之门》的教学论文，全文4000余字。经反复推敲、修改后，我把文章寄到了《江西教育》编辑部。接下来，我觉得时间过得特别慢，因为我每天都期待走进办公室能看到编辑部寄来

的发表了我的文章的样刊。

一个月过去了，两个月过去了，直到第三个月的一天，我上完课，从教室返回办公室时，竟看到办公桌上放着一个大大的信封，上面赫然写着"《江西教育》编辑部"几个大字。我又惊喜又害怕地把大信封拿到身边，因为我害怕信封里不是自己的文章。我小心翼翼地撕开信封，翻到杂志的目录页，一连看了好几遍，从最初的快速浏览，到后来一个题目一个题目地看，可怎么也找不到自己文章的题目——"立足质疑排难　开启创新之门"。接下来，我又想到了看看作者，很快，我找到了"汪智星"三个字。这一刻，我差点跳起来，但片刻又怀疑起来——难道是其他地方有一个跟我同名同姓的人？否则，这个题目怎么不是我原来的文章题目呢？"希望这不是真的！希望这不是真的！"我在内心自我安慰着。当我把杂志翻到文章内容的那一页时，我内心的石头终于落地了。因为我看到了署名信息——"江西省婺源县紫阳第一小学　汪智星"。可看看文章的题目和内容，我甚为惊愕，因为文章的题目已被编辑改为《我教学生写童话》，而文章内容也由投稿时洋洋洒洒的 4000 余字，被删得只剩下 900 余字。

高兴之余，我更感慨于这位编辑对待工作的认真态度，也让我真正明白了"好文章是改出来的"道理。从那以后，我写出来的文章，从来不直接寄往编辑部，而是会放在自己的抽屉里闷上一阵子，然后时常取出读一读，改一改，哪怕有时读了一遍后，自己一个地方也没有修改，也要这样做。

2. 持之以恒，收获写作成果分外喜

常言道，有了第一次就会有第二次。因为这不仅是一篇教学论文发表的问题，而且是自己有了更大的自信。接下来，我的的确确因为第一次成功发表论文，开始了"井喷式"的论文撰写。写作、修改、投稿，甚至还一稿多投，抱着"东边不亮西边亮"的侥幸心理。结果，我在一次次的石沉大海中失望着，在一次次的杳无音信中痛苦着。这样的日子，不是一天两天，也不是一月两月，而是整整五年。当然，这五年，我并没有因为石沉大海和杳无音信而放弃，反而常常化痛苦为力量，继续鼓足勇气，执着写作。

2006 年 6 月，这时的我已是学校的教导处副主任。当我坐在办公室时，门卫走进门对我说："汪老师，这有你的一封信。"我接过信，只见落款为"《小学青年教师》编辑部"。我有些兴奋，因为就在半个月前，我寄了一篇题为《"1037"习作指导课》的文章到这个编辑部，但我又有些迟疑了，心想，不可能这么快就发表出来吧！当我打开信封时，里面只有一张打印的纸，上面简短的文字，我至今记忆犹新。

汪智星老师，你好！你撰写的《"1037"习作指导课》一文构思新颖独特。我编辑部经过三审，决定将此文刊发于《小学青年教师》2006年第7期上，请勿他投。

读完短信，我明白自己的文章被《小学青年教师》编辑部采用，而且文章的质量被他们充分认可。这一刻，我突然想到了一个问题，为什么在间隔5年整后我才有了这第二篇教学论文的发表？在这期间，我并不是三天打鱼，两天晒网地写文章，而是无论如何碰壁，如何遇困难，都坚持着阅读，坚持着实践，坚持着总结，坚持着投稿。学贵有恒。

时任南昌市东湖区委书记戴晓明在教师节期间来校看望汪智星

时隔2个月，我的又一篇教学论文《新课程呼唤创新型语文课堂》发表于《山东教育》，全文近7000字。之所以写成这样的一篇论文并全文被杂志社刊发出来，这绝非侥幸，而是一种"瓜熟蒂自落，水到渠必成"的自然写作状态。又过了不到1个月，我负责组稿的长篇文章《微格演练：教师成长的"快车道"》发表于《语文教学通讯》，全文近20000字。

　　世间之事，不会随随便便就成功的。写作也一样，当你用心积累到一定时候，实践到一定时候，总结到一定时候，你的教学论文就有了推广的价值，自然，你的写作就走向了成功。另外，作为一线教师，我想借此机会跟一线教师交流：论文写作绝不仅仅是为了评职称、评特级教师，还应该追求进一步丰富自己的教学经验，让自己尽快形成独特的教学风格，拥有自己的教学主张与教学思想。

（二）在教学竞赛中提升

　　2002 年 4 月，学校举行首届"王五喜杯"课堂教学竞赛。虽然是学校层面的教学竞赛，但所有参赛教师都格外重视，并精心准备着。在那一次竞赛中，我庆幸地获得了语文学科第一名。校领导见我对课堂教学有自己的很多见解与思考，觉得我是一个可培养的好"苗子"。

　　一天，分管教学的副校长方祗生找到我说，学校决定派我前往上饶市参加全市小学语文学科课堂教学竞赛。方副校长告诉我："你到了上饶，找到上饶市第五小学，再找上饶市教研室的郑初春老师。"不瞒大家，在那时，上饶市在哪里，我一无所知；上饶市第五小学在哪里，我也一无所知；郑初春老师是谁，长得哪般，我更是从未见过。

　　背上行李，坐上开往上饶的班车，第一次见到上饶这座城市，我似乎就跟她有着一种说不清的情缘——后来，我每学期去上饶参会或上课最少两次。坐上摩的，我直奔第五小学。学校坐落在市中心，校园不大，却很精致，有着浓厚的文化气息。我沿着楼梯往教学楼的五楼走去，这时，只见五楼多媒休教室门口站着一位气质高雅、身材微胖的中年女士。我凑上前去，微笑着问："请问郑初春老师在这里吗？"见我这般，眼前的这位中年女士微笑着回答："我就是郑初春。"第一次见到郑初春老师，她亲切、真诚的微笑轻拂着我的心灵。我之后的每一次成长都跟眼前这位郑老师密切相关。一次次接触，我和郑老师之间结下了深深的不是师徒胜似师徒、不是母子胜似母子的情谊。

　　那一次全市小学语文教学竞赛，我竟从十几位选手中脱颖而出，获得全市第一名，并将代表上饶市赴深圳参加全国小学语文阅读教学观摩活动。那次比赛，我成了"独行侠"——当然不是学校不派领导或同事前往，而是我觉得独自前行能放下一切，全力参赛。这一点，也让我想起了当下许多教师参加比赛，举团前行的情景，课件老师、指导老师、学校领导，甚至教育局领导也都全部前往。我总在想，这样一来，看似重视，但教师的独立能力又怎么能尽快提高呢？

在深圳市盐田区外国语学校，我带着《草船借箭》走上竞技的舞台，与学生共读书，共思考，共体会，共感悟。40 分钟的课堂教学，我和全体学生在"草船借箭——满载而归"中结束。整整两天的教学竞赛，当评委组长宣布"江西省上饶市婺源县紫阳第一小学汪智星获全国教学竞赛一等奖第一名"时，我再也控制不住内心的激动，幸福的泪水瞬间夺眶而出。更令我至今都无法忘却的是湖南师范大学教授佘同生在评价我的课时说的一句话："要说三国时期的诸葛亮敢创新，那么，21世纪的汪智星老师更具有创精精神。"忘不了课堂上那一个个精彩的预设与生成，忘不了专家评委对我的课给予的高度评价与称赞，忘不了赛前那一位位尽心尽力指导我的领导与同事。从那以后，我懂得了感恩，更学会了回馈。凡是学校年轻老师参赛，我对他们的指导也是尽心尽力，全力以赴。这就是教育正能量的传递。

从那以后，无论是在学校还是婺源，甚或是上饶市，很多人都知道婺源县紫阳第一小学有一位语文学科教学的"国手"。他们都说我是婺源县紫阳第一小学升起的一颗星星。从此，有许多同事都习惯地叫我"智多星"。

这一轮回的比赛，从学校到市里，再到国家，我一步步前行，专业能力也显著地提升。2006 年 5 月，上饶市教研室郑初春老师再次打来电话，希望我代表上饶市参加江西省首届中高年级阅读教学竞赛。我欣然答应，接下来，又是我潜心研读教材、处理教材的过程。几次试教过程中，帮助我讲课的三位学科专家在肯定了我的课成功的同时，也提出了我处理教材的不足。原因是我执教的《詹天佑》一课，在处理教材时，我只把课文的前四个自然段作为第一课时的教学内容，而把课文后面介绍的"开凿居庸关隧道""开凿八达岭隧道""设计人字形线路"大胆舍去了，几位专家一致提出了共同的担忧。然而，我坚持了自己的教材解读与处理观，即课堂教学努力实现"一课一得"。这也是我以"大胆取舍"的处理策略有效实现着"长课短教"的诀窍。

全省的教学竞赛中，我的解读与处理教材的观点得到了全体评委与老师的充分认可。我调入南昌工作后，在一次与省城的特级教师交流时，她告诉我，那次听完我的课后，她对南昌的两位选手说，汪智星就是你们最大的"劲敌"。那次，我的课获得了全省一等奖第二名。当我上完课后，一位我素不相识的来自南昌某高校从事小学语文研究的老师，主动找到我，与我细细交流着整节课每一环节解读的理由与依据。面对他的询问，我的回答很简单——詹天佑祖籍婺源，就这一点，一种说不出的情结助推我去思考每一句话、每一个词、每一个字、每一个标点。越思考，越琢磨，课文中语文的元素就会逐渐明朗起来，语文的味儿会更加浓厚起来。

汪智星在南昌市庆祝第三十一个教师节表彰大会上做代表性发言

在一次次教学竞赛中，我的专业能力得到了明显提升。直到 2008 年 7 月，我接到江西省教育厅教学教材研究室小学语文教研员徐承芸的电话，要我代表江西省参加全国第七届青年教师阅读教学观摩活动。这样的全国性最高层次的小学语文竞赛机会，对一位小学语文教师而言，是可遇不可求的。能参加，既是自己长期以来的努力，更是众多教研员、学校领导对我的厚爱。那次比赛，我试教了十几次，每一次试教，专业能力都有明显提升。在那期间，我细读了几十本教学杂志和专著，聆听了十几位教育教学专家的悉心指导，更是为小学语文教材的解读与处理与恩师于永正进行了深入的交流。从此，我明白了"只有教师把教材读出味儿来，才能在课堂上教出味儿来"，明白了"千重要，万重要，吃透教材最重要；这个法，那个法，吃透教材才有法"。书籍的阅读让我丰厚起来，专家们的指导让我清晰起来，师傅的交流让我明白了"语文应该这样教"。

在婺源县紫阳第一小学，小到学校层面，大到全国层面的教学竞赛，我参加了不少于40次。每一次教学竞赛之后，我对语文教学都有了一份更清晰的认识——语文教学只有回归到它的本原，才不会"种了别人的田，荒了自己的园"，才不会让自己的语文教学随意地"错位""越位"。语文教学就应认真履行自己的职责——我们的每一位语文老师要认真地引领我们的每一位学生练好字、读好书、写好文。

（三）在教学研究中成长

2001年初，我在婺源县紫阳第一小学工作不到两年的时候，学校申报了一个国家级课题——"全国小学语文'发展与创新教育'研究"。那个时候，我还是一个普通的语文老师，干劲足、能吃苦是我最大的优点，但对什么是课题、什么是课题研究，我一无所知。

一天上午，学校临时召开了一个课题研究开题会，我也被叫去参加了。当我细读着发到手中的课题研究实施方案时，在关注了课题研究分工栏里的课题组组长、常务副组长、副组长后，竟在紧接着的文字后看到了"小课堂组长（王桂芳）、中课堂组长（汪智星）、大课堂组长（宋新兴）"。这时，一种被充分认可与肯定的感觉油然而生。我万万没有想到，我这样一个普通的语文老师，竟在整个课题研究过程中被委以重任。至于接下来如何以中课堂组长的身份带领实验老师进行深入研究，我还是一无所知。

后来，在课题组组长的解读下，我明白了中课堂组长的职责与任务，就是要带领实验老师以校园活动为载体，进一步创新发展活动的方式、内容，开辟出更令学生向往，更能让学生迅速成长的活动，且让校园活动更成体系，更科学发展。三年为一周期的实验与研究，我们不仅从语文学科出发，推出了一系列的课本剧、情景剧，还整合了德育（少先队）系列活动，完善并开发了系列主题德育活动。三年的课题研究，让我深入了解了课题研究并非"高大上"的东西，而是基于学校生活进行的专题式的，更深入、更规范的研究，从而让更多的老师有"本"可依，有"法"可依。

在这个课题的研究中，我只是作为一个中课堂组长的身份参与研究，但从

中收获了进行课题研究的一般规律与方法，也懂得了课题研究的真正意义与目的。在这个课题研究的过程中，我深深地体会到：当一位教师真正接受了一个课题，这位教师将得到彻底的改变；当一所学校真正接受了一个课题，这所学校将得到彻底的改变。的确，当时凡是参与这一课题研究的老师都得到了迅速成长，而我们的婺源县紫阳第一小学也因这个课题所取得的诸多成果在全市，甚至在全国都有了一定的影响力。这对一个山区小县城的小学而言，是多么的不可思议呀！

后来，我开始自己申报省级课题，因为有了参与第一个课题的丰富经验，以及对课题研究的准确把握与定位，因此，我申报的省级课题不仅成功立项，而且被确定为年度重点课题。这便是我于 2011 年 11 月，在江西省教育厅课题研究与实验基地领导小组办公室申报的省级课题"'情境体验'在小学中高年级作文教学中的实践与探究"。因有了第一次课题的全程参与实践与研究，我对课题研究有了自己的思考与认识。简单地说，我不是为了课题研究而研究，研究的过程应是一个真实发生的过程。我在申报自己主持的省级课题前，其实对作文教学早已有了近四年的独立思考与实践。直到 2009 年，我才开始带着团队做深入研究，原因就在于我清楚地意识到以下几点：其一，真正的课题研究靠"单打独斗"是不行的，必须借助团队，让智慧再升级，集团队之智慧去思考、去研究、去实践、去总结。其二，真实的课题研究要求申报团队的每一位成员不能只关注课题的立项证书或结项证书，甚至为排名前后而斤斤计较，而是要为了课题研究的更深入，能够把课题研究的阶段性成果、课题研究的最终成果推广出去，让更多的一线教师共享成果，收获成功与快乐。其三，课题研究并非因课题结项而终止，应思考如何将课题研究持续下去，让研究成为自己日常教学工作的一部分。教学即研究，思考即研究，实践即研究，阅读即研究，这些都应该是自然而然的事。从某种意义上说，研究即生活，研究是一种生活的自然状态。研究成果也将随着时间的推移、教学的变化、万物的变迁而不断丰富、完善，以便更好、更快地在教师中推广。

省级重点课题"'情境体验'在小学中高年级作文教学中的实践与探究"在前前后后近十年的研究与实践中，我们收获了自己都意想不到的研究成果。撰写的多篇有关情境体验式习作教学研究的论文在《江西教育》《小学教学》《南昌市教育科研

汪智星主持新学期的"汪智星名师工作室"工作布置会

简报》等报刊上发表，在全国小学作文教学领域内也产生了一定的影响。我在全国各类作文教学主题研讨会上上示范课或做主题讲座 40 余次，我的作文教学观点与主张也得到了全国各地作文教学名师、专家的认可与赞扬。

当下，有许多老师为了评职称或专业荣誉，被"逼"着去申报课题，无论是申报立项还是结项，只能到处拼凑资料，四处托人通融，整个课题研究变得虚假、无意义。为什么会如此？因为我们的申报者缺少一颗作为真正研究者该拥有的平常心，过于功利，过于逐名，只关注结果，不关注过程。事实证明，中小学教师的课题研究其实就是一种过程性研究。有了真实的、深入的、系列的过程研究，我们的课题研究成果才会有真实度，有厚度，有深度，有温度。

如今，我自己先后主持的省市级课题有 7 项。它带给我的是什么？是申报某种专业荣誉时多一张证书吗？在我十几年潜心课题研究的道路上，我确实无法否认课题研究的这一作用。但每一项课题研究，总能让我及我的团队对某一问题或某一领域思考得更真切、更全面、更透彻，它解决了我们在教学中遇到的系列问题、困惑，让我们在教学中思考用更好的理论、方法、策略，解决遇到的种种问题或困惑。

课题研究只有让它真实地发生，才会变得更加纯粹，更加有效！

（四）日常教学与教育写作的完美融合

我是土生土长的婺源人，于 1995 年毕业于江西省万年师范学校（现上饶幼儿师范高考专科学校），也就是说我的第一学历就是中师。当然，我并不因为自己只有中师的文凭而自卑，或者说有一种在人前难以启齿的感觉。相反，我很怀念 3 年的师范生活，至今，3 年师范生活的点点滴滴常常一次次地浮现在我眼前。为什么 3 年的师范经历给我留下了如此深刻的印象？原因很简单，在那里，我曾痛痛快快地"玩"了 3 年。当然，可不是"傻"玩。我对玩的理解是，做自己喜欢做的事。做自己喜欢做的事，所有的付出都是一种享受。记得在师范学校，无论是足球场上的我还是篮球场上的我，都近乎疯狂。

师范毕业后，我被分配到婺源县最偏僻的一所乡中心小学——车田小学（后改名为"大鄣山希望小学"），在那里任专职体育教师。2 年后调回老家江湾镇中心小学任教，因为代表江湾镇中心小学参加全县的体育学科教学竞赛获得第三名，校长觉得眼前这位黑乎乎、壮乎乎的小伙子可以培养，于是让我改教语文学科。说句心里话，此时改教语文的我，心里一点底气也没有，因为在这之前，无论是读书年代的我，还是从教初期的我，语文是我的"死穴"。要知道我是一位从来不喜欢阅读，也从来不敢动笔写作的教师。

这就是读书时期和刚刚从教时的我——不爱读书，不会读书，不会写作，不敢写作。这样的一位教师怎么会有自信站在语文学科教学的讲台上呢？又怎能后来 5 次站在全省阅读教学、作文教学竞赛的舞台上屡拿一等奖，6 次站在全国阅读教学、作文教学竞赛的舞台上屡拿一等奖呢？再后来，评为"江西省特级教师""江西省劳动模范"，前不久，还被教育部和中国成人教育协会评为全国"百姓学习之星"呢？其中的原因是什么？动力来自哪里？

说两件我亲身经历的往事。

往事一：记得教书第一年，1995 年，全国正兴起学习湖南省汨罗市的素质教育的浪潮。我们那所偏僻的乡中心小学也在推动着这一工作。入职从教不到 2 个月，一天，校长说，今晚全校教师集中在会议室现场比赛撰写教学论文。晚上，全校 18 位教师全部集中在会议室，校长在黑板上出了一个论文题目，写作时间为 2 小时，然后大家就埋头撰写。坐在最后一排的我，没到半小时就把论文写完了，把稿子交到了讲台前校长的手后就离开了。那时也不觉得有什么不对，只是想，写个论文有什么的，不就是信手写一点吗？其实，对论文是什么东西，应该如何写，我半点都不知晓。第二天吃中饭时，我们18人围着一个大圆桌吃饭。饭桌上，有几位年轻老师谈到了头晚写论文的事情。有一位老师说，昨晚自己的论文里引用了苏霍姆林斯基的一句话佐证自己的观点，另一位老师说自己的论文里也用了夸美纽斯的一句话，还有一位老师说自己的论文里引用了叶圣陶曾经说过的一番话。当时，我听后全懵了，因为像什么苏霍姆林斯基、夸美纽斯、叶圣陶这些名字，我根本就不知道是何方神圣，更别提他们曾经说过什么话。自这顿中饭后，我的心里总有一种说不出的滋味。到了那周的周五早上，学校操场的墙壁上贴出了一张格外显眼的大红纸。我走近一看，原来是教师论文写作评比结果的光荣榜。看到第一个名字，没有我的份，第二个依然没有，直到最后一个，第十八名：汪智星。呀！这一刻我真的不敢相信自己的眼睛。为什么呢？这18位教师中，除了校长和几位主任是公办教师，另外有4位是快要退休的民办教师，有2位是跟我同时分配去的师范生，还有2位是临时请来的代课教师——中考没考取，在家里闲着，学校因缺教师临时请来代课的。就是在这样的一支教师队伍中，我一个堂堂师范毕业生的论文写作竟得了全校倒数第一。

　　内心说不出滋味的我接下来做了一件什么事呢？白天除了完成教学任务外，其余的时间几乎是把自己关在了房间里。那个时代，学校除了教科书，是没有任何教学杂志和教学专著可以看的，只是当时由县教育局给大家人手发了一本厚厚的名为《素质教育》的书。我硬是把自己关在房间里，把这本厚厚的书"啃"了整整两遍。两遍之后，虽然里面有许多东西我还是似懂非懂，但是从中了解到了一些教学的经典案例、一些教育教学的规律，我也记住了像苏联教育家苏霍姆林斯基、捷克教育家夸美纽斯，还有我国教育界大名鼎鼎的教育家叶圣陶、陶行知等人物。

　　时间过得很快，每一个学期，学校都会如期举行全体教师教学论文现场比赛。这一次，我认真地构思着、撰写着、修改着，最后，我获得了全校第一名。当学校领导、同事夸我时，我真没有多大的高兴，而是在内心深处牢牢地记着：阅读教育专著，能让我对教育有更深的认识与了解。后来，我对阅读教育教学类书籍便自然而然有了一些向往与喜欢。这也是后来我为什么教了2年专职体育后参加

全县体育教学竞赛能拿全县第三名的重要原因。我的体育课堂呈现出我的一种体育学科教学理念——玩——教师带领学生怀着一种极其轻松、极其愉悦的身心进行着体育学科教学，在一次次巧妙设计的"玩"中掌握体育学科的知识、技能及技巧。

往事二：教书第五年，也是我被选调入婺源县紫阳第一小学的第一年。当时教的是五（2）班。一天，班里学生洪某拿了一篇习作给我，然后对我说："汪老师，我爸爸说，这篇习作准备拿去评奖，请您帮我改一改。"我欣然答应了，可是当我帮他改习作时，发现自己除了能帮他改一改文中几个错别字和标点外，还真不知如何修改，因为我根本就不会改。第二天，我把习作给了洪某。过了几天，洪某非常兴奋地告诉我："汪老师，我的作文获得了二等奖。我爸爸说，颁奖晚会请您一起去参加。"这确实是一个好消息，但是我心里清楚，这里可没有我的功劳。到了颁奖现场，我才恍然大悟，因为洪某的爸爸坐在主席台的中间，他爸爸是婺源县一个大公司的总经理，而这次征文比赛就是由他们公司和婺源县作家协会共同主办的。我心想，就算没有我的修改，人家也照样拿二等奖。回来后，我的手里有了一本散文集，是这次颁奖会上奖给指导老师的。次日开始，我每天逼自己阅读书里两三篇散文，当我把这本书反复读完后，竟然有了一种写作的冲动。于是，我写下了第一篇散文《母爱如歌》，不到一周，散文就发表在了《上饶广播电视报》上。之后，我一连写了近30篇散文，先后全部发表在《上饶广播电视报》《上饶日报》《上饶晚报》等报刊上。从那至今，我一直坚持散文、诗歌、小说、楹联的写作。只不过到后来，我写作不是一味地为了发表，而是想用文字把自己的所见、所思、所悟写下来，同时，也是为了不断地锤炼自己的文字，提升自己文字表达的功底。就在不断丰富阅读量、不断增加写作量时，我发现自我修改的能力越来越强。所以，像当年给洪某改习作时，只能改几个错别字、标点的现象再也不会出现了。

两件往事的讲述，旨在与大家交流、分享：改变，从阅读开始。只有当教师真正爱上阅读，才能真正变得强大，才能在教育教学的道路上行走得更从容，更自信。同时，阅读到了一定的时候，写作也将成为教师日常生活中一种自然而然的事。阅读与写作的内在联系，只有当教师潜心进入阅读时，才能体会得到。

谈了这些，你也许会质疑：你的主题不是"日常教学与教育写作的完美融合"

汪智星被授予第一届"基础教育研究智库"专家证书

吗？怎么感觉你还没有进入主题呢？其实不然。下面，我想谈谈日常教学。有人说一个教师的日常教学就是备好每一节课，上好每一节课，改好每一本作业，讲好每一道题。如果是这样，我要说的是：你，作为一个老师，做得再好，充其量也不过是一个教书匠。我告诉大家，上面我提到了"四个一"，即备好每一节课，上好每一节课，改好每一本作业，讲好每一道题。其中，第一环节，备好每一节课，我是不用备课本备课的，就是我们平常讲的写教案，这"写教案"的环节是我近十年从不做的事。我做什么事呢？读书。读教材，读一切与教材相关的书籍。举个例子，当我教五年级上册梁晓声写的一篇文章《慈母情深》时，我除了反复读教材《慈母情深》外，还读了梁晓声写的文章《母亲，我的不识字的文学导师》和他的作品文选《母亲》。

读了这些，你会明白作者梁晓声为什么只写了《慈母情深》，而没有写《慈父情深》；会明白为什么梁晓声的母亲在拿钱给子女们买书时毫不犹豫；会明白为什么当跟母亲一起做事的女人说干吗花那钱给孩子买闲书时，母亲却笑着对那个女人说很高兴孩子们爱读书。

在读《母亲，我的不识字的文学导师》和《母亲》时，我读懂了梁晓声的父亲是一个文盲，母亲也是一个文盲，但父亲是一个崇尚力气的文盲，而母亲是一个崇尚文化的文盲。也就是说，他的父亲希望自己的子女长大以后能够凭借力气生活；而他的母亲希望自己的子女长大以后能够凭借文化立足于社会，做一个读书人。父亲对子女的教育方式总是严厉地斥责和惩罚，母亲却关注子女在人品、学习等方面的教育。庆幸的是，梁晓声的父亲长年在大西北做事，梁晓声从小是在母亲的教育与影响中长大的。从小，只要孩子们要钱买书，母亲总是毫不犹豫地给，即使没有钱，母亲也会想方设法向邻居借钱。

这些，是教材没有谈到的。换言之，这一切，就是老师把教材读烂了也读不出来的，因此，需要借助课外书籍，读梁晓声写的关于母亲的其他作品。而我们一般的老师往往缺乏这样的功夫，所以把原本最有情趣、最有滋味的语文课上砸了，导致语文课成了死记硬背课，成了内容分析课，成了思想品德课。可是，当我们真的读进去了，把课上出彩了，我们对语文教学的思考将会更深，一篇篇关于语文教学的论文也就会呼之欲出。在上完《慈母情深》一课后，我写了两篇文章，一篇是《〈慈母情深〉教学设计》，发表于《小学教学》；另一篇是《文体不同　教法不一》，发表于《创新教育》。日常教学真的有效了，真的出彩了，老师的教育写作就有了更多更新的素材。

另外，记得我在"国培计划"（"中小学教师国家级培训计划"的简称）中，与"国培计划"的老师进行同课异构。开始说讲台湾作家许地山写的《落花生》一课，后来，等我到了他们那里，他们临时告诉我，当地上课老师改了上课的内容，同课异构王安石的《梅》一诗。他们担心我不乐意，我就告诉他们，教任何课文都没有关系。我讲过，我平日是不备课的。我的不备课，是指不写教案，而不是不关注教材。当天晚上，我就在宾馆里反复地读着这首仅四行两句的古诗："墙角数枝梅，凌寒独自开。遥知不是雪，为有暗香来。"一般老师在读了这首诗后会说：作者在称赞梅的不畏严寒的特点，同时赞美像梅一样拥有不惧困难的品质的人。但是，仅仅读到此就够了吗？如果仅仅读到此，说明读者对诗人王安石，以及王安石创作这首诗的全部意图没有把握好。我是怎样读懂每一句诗的呢？第一句"墙角数枝梅，凌寒独自开"，意思是，墙角有几枝梅花，在寒冷的冬天独自开放着。细想，这寒冬腊月，百花凋谢，唯有墙角处的梅花凌寒开放，足可见梅的不畏严寒的特点。这一点，大家都能读到。可是，再读"遥知不是雪"，你又能读到什么呢？为什么会说"遥知不是雪"？我想到了梅的色彩，这枝头上的朵朵白梅不正像这冬天飘飞的白雪吗？此句诗真正的意图是什么？赞美梅的洁白、高雅的品格！最后看末句"为有暗香来"。的确，梅如雪，洁白、高雅，但是，梅除了这"白"的特点外，还能让人闻到阵阵幽香，这不正应了"梅虽逊雪三分白，雪却输梅一段香"吗？如此一来，我从王安石笔下的《梅》读懂了三个层次：不畏雪，色如雪，香胜雪。这三个层次不正是王安石当时对自我的一种最真实的写照吗？讲课回来的当天晚上，我立即写下了《文本解读的三个层次思考》一文，得到了《小学教学》杂志的青睐。后来，我也因为这样一次次地解读教材，写下了《读出味来，才能教出味来》的文章，发表在《小学语文》上。如今，我的许许多多教育思考、教育观点、教育理论也常常被全国许多语文教师作为他们教育教学论文写作时的佐证。

有人问我，如此大量的典籍阅读，如此大量的教育写作，你怎么有时间？你不是很忙吗？说到忙，我想说的是，的确如此。我感觉自己就像一个快速旋转的物体，难以停下来，有时想让自己慢一点也难。这跟我既是省特级教师又是省劳动模范有关。我总觉得荣誉与责任是共存的。同时，每每回想自己当年的成长，包括当下的发展，是因为有许许多多的领导、长辈、同行、朋友在无私地帮助自己，我感觉只有把这种无私助人的"正能量"传递下去，才算是完成了自己的义务与责任，才是对那些曾经无私帮助我的人的最好回馈。

今天，在南昌市邮政路小学，我是分管教学的副校长，分管着学校一校两部的教学工作，依然完成着一个班的语文教学工作，同时，还成立了"汪智星名师工作室"，带着一支由17人组成的团队。我的工作室不仅是南昌市首批名师工作室，也是江西省教育系统唯一一个被江西省总工会评定的"劳模创新工作室"。在这之前，我来南昌市东湖区工作的5年里，一次获得了南昌市"五一劳动奖章"，一次获得了江西省"五一劳动奖章"，一次获得了"江西省劳动模范"称号。当然，我们的工作室团队也收获了许多教科研成果。仅2015年12月，《河南教育》给我们的工作室就发了一组文章，共4篇；《江西教育》推出了我们工作室主持的省级重点课题成果，共3篇。

又有人问：汪智星，你工作事务那么多，教育写作时间从哪里来？

迄今为止，我不会打牌，不会打麻将，这为我腾出了许多工作外的休闲时间，

用来进行教育写作。最关键的是，近十年来，我给自己划出了一个时间段，就是每天晚上9点至12点，整整3小时，除了自己身体有恙或者家里有事情需要完成外，几乎都成了我阅读与写作的时间，并且做到持之以恒。这样每天晚上3小时的阅读与写作，最初靠的是自我强制，甚至是强迫，到后来，再至今天，阅读与写作成了我的一种生活习惯，成了我的一种人生享受。这些年来，我所阅读过的教育教学专著不少于百本，我所写过的文字有近四百万。而这些，又离不开我每一天"扎实、有效"的日常教学。如果没有日常教学的实践与思考，我的阅读就不可能更深入，写作就不可能那样"丰产"。

上周六上午，正读九年级的女儿让我送她去补英语课。路上，她跟我说了几句话，让我记忆犹新。女儿说："人为什么要那样努力？因为人觉得最痛苦的事，不是自己做不到，而是自己本该可以做得到的。"

是的，这就是每一个人要努力的真正理由。

三、专业认可添动力

（一）评了特级教师，汪智星还是汪智星

面对"特级教师"这个词，我想，这是每一位教师一生的梦想与追求。因为对教育的执着与努力，我在35岁那年，被评为"江西省第六批特级教师"，成为江西省自中华人民共和国成立以来最年轻的特级教师。那一刻，我的内心极其兴奋，真想背上长出一对翅膀，飞向老家，把这喜讯告诉每一位亲人和朋友。

兴奋了好长一段时间，我渐渐发觉自己变得空虚了。因为我长期沉浸在喜悦中，淡化了思考与学习。甚至在一段时间内，当我受邀前去示范教学时，不但不欣然接受，反而会婉言拒绝。因为我担心，我害怕，万一示范课上得不太成功，周围的同行怎么看我？领导怎么评价我？这种最真实的忧虑充斥着我的内心，让我变得畏首畏尾，极其不自信。

一日，在阅读《让莫言回归作家本色》时，文中的内容再次触动着我的内心。文章描写道："在日前举行的莫言研究会成立大会上，莫言的朋友、山东大学教授何

立新透露，莫言获奖后的头衔和荣誉已压得他喘不过气来，导致获奖至今一部作品也没写出来。""有关诺贝尔文学奖，曾流传一个'魔咒'，据称绝大部分作家获奖后再也写不出超出之前的好作品……因为获诺奖者大多年事已高，黄金创作期已过去，很难再出巅峰之作。但莫言的年龄并不算高，精力依旧充沛，还处于创作高峰期，应该还能写出很多好作品。倘若莫言为荣誉所累，为社交活动所羁绊，而未能继续创作出佳作，不仅是其个人憾事，也是中国文学的憾事。真心希望莫言接下来回归作家本色，回归平静的生活，能打破诺奖的'魔咒'。"①

这番话如一枚尖针扎在我的心上，让我感到了阵阵的疼痛，让我在疼痛后立刻清醒，并厘清了内心复杂的心绪：放下"魔咒"，甚至抛弃"魔咒"。

从那以后，我坚持每学期给教研组里的老师上两三节教学示范课，每学期给全校老师进行两三次教学示范或主题讲座。凡是有人邀请我去上课或讲座，我从不推却，即使有时对方提出的专题我没有深入涉及与思考过，我也会欣然接受下来。就这样，我在评上了特级教师以后，在全国各地上示范课或做专题讲座近300场。在这一次次的外出交流中，我变得更坚强、更厚重、更成熟、更自信。

向江西省教育工委委员、总督学汤赛南汇报
"汪智星名师工作室"的工作开展情况

---

① 周南焱：《让莫言回归作家本色》，载《北京日报》，2014-01-17。

忘掉自己是特级教师，让我活得特别阳光、自信与青春。

曾经听一位年轻教师遗憾地对我诉说他当年之所以选择去一所名校从教，是因为这所学校有一位远近闻名的语文教师。那一年，他终于以优异的成绩考入这所学校。进校不久，他就听到了那位令自己仰慕良久的语文教师的课。一连几天，年轻教师都沉醉在优秀教师的精彩课堂中。年轻教师心中暗喜：来这所学校真是自己人生最正确的选择。临近年底，那位优秀教师评上了特级教师。后来的日子，那位特级教师不在一线上课了。11年悄然而过，特级教师到了退休年龄。遗憾的是，11年里，年轻教师再也没有听到过这位特级教师执教过一节示范课。其根源就是这位优秀教师在没有评上特级教师之前，每次上课没有心理上的压力，一心只想着把自己对教材的理解通过课堂教学展示出来。即使有不成功处，自己也会主动反思，及时总结经验，及时寻找对策。但是，当他评上了特级教师后，心理旋即出现了巨变，他想的不再是如何把自己对课的解读与思考展示出来，不再是想着去反思不足，总结经验，寻找对策，而是忧虑之心与日俱增，被巨大的阴影笼罩着。他再也没有自信、没有胆量站在舞台上，为大家进行示范教学。

我想，这不正是说荣誉是"魔咒"吗？一个著名作家得了大奖就再也写不出优秀作品了，一位优秀教师评上了"特级教师"就再也不敢进行示范教学了。

我常常从内心深处发出这样的呐喊："忘掉自己是特级教师吧！"试想，没有心理负担，轻装上阵的人，内心一定是自由的、安全的。只有当内心时刻处在自由、安全的状态下，教师才会以一种最佳的面貌呈现在大家面前。

我评上了特级教师，成了当时江西省最年轻的小学语文特级教师。后来的我，之所以继续在教育的道路上快速成长，是因为能快速放下自己的思想包袱，甚至在各种场合忘掉自己是特级教师。我时常提醒自己："评上了特级教师，我还是我。特级教师只是我教学生涯中的一个新起点。"我依然是一位小学语文教师，依然是一位对教育充满热情的教师，依然是一位对教育有着信仰的教师。

评上了特级教师以后，我坚持在教学一线。我不会忘记东湖区教科体局党委书记、局长舒小红对我的叮嘱："智星，你的生命力在课堂，你的根在课堂。"我不仅是这样铭记的，也是这样践行的。每学期，我不但会应邀在全国各地示范讲学，而且坚持为全校或备课组教师上六七节课的教学示范课。起初，我内心有一点点顾虑与压力，后来，我彻底放下了内心的包袱。慢慢地，我的课堂形成了自己的教学风格，拥有了自己的教学主张，彰显了自己的教育教学思想。

教学中，我对一篇教材有了新思考或新解读，就会主动邀请本组或其他组语文教师来自己的课堂听课，甚至主动邀请学生家长来教室听课，让家长既能感受到我的教学风格和教育思想，也目睹自己的孩子在课堂上的出色表现。

忘掉自己是"特级教师"，彻底去除自己头上的"魔咒"，因此，在教学、教研的道路上，我没有了害怕，没有了恐惧，没有了忧虑，只有自信，只有快乐，只有幸福。

忘掉自己是"特级教师"，打破特级教师这一至高荣誉的"魔咒"，让我在从教之路上行走得更舒坦、更轻松、更自信、更快乐！

（二）评上"正高"，焉能止步

"你可以再缓一缓了。"

"为什么？"

"你都评上'正高'了，都到顶了。"

"不，可以努力的方向还多着呢！"

这是朋友与我的一次对话。朋友的话似乎没错，然而，评上"正高"（"正高级职称"的简称）的我，真的就可以放缓脚步，甚或是停止不前吗？

瞬间，朋友的话又似曾在什么时候隐约听到过。哦，那是七年前，我评上特级教师的时候，曾经的同事也这样对我说："智星，如今你既是小学特高级教师（副高级职称），又是特级教师，教学研究的道路上可以放慢脚步了。"

在那时，我真有过这样的念头。心想，作为一位小学语文教师，我的职称到顶了——小学特高级教师，专业荣誉也到顶了——特级教师，我还有什么可追求的呢？

就在那个时候，我来到了南昌市东湖区工作。在这里，我找到了自己在小学语文教学与研究路上更新、更远的目标——一人成功不算真正的成功，如果能以自己的人格魅力和专业能力去影响一个团队，或者更多的教师，那不是我接下来更该走的路吗？

2012年1月，以我的名字命名的工作室——"汪智星名师工作室"成立。17位有心教育的教师在我的带领下，开始了抱团前行。在团队同进的过程中，我越来越感到"赠人玫瑰，手留余香"的真谛。

六年来，我坚持一个学期在学科组或学校层面上六七节教学示范课。在每一次准备教学设计时，我总有许多新的收获，总能感觉自己在进行完一次示范教学后，对语文学科有了更深、更新的认识与理解。示范中，教师们也一次次地从我的课堂教学中收获着。

六年来，我坚持着每天晚上近 3 小时的阅读与写作。至今，阅读与写作之于我，犹如阳光与雨露之于土地，无法割舍。这种滋味，是喜欢，是享受，是陶醉。不知不觉中，我在省级以上期刊发表各种教学经验的文章竟达到 170 余篇，先后正式出版教育教学专著《过着语文的日子》《汪智星与你相约语文》。

六年来，我坚持做到"教与研"两者均不放松，既能上好一节节精彩的示范课，也能开展一场场生动的讲座。恩师于永正常对我说："只教不研，眼高手低；只研不教，手高眼低；又研又教，手高眼高。"正是如此，这六年来，我在省内外进行优秀课例示范或专题讲座达到近 300 场。众多的外出交流，不仅让省内外更多的教师受益，而且我自己得到了一次次锻炼，实现了一步步提升。

我的这一切努力与付出，并不是为了在今天想评上"正高"。实际上，在六年前，中小学根本就没有可以评"正高"这一说法。但是，付出总是有回报的，机会总是给有准备的人的。国家决定在全国中小学教师队伍中评选"正高"时，我轻装上阵。业绩核评中，我排在了全市第五；说课、答辩中，我更是如鱼得水，排在了全市第二。

我成功地评上了"正高"，内心的确很高兴，但是，当再次听到朋友对我说"你可以缓一缓了"时，我挺疑惑的。为什么呢？

当下，阅读和写作，已成了我生活中不可或缺的一部分。每天晚上 3 小时的阅读和写作，几乎雷打不动。因为这一切没有人逼我，没有人催我，而是我自己喜欢上了阅读和写作，痴迷上了阅读和写作。哪怕有时望着手里的书在"傻傻"地发呆，我也是乐在其中。

当下，教学和研究，也成了我的一种习惯。走进课堂，与学生分享课堂教学的快乐与成功，那是何等的惬意；字里行间的研究与琢磨中，那种静思之乐，那种琢磨之趣，只有身在其中者才能真真切切地感受到。有时，在教学和研究的过程中，我也会遇到困难或阻碍，但是当我冥思苦想、绞尽脑汁后，瞬间有那种"山重水复疑无路，柳暗花明又一村"的感觉。这岂不是人生之快事！

南昌市东湖区委副书记、区长高辉红亲切接见汪智星

当下，我的工作室取得了诸多成果。尤其是工作室先后被市、省总工会评定为市、省级劳模创新工作室。我和团队开始关注教学方法、教学策略、教学理论方面的创新与实践。我们关注课堂教学如何实现高效的探索，我们关注文本体裁不同教法灵活运用的探索，我们关注"硬骨头"习作教学的探索与研究。我和团队一路走来，高歌豪进，阔步前行。

如今，我评上了"正高"，却丝毫没有放缓脚步或停止进步的念头，因为日常教学与研究中所做的每一件事，都成了一种习惯。我对待每一项工作、每一件事情的态度就是"喜欢"。因为喜欢，所以我享受其中——做自己喜欢做的事，所有的付出都是一种享受。

前不久，我把自己评上"正高"的好消息告诉了恩师于永正。恩师乐呵呵地赞道："不愧是智多星呀！"片刻，恩师又说道："革命尚未成功，徒弟还需努力。"学无止境。恩师的话语不正是希望我在教育的道路上继续前行，在学习的道路上戒骄戒躁，谦虚好学吗？

我明白恩师于永正的话语，更明白自己今后努力的方向。

教育教学之路，永远是我誓走到底的幸福"不归路"！

四、教育情怀永相随

（一）改变我的，是阅读与写作

2010 年 8 月，我被南昌市东湖区作为教育人才引进东湖区教科体系统，来到南昌市邮政路小学从事教学工作。从那一刻起，在诸多朋友和同事的眼中，我有了一个特殊的称呼——"大师"。其实，我真切地知道，自己离大师还差得远呢。但是执着工作，潜心研究，成为"大师"是我教育人生的追求。

恩师于永正曾告诉过我："学习语文的规律，简单地说，就是两个字：读、写。说得稍微复杂一点，是四个字：多读多写。"恩师的话语给我指明了要实现自我发展与提升的最好路径。从那时开始，我对自己的读书，学习时间进行了合理规划。每天晚上 9 点至 12 点，整整 3 小时，成了我雷打不动的阅读与写作的时间。这一自我要求，看似容易，真正实践起来却常常难以做到。

最初，在坚持每晚阅读书籍时，我就遇到了许多困难。有许多时候，白天工作一整天，已经感到身心疲惫，回到家里，动都不愿动，随便吃点饭，就会躺在沙发上迷迷糊糊地睡着。等我醒来，已是十点多，再加上爱人说一句"还是睡吧，别累着"，我便理由充分地进房间甜甜地入梦乡。就这样，一天接一天，一天找一个理由，我的阅读总成为断断续续的活儿，总成为"三天打鱼，两天晒网"的事情。总之，每天晚上没有阅读，我总是有着充分的或是合情合理的理由来说服自己。

我知道，这样下去，自己想在教学上有更大的突破与进取是不可能的。一次阅读时，我读到了这样一句话："苟有恒，何必三更起五更眠；最无益，只怕一日曝十日寒。"此语道出了"学贵有恒"的真理。为了自我约束、自我逼迫，我把这句话工工整整地抄下来，贴在书桌上最显眼的地方。就这样，我逼着自己每天晚上 9 点必须坐在书桌前，拿起头一天阅读的那本书继续阅读下去。久而久之，阅读于我，成了一种习惯。直至今日，每天晚上，我若是不认真阅读书籍，即使躺在床上，也会辗转反侧，难以入眠，因为内心深处那种空落落的感觉会自然而然地产生。有许多次，我翻身下床，重新静静地坐在书桌前阅读，正是为了让自己的内心充实些、安然些。

我阅读，有时不仅阅，还会读。读到一些精彩的文字，我会出声地读出来。独自一人在家阅读时，我就出声读给自己听。既用眼睛阅，又用嘴巴读，还用耳朵听，那种效果是截然不同的。若是爱人和女儿还未入睡，我总会把那一段段精彩的或富有哲理的文字读给她们听，让她们和自己一起来享受文字的魅力，感悟文字的内涵。这样的阅读，对整个家庭阅读的带动也是非常有效的。爱人常常让我从学校阅览室借些经典书籍给她阅读；女儿喜欢语文，喜欢阅读。我可以自豪地说：这一切，跟我不仅阅，还会读，更会跟她们共享读，是分不开的。

　　我阅读，不仅阅，还会抄。对，就是摘抄，就是在阅读中，把书中那一段段对自己有着深深触动，或者给自己有深深启迪，或者语言表达精彩独特的文字，认认真真地摘抄在我的读书笔记本上。摘抄过程中，文字或长或短，但我从不随意，始终认认真真地摘抄。有些文字，在摘抄完后，我还会反复念一念，记一记。我越来越发现，许多精彩的文字，被我阅读一遍，思考一遍，再摘抄一遍，甚至再反复念一念，记一记，这些文字，就基本成了我自己的语言。虽然不能一字不漏地熟背于心，但文字的大概内容已熟记于心。这一点，我觉得恰恰克服了自己从小记忆力不强的短板。

　　言语交际或写作表达中，我总能引经据典，表达优美流畅，这跟我大量阅读、大量摘抄是分不开的。当同事说到"知足常乐"时，我总会补充"世人纷纷说不齐，他骑骏马我骑驴，回头看到推车汉，比上不足比下有余"；当朋友谈及"学贵有恒"时，我总会吟诵"苟有恒，何必三更起五更眠；最无益，只怕一日曝十日寒"；当学生提到"谦虚求学"时，我总会脱口而出"三人行，必有我师焉。择其善者而从之，其不善者而改之"；当同行话及"奋斗向上"时，我总会滔滔言道"有志者事竟成，破釜沉舟，百二秦关终属楚；苦心人天不负，卧薪尝胆，三千越甲可吞吴"。没有大量的阅读与积累，我永远无法做到这一点。教学中，我也欣喜地发现，学生之所以喜欢上某一门学科，往往是从喜欢上教这门学科的老师开始的。而喜欢上这个学科的老师，是因为这个学科的老师有着独特的人格魅力和丰富的学科素养。正如我所教的每一届学生，他们喜欢我，就是因为他们的语文老师是一位特别爱阅读的老师，特别爱摘抄的老师，特别爱写作的老师。

　　谈到写作，最初的每晚坚持对我而言更是难以做到。有人说，阅读是一件能够愉悦身心的事，而写作，总是一件痛而后快的事。的确，有多少人害怕这"痛"，畏惧这"痛"。最初，每晚3小时的阅读与写作时间，我总是以阅读占"满格"而结束。读一读，念一念，摘一摘，我慢慢地坚持着，也充实着。可让我在结束阅读后，再在键盘上敲击着一行行文字，确实难以天天如此。后来，我告诉自己，如果有东西可写，就写一写；如果没有东西可写，就还是合理地安排阅读。总之，让这每晚的3小时有效地进行。

汪智星和江西省总工会党组成员、副主席陈文明合影留念

一天天的坚持，教育专著被我一本一本地细读着。有一天晚上，我内心深处猛地涌出了一种写的冲动。这种冲动绝不是心血来潮，而是大量阅读后，书籍里的许多观点或理论与自己日常的教学实践有了许多的碰撞与融合。于是，我就想把这样思考的观点与主张写出来。就这样，写作在每一个晚上的9点至12点占据了一定的时间。到后期，因为撰写一篇较长的文章，写作占据了我整个晚上的时间。每一次写作完毕，内心的那种充实感、幸福感、愉悦感，真是无法言表。最初有人说的阅读是一件能够愉悦身心的事，而写作总是一件痛而后快的事，在那一刻被否定了。我以为，写作和阅读一样，都是一件自然而然的事。当你真正体会到阅读的快乐时，你就会主动去阅读，你就会迫不及待去阅读，阅读对你而言就是玩；当你真正体会到写作的快乐时，你就会主动去写作，你就会不顾一切地写作，写作对你而言就是玩。

当下，我对玩有了自己的理解与定义，玩就是做自己喜欢做的事。做自己喜欢做的事，所有的付出都是一种享受。就像我每晚3小时的阅读与写作时间，旁人可能认为我这个人没有生活情趣，是时代的落伍者，可是他们又怎么知道我内心深处的那份充实与幸福呢？

因为坚持阅读与写作，我的生活方式在改变，我的生活状态在改变，我的人生信仰在改变。这种改变，让我活得越来越自信，越来越幸福，越来越阳光。

（二）影响我的，是他们

常有人问我："汪智星，你这些年专业成长这么快，进步这么大，什么东西对你的影响最大？"你可能会猜测——读了很多很多的书籍；你可能会猜测——写了许许多多的文章；你还可能会猜测——机遇好，运气好。无论你怎么猜测，我都不否定，因为这些的的确确对我的成长有着直接的或间接的影响。然而，我静静回顾工作23载的教学历程、成长点滴，以为对我影响最大的是身边的每一位好人：亲人，给我理解与支持；领导，给我关爱与称赞；同事，给我信任与帮助；"对手"，给我奋进的力量。

1. 最美母亲

母亲的善良深深地影响着我。母亲虽然是文盲，但她身上的美好品质始终影响着我。从小，母亲总把好的东西留给我们吃。她这种心里只有别人，很少想着自己的品质影响着我。工作中，我懂得了如何主动去关心别人，如何真正地与人相处。在同事或朋友面前，吃点亏无碍。从小，母亲总默默地抢着干重活、累活，目的就是让我们少干一点。这种不怕吃苦，默默干活的品质影响着我。工作中，我懂得了年轻人多干一点，主动抢着做工作，不会累着。在同事或朋友面前，多干一点，抢着干活，大家就愿意与你结伴前行。

在我的心里，母亲是完美女性的化身。她的孝顺更是深深影响着我。在她父母的眼中，她是最值得依靠的女儿；在她公婆的眼中，她不是亲生女儿，胜似亲生女儿。这一切，母亲没有在我们面前说教过，却用她的实际行动潜移默化地影响着我。母亲吃得苦，吃得亏，对长辈的孝顺深深地影响着我，让我的内心变得分外的纯粹、质朴、真诚。生活中，对亲人、对朋友、对同事，我从不计较得失。

汪智星与母亲

2. 亲爱的校长们

工作至今，我经历的校长先后有 5 位。他们分别是张锦根、胡万开、刘佩芬、万晓玲、胡金香。其中，与刘佩芬校长只有半个学期的共事，跟胡万开校长先后共事 11 年。无论共事的时间长短如何，我都受到他们每一位的真诚关爱，内心深感庆幸。

我与张锦根校长共事 2 年，在大山里工作的 2 年，我懂得了人与人之间的那份最真实的情感，如同深山的涧水一样清澈、纯净。在大山里的工作、生活，虽然条件极其艰苦，却让我的意志得到了进一步的磨炼。我常常说，大山里经历的生活条件那样艰苦，我都能快乐地生活着、工作着，如今的工作环境已经是好得不能再好了。

我与胡万开校长共处 11 年。11 年，足以让我看清一位领导的为人、待人的态度及处事风格。非常庆幸的是，这 11 年，与胡校长的共事，让我从他身上学到了很多很多。为人心胸宽广，待人真诚不疑，处事雷厉风行，这一切都让我为之敬佩。1997 年 10 月，他把前往济南听课的机会给了我，这是整个江湾学区仅有的一个机会。就是那一次，我对语文教学产生了兴趣，直至今天，我仍痴迷得难以自拔。2007 年 11 月，我被破格评为小学特高级教师，成为上饶市最年轻的副高级教师。那些日子里，我的言语和行为显然有些"发胖"，可我无法自检、自律，是他把我请到办公室，与我并排而坐，悉心开导，真诚教诲。我听懂了他的言外之意。那一刻，我不仅毫无怨言，反而从内心深处感激他。因为在我极有可能停步不前、方向迷惘时，他给我指明了方向。

刘佩芬校长虽然与我只有半学期的共事时间，但正是因为她的惜才，我才来到了南昌市邮政路小学，开启了自己的教学与研究工作。我不会忘记她曾经陪着我去居民房里爬上爬下寻房租房的情景，不会忘记她跟我说的每一句关心与教诲的话语，不会忘记她望着我安心工作时脸上洋溢着的会心微笑，不会忘记她常常蹲下身子同我女儿真心交流的那份可爱。虽然时间短，但我依然从她身上学到了待人处事的那份真诚。

万晓玲校长，三年整的相处，让我们惺惺相惜。在我有困难时，她总是能想到我最需要的帮助是什么。记得 2012 年暑假，我被外省以高薪引进。当她得知我即将离开学校时，言语里流露出的那份不舍令我感动。后来，我毅然决然地留在东湖区，跟她如此真诚的挽留是分不开的。对万校长，我内心更多的是感恩与敬重。

胡金香校长是我当下共事的校长，在跟她共事时，我已是学校的副校长。副校长跟校长之间直接联系的机会更多。三年多的相处中，她待人真诚、无私无悔，工作一丝不苟、有板有眼，这些都深深地影响着我。学校作为一所百年老校，同时也是市级名校，如何实现新篇章的谱写，胡校长可谓费尽心思。她的这种工作作风也让我明白了优秀的校长该怎么做事，该怎么为人。

一位位校长，无论是为人、待人的品质，还是处事的风格，都深深地影响着我。他们的人格魅力和工作能力影响着我，让我默默地汲取着，快速地成长着。

3. 敬业的教研员

教师专业能力的快速提升，跟各级教研员对我的真诚指导是分不开的。

先说说上饶市原小学语文教研员郑初春。有人说，我与她的认识就是一种缘分。不知什么原因，我初次见到她，就觉得她很亲切；她初次见到我，正如她后来对我说的，就有一种说不出的喜欢。在郑老师的关爱下，我取得了全市小学语文教学竞赛一等奖、全省高年级阅读教学竞赛一等奖、全省第六届青年教师教学观摩活动一

等奖、全国小学语文"发展与创新教育"教学竞赛一等奖。列举这一项项比赛及其等次，并非告诉大家我如何优秀，而是想告诉大家，在这一次次竞赛的背后，是一支支以郑老师为核心的优秀作课团队对我的全心帮助与指导。这几次比赛，从 2002 年至 2006 年，这四年里，每一次作课到赛课，都要经历一两个月。每次一两个月的悉心帮助与指导，以及指导后的再次试教与指导，对我的教学专业能力的提升是巨大的。

再说说徐承芸老师。初次认识徐老师还是 2006 年的两次全省比赛，一次获全省一等奖第二名，一次获全省一等奖第三名。也正是因为这两次，徐老师可能记住了我，记住了上饶市婺源县有一个语文教学能手。我也记住了徐老师，没想到省教研员是这样的年轻貌美，有才有识。在省内外一次次的示范上课或交流研讨中，在徐老师的关爱下，我自信地走上了展示的舞台。最初，我有些怯场，徐老师鼓励我："智星，我信得过你的聪明才智，相信你的示范教学会精彩非凡的。"正是因为她对我的一次次鼓励与信任，我成长、成熟起来。至今，我常常在全国各地上示范课或做专题讲座，再不胆怯，再不迟疑。这不仅是因为自己的专业能力得到了实实在在的提升，更是我始终牢记我的身边还有一位卓越的江西小学语文领头人在支持着我、鼓励着我、关注着我。大恩不言谢！作为徐老师所带领的小学语文界的一个"兵"，我用自己对小学语文教学的执着思考与研究，为江西小学语文界添彩争功，才是对徐老师最好的感恩，才是对江西小学语文界最大的回馈。

4. 恩师于永正

师傅于永正在全国小学语文界无人不知，无人不晓。2006 年 10 月，在上饶市教学研究室的推荐下，我正式拜在了于永正的门下，成为于氏门下的一名弟子。最初的两年，跟恩师面对面交流的机会非常少，只是偶尔从电话里请教问题或聆听指导。"亲其师，信其道。"由于跟师傅面对面交流的机会很少，但凡学校阅览室的小学语文杂志里刊载了恩师的文章，我总会看得特别细致。很多文章，我总是一遍接一遍地阅读、思考、琢磨。久而久之，恩师文章里阐述的教学理念、教学观点、教学策略总能被我熟记于心，并灵活内化到自己的教学实践和论文撰写中。

2008 年 10 月，我代表江西省参加全国第七届青年教师阅读教学观摩活动获一等奖后，在全国各地讲学的机会越来越多，一年里总会有几次机会与恩师同台献技。每一次外出交流时，我总不忘随时随地，抓住一切机会向恩师请教教育中遇到的问题或困惑。每一次，恩师总是认真细致地帮我答疑解惑。记得有一次在九江一家宾馆里跟恩师交流关于如何解读与处理教材的话题，回到自己的房间，当晚我写下了一篇近 4000 字的题为《师傅教我解读教材》的文章。不久，此文刊发在《小学语文》杂志上。还有一次在广东佛山跟恩师同台展示，他听了我的课后，一一指出我的课中存在的问题，并帮助我思考解决的方法与策略。次日，我在房间里花了一个上午把恩师指出的问题及提出的策略进行了反思与整理，写下了一篇近 6000 字的题为《基于小学语文有效备课的思考》的文章。

恩师对我说的每一句话，我总不敢忘记，因为我觉得它在理。"教育的第一个名字，就叫影响。""读出味儿，才能教出味儿。""示范是最好的指导。""学习语文要按规律办事，按规律教语文，才能收获事半功倍的效果。"……恩师就像一本厚重的书，值得我永远去品读。恩师是为语文而生的，他的言行举止呈现出的都是语文的味儿。

5. 令人敬重的"红局"

她是东湖区教科体局的党委书记、局长舒小红，大家都亲切地称她"红局"，我也称她"红局"。

我不会忘记，刚来东湖的那个夏日，我在时任邮政路小学党支部书记肖迎春的陪同下，在她的办公室里进行的那次真诚交流。交流后，我对东湖教育有了向往。

我不会忘记，来东湖不久便迎来的那个中秋佳节，舒局长把那最美的祝福和问候送到学校，送到我身边。至今，她到校长办公室里亲切看望我的照片，依然被我珍藏。而这，绝不仅仅因为她是局领导，更重要的是其中的那份真挚的情感。

我不会忘记，来东湖两年后，因夫妻依然两地分居，同时，自己被外省高薪聘请任教时，舒局长在电话里说的那番话，尤其是她即将放下电话时说的最后一句话："智星，我是含着眼泪跟你说这番话的。"

我不会忘记，女儿在小学里度过的最后一个儿童节，竟然收到了舒局长送给她的一条漂亮的裙子。这份情，我至今都没有想到用什么物质上的东西去"回赠"。那天，我是整整感动了一天，女儿也是整整兴奋了一天。

我不会忘记，每一次她在我手机里留下的信息。有亲切的教诲："智星，'您'

不能和'们'一起用，只能说是'您'或'你们'。"有真心的鼓励："智星，不用灰心，这次错过了，下次再来。你能行！"有真诚的赞美："智星，你是东湖教育的骄傲！"

……………

她的每一次问候都是那样真诚。

那一次，因为低头想着问题，我真没有看见她。她见到了我，远远地喊："智星。"

那一次，静静地等候电梯，门开了，里面许多人，我正准备往里挤，一个熟悉的声音在耳边响起——"智星"。

那一次，正急着往会场赶，门卫处一个亲切而熟悉的声音传来——"智星，新年快乐。"被冷风冻得有些麻木的我有点愣，半晌，才把手伸出来跟她紧紧握着。她的手暖暖的，我的心更是暖暖的。

随着与舒局长的相识、相知，她的人格魅力、工作能力、学识素养都在深深地影响着我。

前不久，她在一次教育工作会上，用简短的时间跟全区教育系统副校级以上领导进行了一次集体谈话。

她引用了古希腊哲学家、科学家亚里士多德的话："对上级谦恭是本分，对平辈谦逊是和善，对下级谦逊是高贵，对所有人谦逊是安全。"

她引用了英国浪漫主人诗人威廉·布莱克的话："一粒沙中见世界，一朵花中见天堂，把无限存在你的手掌中，一刹那便是永恒。"

她还谈到了《易经》，谈到了卦象，谈到了《易经》第十五卦"谦卦"。她指出"谦卦"是《易经》所有卦象里最好的卦象。她引用了其中的句子："明智而谦让，心正而吉利。""谦谦君子，用涉大川，古。""谦谦君子，卑以自牧也。"

言语不多，不废，却句句经典，字字珠玑，引人深思，令人警醒。

如今，她成了东湖区教科体局的"领头雁"。相信，以她的气魄、气量、气度，东湖区教育将迎来一个崭新的春天，如她的名字一样红红火火。

我在整个成长路上，遇到了这样一位位好人，他们时刻指引着我前进的方向，时刻指导着我在专业上迅速成长，时刻用自己的人格魅力影响着我。我是快乐的，是幸福的，是成功的，因为有了他们的无私关爱与真诚帮助。

（三）永远憧憬的教育明天

一位从教了 23 年整的教育工作者，对教育的明天又会有怎样的憧憬呢？我绝不想把余下的教育生涯的日子一天一天如此平淡地度过，更不想从此坐在功劳簿上享受曾经所取得的一切，因为我心中早已对教育充满无限的信仰。

我曾向自己提出三问，面对这三问，我是如何回答的呢？

第一问："汪智星，你劳累吗？"

说不累，那一定是自欺欺人。工作上、家庭里，许多事情都离不开我。一个男人——家中的顶梁柱，但是，做着家里的事，看着家庭在自己的精心经营下和谐温馨，女儿越来越懂事，成绩虽不冒尖，但很自觉、自主、自立，内心的幸福感便油然而生。做着教书育人的事，乐在其中，因为自己喜欢，劳累着、忙碌着、反复着、创新着，所有的执着，一切的付出，都是一种享受。对我而言，做自己喜欢做的事，就是玩。教学中，我"玩"课堂，"玩"阅读，"玩"习作。一切享受，尽在不言中。喜欢并快乐着，幸福着，成功着。

第二问："汪智星，你寂寞吗？"

有时，看到友人周末去登山，去踏青，去游赏，我内心还真有些许不是滋味。妻女也偶尔抱怨："什么时候带我们去玩玩呢？"但是，当周末到来时，一家三口做着各自的事情，妻子在房间里过瘾地看电视，女儿在房间里努力地完成学业，我独自在客厅的书桌前忘我地阅读典籍，饶有兴趣地"爬格子"。文字就像甘甜的清泉一样从我的键盘下流泻出来。文章写完后，我总会大声地读给妻女听，让她们来评点一番。妻子总是一味地称赞，女儿读高二了，常常开玩笑地说："嗯，勉强，勉强！革命尚未成功，同志还须努力。"这样的情景，我想，一定是许许多多家庭无法拥有和享受的。

第三问："汪智星，你后悔吗？"

7 年前，我离开老家婺源，带着女儿来到了南昌。与女儿相依为命 2 年后，妻子也调入南昌。一家三口在南昌，不可能像在老家那样出门便是熟人，或有朋友相约，闲聊漫谈，或有亲人相伴，家长里短。但是在南昌的 7 年，我的教学思想不断丰富，教学理念彻底改变，教学能力快速提升。我痴迷于语文教学的实践与研究。在这里，我对阅读教学和习作教学的研究总结出了许多自己的思想、观点、方法及

策略。一个对自己所从事的事业执着，甚至是痴迷的人，是会失去很多东西的，但同样也会得到很多别人无法拥有的东西。正如哲人所说，当上帝给你关掉一扇门时，一定会给你开启一扇窗。这个世界，对任何事、任何人而言，最终都是公平的。因为自然规律的内在关系是存在着因果的，即有因必有果，有果必有因。生活中也有很多朴素的智慧。当悲伤来临时，下一个路口，等待你的必定是喜悦；当失败来临时，下一个路口，等待你的必定是成功。反之亦如此。

工作已 23 载，我越来越能体会到工作带给自己的无穷快乐。当下，我不仅痴迷于小学语文教学与研究，更热衷于引领团队在教育的道路上阔步前行。

2012 年 1 月，我所在的东湖区教科体局以我的名字命名的"汪智星名师工作室"正式成立，至今已六年整。这六年里，我带着工作室 17 位成员行走在共同思索与实践的道路上。我们痛苦过，纠结过，激动过，感动过，快乐过，幸福过。不过，正因为有了一系列经历与体验，有了团队的努力与探索，我们的工作室逐渐形成了自己的独特文化与特色。

名师想成为真正意义上的工作室领衔人，就必须做到"特别能吃苦、特别能吃亏"这两点。这是工作室领衔人必须具备的人格魅力，否则，你可以是一位名师，但你成不了名副其实的工作室领衔人。在此基础上，名师还要有过硬的教学专业能力和教学指导能力。也就是说，"高尚的人格魅力和高超的专业魅力"对工作室领衔人而言，缺一不可。

六年来，我的工作室在坚持与推进中，并不是被动前行，也不是一味接受任务，而是我与工作室成员在面对任何工作与挑战时，总是主动出击，共同努力，高歌迈进，幸福前行。

我的工作室在构建与推进中，拥有了自己的文化内涵。

一是设置一个愿景。工作室的发展需要有自己的愿景。我的愿景是什么呢？为什么要构建这样一个愿景呢？这里面有一个故事。工作室刚刚成立，好友来工作室参观。交谈中，谈到了名师个人的进步与成长，以及工作室团队的进步与成长的不同意义。名师个人成长就像是光秃秃的高山上的一棵苍松，虽然高高耸立，枝繁叶茂，但它只顾自己一味向上生长，因此，它的成长过程注定是孤独的、寂寞的。相反，如果在高山上有一棵苍松，依然枝繁叶茂，再看它的下面，灌木丛生，藤条缠绕，青草浓密，鲜花怒放，蜂飞蝶舞，如此情景，就

成了一个以名师为核心的教育生态体系。我想，这才是工作室发展愿景之所在。因此，我将工作室团队的发展愿景确定为"一棵树、一片林"。即以名师这棵"大树"为核心，引领、指导工作室团队成员共同成长，共同进步，共享教育的成就感与幸福感。

二是确定一个目标。六年来，我们的工作室发展目标经历了三次重新定位。起初，我们确定的目标是"同心同德，打造东湖区品牌名师工作室；一丝不苟，竭力为邮小（即邮政路小学）培育省市名教师"。之所以这样定位，一方面是工作室最初由东湖区教科体局成立，另一方面是我的工作室成员最初全是来自本校的14位教师。至2012年10月，工作室先后承担了几次省市级主题教研活动。工作室成员在活动中得到了历练与提升，工作室的影响力也逐渐扩大，有青桥学校、南京路小学的外校年轻教师加入我们的团队。同时，工作室被市教育局评为全市教育系统"为民服务十佳品牌"。经过这一阶段，我把工作室的发展目标重新定位为"同心同德，打造南昌市品牌名师工作室；一丝不苟，竭力为东湖培育省市名教师"。这样的改变，正应了"心有多大，舞台就有多大"那句话。当然，这样定位，我们是有底气的。此刻的我们，不仅内部给力，全体工作室成员做任何事情都能同心同德、一丝不苟，而且有着强大的外力做支撑。

我们的学校——邮政路小学，是一所百姓满意的学校，由于地处闹市，生源多，学校根本没有半间闲着的教室，校长却"打破脑壳"把一间教室腾了出来，专门改建，作为我的工作室。东湖区教科体局闻讯也决定一次性拨专款5万元打造工作室。全面改造过的工作室分为四个区，即成果展示区、成员研修区、导师办公区、书籍阅览区。

试想，一个团队在内部和外部都给力的情况下，怎能不一路高歌、豪迈前行呢？2014年8月，作为工作室领衔人的我，已先后获南昌市、江西省"五一劳动奖章"和"江西省先进工作者"等荣誉，开始带领工作室团队主动申报市级、省级劳模创新工作室。因为我们的热情、我们的执着，因为我们的收获、我们的成果，工作室先后被南昌市总工会、江西省总工会评定为市级、省级劳模创新工作室。这时，我们的工作团队又一次审视自己。在这之前，工作室先后接待了省内外40多支团队的参观学习；工作室的成员有了来自江西财经大学附属小学的志同道合的年轻教师舒红的主动加入；工作室团队总结的经验及教科研成果先后被《河南教育》《江西教育》作为专题刊发出来。此时，我们将工作室的发展目标确定为"弘扬劳模精神，发挥名师效能，助推学科骨干幸福前行，竭力打造江西基础教育新品牌"。这也是我们励志前行的方向。

三是构建"四大策略"。其一，心态改变人。干一行就得爱一行，教师要有职业认同感和职业幸福感。其二，人格影响人。不仅是我的人格影响着成员，部分成员的人格也影响着我和其他成员。教育的第一个名字叫影响，教师个人的成长也离不开团队成员之间的相互影响、相互促进。其三，活动历练人。教师队伍不缺乏人才，而是缺少平台。其四，书籍提升人。改变，从阅读开始。一个教师，尤其是语文教师，爱阅读与爱学生同等重要。阅读，能不断提高教师的视野。正如牛顿所说："我的成功，是因为我站在了巨人的肩膀上。"

四是提出"四点要求"。第一，天分。强调天分的重要性，但天分并不是走向成功的唯一因素。第二，勤奋。天才出于勤奋。我的资质一般，但很努力。第三，缘分。珍惜缘分。第四，本分。本分做人，本分做事。站在团队的角度想问题，站在自己的角度做事情。

全国著名特级教师周一贯为"汪智星名师工作室"题字

五是团队必须有"梦"。有梦就有追求。我们的"梦"与我们的愿景是一致的，工作室不仅要成就名师个人，更要成就工作室团队中的每一位成员。名师与团队成员在共同前行的教科研道路上快乐生活，执着追求，幸福前行。今天，当大家走进我的工作室时，有两幅字是最引人注目的。一幅是学校的一位老校友为工作室留下的——"做一位被需要的教师"。人是在被别人不断地肯定与需要中积极、快乐地进步与成长起来的。另一幅是全国著名教育家、特级教师周一贯先生题写的——"做有教育信仰的人"。心中对自己从事的事业充满信仰，你就会为之付出一切。同时，你在为之付出一切的过程中，不会抱怨，不会言累，相反，你会觉得自己所有的付出都是一种享受。因为你喜欢，因为你热爱。

我想，不管是做一位被需要的教师，还是做一个有教育信仰的人，都是在传递一个人活着的意义与价值。当我们的存在、我们的劳动、我们的付出，对自己、对他人、对社会有意义与价值时，我们就会充实，就会快乐，就会幸福。

（四）我的教育情怀

1. 对教育的爱，源于父亲的影响

我是江西婺源人，出生在婺源县江湾镇汪家村。全村 40 余户人家，小山村四面环山。要不是高速公路经过村子附近，用了村里的山和地，由高速公路承建公司负责修了一条通往我家的水泥路，过去从我家到能够坐上班车的地方，要走上足足 6 里的崎岖小路。所以，对 1992 年我考入江西省万年师范学校读书，我的家人，甚至整个村子里的人都极其高兴。父亲杀了一头猪，邀请了全村人和所有亲戚、朋友。在此，我想告诉大家，我很在乎这份工作，我很珍惜这份来之不易的工作。

我的名字叫汪智星，许多人看到我的名字就会脱口而出"智多星"。我的名字是父亲取的。父亲是一位老教师、老校长。即使在今天，他退休了，也是退而不休，他依然很开心、很充实地坚守在教育岗位上。有一天，我问一向严肃的父亲，给我取名"智星"到底是何意？真是如大家所说希望我成为"智多星"吗？父亲郑重地说："不，我 18 岁高中毕业，成为村里的民办教师，后来从民办教师转为公办教师，再后来当了十年校长。43 年的教学生涯，我越做教育越觉得有滋味。给你取名'智星'，意为'发挥聪明才智，培育希望之星'。我希望你子承父业，成为一名优秀的人民教师，成为一名受人敬重的好教师。"

这就是我的父亲，这就是我的名字的真实寓意。我因为父亲，也深深地爱上了教育事业。在老家婺源，我从婺源县最偏僻的村完全小学到江湾镇中心小学，再到婺源县最好的县城小学，工作了整整 16 年。在这 16 年里，我的父亲要求我对待工作的认真态度，一天都没有变过；在这 16 年里，我遇到了许许多多好领导对我的提醒、鼓励、鞭策，遇到了许许多多好同事对我真心、真诚的帮助。在这 16 年里，我幸福地成长着；在这 16 年里，我的许多称呼被大家叫开："拼命三郎""书痴""智多星""得奖专业户"。

2. 入东湖教育，只为求学不为别

2010 年 8 月，我离开了自己热爱的故土，来到了东湖这片多情、重义的土地上。我来这里为的是什么？是想来这里当官吗？不！不！不！在我的字典里，至今还没"当官"这个词。是为了我的女儿有更好的读书环境吗？不！不！不！老家婺源素有"书乡"之美誉，那里教风纯，学风浓。那你汪智星来这里干什么？我来这里求学，向东湖、向南昌教学能力比我强的许许多多专家、学者、名师学。这就是我来南昌、来东湖的最真实目的。因为这边比我强的老师，尤其是小学语文学科教学方面比我强的老师多。这些年来，省教研员徐承芸，原市教研员胡助金、王玲湘，现任市教研员赵水兰、刘荔，区教研中心语文教研员肖贤、黄莺、王露，还有我所在学校的熊婷、彭岚等优秀教师，都是我学习的对象。我不断地向他们学，有时从他们的课堂中学，有时从他们发表的论文中学，有时从与他们的交流中学。总之，我抓住一切机会向他们学。同时，我不断地从书本中学。在南昌市东湖区工作的 7 年里，我读过的教育专著有 60 余本，每个学期坚持读四五本教育专著，坚持天天阅读，天天写作。

3. 在百年"邮小"，付出一切均享受

这 7 年里，我一直在邮政路小学工作。从担任一个班的班主任兼一个班的语文学科教学，到担任教导处副主任兼一个班的语文学科教学，再到担任分管教科研的副校长兼一个班的语文学科教学。看着我忙碌的身影，妻子常问："你不累吗？"说不累是骗人的，但内心是开心的，是愉悦的。为什么？因为我所从事的教育工作，是自己喜欢做的事。做自己喜欢做的事，所有的付出，都是一种享受。试想，以这样一种真实的心态来对待自己所从事的这份工作，我的心还会累吗？身体上的累，睡上一觉就彻底消失了。

　　尤其是在 2011 年 7 月被评为江西省特级教师后，我常常告诉自己：特级教师不是教育人生的终点，而是教育人生中一个崭新的起点，一个更高的起点。就在这时，让我尊敬的东湖区教科体局党委书记舒小红给我的手机发来下面这句话："智星，你的生命力在课堂，你的根在课堂。"这一刻，我瞬间再次明白了自己来南昌、来东湖是来干什么的。求学！因此，无论自己的角色如何变换，无论自己如何忙碌，我始终带着一个班的语文教学工作。既然带了一个班，就得对这个班上的每个学生负责到底。可是一个班 57 位学生的作业，我改得完吗？这些作业批改可马虎不得！不马虎、次次、篇篇、天天认真地批改，哪来的时间和精力？不改，我这位特级教师就是对这个班的学生极不负责任，有愧于"特级教师"这个光荣的称号。于是，我决定把中午 12：30 到下午 2：00 这段老师们休息的时间充分利用起来。天天如此，1.5 小时的午休时间的有效利用，这些年来，我没有落下学生们一次作业的批改，没有耽误学生的一次学业。也因如此，这些年来，我在中午没有休息过一次。日子久了，我也没有了中午休息的习惯，反而到了中午，工作精力特别充沛。

　　备课上课、作业批改、工作布置、参加各类会议，几乎占据了我白天的所有时间，我拿什么时间来学习？于是，我给自己规划了一个时间。每天晚上 9：00～12：00，整整 3 小时，成了我雷打不动的读书、写作时间。这 7 年来，我读过的几十本教育专著和几百本教育杂志，就是利用了这一个个夜晚的 3 小时。我喜欢阅读，每每阅读，就觉得自己处在一种很享受、很充实、很满足的状态中。对我而言，一天不阅读，就感觉内心空落落的，好像缺了什么没有做似的。这 3 小时，我除了阅读，还坚持写作，写教学论文，写散文，写小说，写诗歌，写对联。总之，当自己阅读到一定程度的时候，就会自然而然地产生一种想写的冲动与欲望，就会立即在电脑上将其写下来。我常常告诉自己，再晚也不能超过 12 点，因为第二天还得工作。但有许多次，尤其是当我写作到了那种欲罢不能的状态时，就会一气呵成，来一个痛痛快快，来一个酣畅淋漓！记得我写教学论文《当下语文课堂的"乱象"及策略思考》一文时，一直写到了凌晨近 3 点，19000 余字的文章大功告成。那一刻，内心的成就感、幸福感，只有经历过的人才知道。那样的夜晚，虽然睡眠时间不长，但睡得极甜、极香、极沉！

　　因为有了合理的时间安排，因为始终有一种不怕吃苦的品质，所以我总能较为出色地完成每一项工作与任务，也从不推托各级领导要求完成的每一项工作与任务。

即使感觉某项任务完成有点困难，我也会先承担下来，再想办法。因为我始终认为，办法是想出来的。

4. 组建工作室，赠人玫瑰手留香

我的工作室是 2012 年 1 月由东湖区教科体局挂牌成立的。就在工作室成立不到 4 个月时，我接到了区教研中心的来电。东湖区将承办江西省义务教育均衡教育现场交流会，希望我的工作室在交流会上展示一次主题研讨活动。接到任务后，我想，如果我自己上一节课，再做一个主题报告，不难！但是这样一来，工作室全体成员参与不进来。他们不能参与进来，就意味着他们得不到历练；得不到历练，就意味着他们不能在活动中让自己的教研能力实现提升。自然，工作室的成立就失去了本来的意义。

广东省著名书法家欧阳京儒为"汪智星名师工作室"
题字："做一位被需要的教师"

晚上，我开始了构思与谋划，最终我提出了一种崭新的教研模式，即"上课＋辩课"的教研模式。这也区别于过去的"上课＋评课"的模式。尤其是过去的评课，评课环节中往往是一人唱独角戏，而且往往是说好话多，说问题少。然而，我提出的辩课是：当听完上课老师的课后，由工作室导师就课堂提出两个具有可争辩的话题，然后把全体成员分成红方、蓝方，由两方对这两个话题进行有针对性的争辩、思辨。这样一来，在工作室导师的逐步引导下，话题越辩越明朗，越辩越清晰。从定方案，到最后展示，我们工作室的每一位成员都积极参与其中，最终在江西省义务教育均衡教育现场交流会上展示了精彩的一面。其活动形式、活动效果得到了省、市教科研部门领导的高度评价。在那次活动中，我也发现工作室许多成员好学求上进、工作顾大局的可贵品质。邮政路小学年轻老师舒雅在活动中承担的是上课任务。为了上好这节课，她虚心请教了工作室的好几位成员，还和另一位年轻成员熊佳在夜晚近9点时，在教室里一个当教师、一个当学生，进行着模拟试教。青桥学校年轻教师陈玲在整个活动从准备到展示持续近一个月的时间，直到展示完的那一刻，才跟我请假。她悄悄地跟我说："汪老师，我为了参与并完成这次的工作任务，把自己在老家请的结婚酒一推再推。今天结束了，我得马上赶回老家请结婚酒。"她跟我请假的时候，天已经快黑了。

我身上的确有许许多多爱岗敬业的故事值得大家品味，但是我也同样从我的工作室成员身上，尤其是这些工作才三五年，甚至只有一两年的年轻教师身上学到了他们对教育事业的认真态度。我想说，正是我们东湖区教科体系统中有了许许多多像他们一样的年轻教师对工作的认真与负责、爱岗与敬业，我们东湖区的教科体事业才能始终永葆青春，焕发活力。

5. 心怀教育梦，一生只为教育忙

当教师，当一位人民教师，得有德。所谓德，即德行、德心。我以为，一个有德之人，就是内心所思是善的，外在行动也是善的。无论是对待自己所教的每一位学生，对待自己所相处的每一位同事，还是对待自己身边的每一位领导、朋友、亲人，都应做一个有德之人。

有的老师一生只为荣誉而来。有了荣誉，他会拼命地工作，一旦荣誉归于别人，他的教育观、人生观就马上扭曲，变得面目狰狞，全忘了自己是教书育人的人民教师，全忘了自己身上那份沉重的责任。

有的老师一生只为职称而来。一旦职称到手，他就马放南山，开始自我放纵，做一天和尚撞一天钟，全忘了自己是教书育人的人民教师，全忘了自己身上那份沉重的责任。

有的老师一生只为金钱而来。有钱我就干，没钱莫找我。凡是做了事就有相应的报酬，他就乐此不疲。否则，任何工作安排到他手上，他总会找出千百种借口来推托，全忘了自己是教书育人的人民教师，全忘了自己身上那份沉重的责任。

有的老师一生只为当"官"而来。干着干着，觉得自己有希望，就继续干下去；干着干着，觉得希望渺茫，就开始在工作上懈怠，全忘了自己是教书育人的人民教师，全忘了自己身上那份沉重的责任。

我也常想，老师们向往荣誉真的错了吗？向往职称真的错了吗？向往金钱真的错了吗？向往"官位"真的错了吗？的确没错，但这一切都应建立在自己对教育事业充满信仰的基础上。一位人民教师，如果对自己所从事的教育事业没有了信仰，再一味地去追求荣誉、职称、金钱、"官位"，就会出问题。

对教育人而言，信仰是最重要的。首先，我想告诉大家，我对教育是充满信仰的。因为我喜欢她，热爱她，敬畏她。在这一生中，我会为她而痴、而疯、而狂、而迷、而念。今天，当你走进我的工作室，你会看到一行显目的镌刻着的大字：做有教育信仰的人。在工作室里挂这样的一幅字，是想表达我个人对教育的无比热爱与真挚情感，更希望工作室全体成员真正读懂它，用自己的一生读懂它，用自己的言、自己的行去实践它、见证它。

6. 再借四十年，立德树人享人生

2015 年，南昌市教育局面向全体教师征集教育誓词。当时，我也以小诗的形式写了几句。其中最后两句是这样写的："向天再借四十年，立德树人终不悔。"意思是，我是 1976 年生的，到 2016 年整整 40 岁。我 20 岁开始工作，到 2016 年整整 20 年。按这样计算，再工作 20 年，我就退休了。但我不想因退休而退出教育的舞台，退休后，我想再为教育事业贡献 20 年，直到 80 岁。因此，前半句，我写下了"向天再借四十年"，后半句"立德树人终不悔"，如果是当下再写，我还想改一改。因为"终不悔"三个字让人听着，总感觉我这一辈子是在干一件自己不想干的事，是别人逼着我在干一件事似的，内心挺后悔。因此，我想改成"立德树人享人生"。因为我是在干一件自己喜欢干的事情。我工作，我快乐；我工作，我幸福；我工作，我享受。

亲爱的老师们，愿你们跟我一样对教育充满无限信仰，对教育充满深厚情怀！"向天再借四十年，立德树人享人生！"

本真的教育

——我的教育思想

一、走出教育误区，践行本真教育

不要在教育中寻求控制与改变他人，哪怕是教师对学生。教育中不能唯规范，要更多地关注融合与生成。尊重学生思想的自由，必须打开教学规范。真正好的教育，不会让学生犹如坐牢一般。对今天的孩子而言，比分数更宝贵的也许是反抗，是天真，是活泼，是游戏，是俏皮……

（一）不要用权威压制学生的思想与行为

1. 权威其实是一种"霸权"

教育教学中，所谓教师权威，其实就是一种教师"霸权"的表现。同样的道理，日常生活中，父母的权威就是一种父母"霸权"的表现。试想，长期在一种"霸权"的状态下，学生的学习与生活怎能开心、舒畅？怎能主动、快乐？反之，教师在教书育人时，不以权威去压制学生的思想与行为，学生的心灵才能获得自由，学生的心情才会感到舒畅，学生的思维才能得到放飞。

美术课风波①

开学第一天，小宇和很多小朋友一起背着书包高高兴兴地上学去了。这是一个怎样的新世界啊！大教室、老师和多得数不清的同学，小宇沉浸在这种幸福的感觉中足足有一个星期。

语文、数学、音乐，还有体育，很多小宇在家里都很不正规地学习过，不过现在有了一个大环境，大家都在学习，小宇的兴趣更加盎然了。

如果不是因为一位美术老师的出现，小宇感兴趣的科目里还会添上美术这门课。

小学一年级开设了美术课，刚刚发下来的美术课本非常漂亮，里面有一部分是

---

① 陈宇华：《千万别"管"孩子——自主教育哈佛启示录》，102～104 页，北京，中国经济出版社，2001。有改动。

需要上色的空白图片，如香蕉、苹果、葡萄等水果。

　　小宇从小就是个爱画画的孩子，课本拿回家，先不管三七二十一，香蕉、苹果、老虎、小狗全都被她涂上了颜色，她还得意扬扬地拿给大人欣赏。

　　美术老师是一个年纪比较大的女老师，花白头发，说话轻轻柔柔的，但是对孩子非常的严厉。

　　第一天上课，她就对孩子说："在我的课堂上，老师绝对不允许存在这样的情况——没有老师的许可，就私自动笔，更别提说话。你们可以问问上几届的同学，老师上的课，静得连针掉在地上都可以听得到。"

　　"现在，你们听——"

　　台下果然鸦雀无声。

　　这是第二次上课的时候了，老师第一项工作就是检查学生的课本："全部打开到第三页，放在右边的桌面上，老师看看谁不听话，自作主张，动手画了。"

　　课堂上一下子有了一阵小小的议论声。

　　"安静——"一声威严的喝令，台下一下子就风平浪静了。

　　果然，查到了两三个自作主张的孩子，他们毫不例外地挨了一顿训，还有一个被收走了课本。坐在后排的小宇心情越来越紧张了，老师脚步越来越近，她合上了课本，放到了抽屉里。

　　"你的呢?"老师到了小宇的面前。

　　"唔——"小宇非常紧张。

　　"拿出来，快!"老师的眼睛一下子瞪了起来，非常吓人。

　　"老师，我，我……"小宇从来没有见过这样的架势，但还是乖乖地拿出了自己的本子。

　　老师一把抓过来，看了几页，脸色难看，越往下翻，脸色越难看。

　　"你叫什么名字?"

　　"小宇。"

　　终于有了一个典型，老师觉得有必要树立一下权威了。

　　昨天晚上，小宇一口气把所有的图画都涂上了颜色，父母的表扬令她美滋滋的，本来指望今天在课堂上可以好好表现一下，迎来的却是这个。

　　"这个小宇同学，你把所有的图片都涂上了颜色，大家想想，老师有没有说过回

家自己涂色呢?"

没有反应。

"大家回答,有没有?"老师追问了一句。

"没有。"稀稀落落的,底气不是很足。

老师拿起课本,打了一下小宇的头,喝道:"站到讲台上去,让大家看看。"小宇上了讲台,老师举着她的课本给大家看,说:"大家看看,这个同学没有老师的命令,随便上色,很没有纪律。你看涂的颜色也不均匀,像吃了饭不擦嘴一样。"

台下哄堂大笑。

老师转过来,盯着小宇,上下打量了一阵,刚好今天小宇的校徽别错了方向,别在了衣服的右边。

"你这个同学,连个校徽都不会别。还上什么小学啊?"

台下又是哄堂大笑。

小宇似乎被激怒了,一把扯下自己的校徽,放到老师手里说:"不念就不念,校徽还给你吧。"

"你说什么?"老师非常震惊,"你胆子好大啊!"

小宇一把夺过课本,嘴里还念着:"课本是我自己买的,还给我。"眼睛里隐隐地有了泪花。

美术老师似乎无法理解眼前的孩子,这时台下也鸦雀无声了。

老师的尊严受到了极大的挑战,年幼的小宇得到了有生以来最大的一次批评,最后的结果是:回家把涂上的颜色全部擦掉,否则不要进这个课堂。

学生小宇本来对学习充满了无穷的兴趣,却因为这位美术老师的"霸权",让她对这位美术老师产生了极大的厌恶,甚至从内心深处对这位美术老师产生了愤恨。试想,小宇又怎么可能会再喜欢上美术这门学科呢?"亲其师,信其道。"只有当学生真正喜欢上这位老师,才会喜欢上老师教的这门学科。老师的权威,老师的"霸权",扼杀了一位对学习充满着向往与憧憬,对美术学科的学习拥有着浓厚兴趣的学生。兴趣是最好的老师。然而,眼前对美术学科学习有着浓厚兴趣的小宇,却因为老师的权威而彻底被"毁"了。

美术老师的这种"霸权"仅仅是源于小宇课前自行将美术课本上的空白图片全

涂色了吗？细读这个案例，我们会关注到美术老师第一天上课的一些言语，"绝对不允许""更别提说话""可以问问上几届的同学"等，从中我们能看到的是这位美术老师长期以来，以一种教师的权威去教育、压迫学生，去规范学生的思想与行为。一句话，要成为她的学生，就得按她的规矩学习，来不得半点含糊。整个教育教学过程中，老师完全忘却了"没有爱就没有教育""教学过程是师生平等对话、交流的过程""学生是学习的主人"等教育理念。老师万万没有想到，学生的忍受是有底线的，哪怕是刚入学的一年级学生。老师一而再，再而三地揪着学生不放，最终导致学生"火山"爆发，老师的权威也受到了挑战与质疑。

《江西工人报》主任童世亮来校采访汪智星

2. 营造一种心理安全、自由的课堂

有的课堂，教师的教学设计尤其精彩，教学方法、教学策略也非常新颖，但学生的状态就是死气沉沉。为什么？是学生没有能力进行解答、汇报、交流，还是学生的内心不安全、不自由呢？当我们走进课堂，我们会发现很多情况下，真不是学生不会说、说不出、说不好，而是学生不敢说、不想说、不愿。而造成学生不敢说、不想说、不愿说的真正原因就是学生在课堂上，内心是不安全的、不自由的，时刻处在一种极度紧张、被压迫、被束缚的状态。显而易见，在这样的教育中，在这样的课堂上，学生的思想怎能活跃？他们的行动怎能自由？

有一位老师接到任务——次日有全市骨干教师要来听他的课。对他来说，这既是一次再挑战，也是一次展示自我的机会。之所以市里组织骨干教师来听这位老师的课，是因为他刚刚从全国赛课回来，且满载而归。他执教的《草船借箭》一课，从县里到市里，再到省里，最后到全国，囊括了一等奖第一名。整个比赛过程中，这位老师取得了成绩，更加赢得了许多专家、学者、同人的称赞与掌声。这一次，他决定再为全市的骨干教师执教《草船借箭》。于是，他不再准备，次日信心满满地走进了教室。他满脸堆笑，但在他们班的学生心里，那是一种久违的笑，更是一种极其不自然的笑，应该说是一种假笑，一种皮笑肉不笑。总之，面对这种笑，他的学生不是开心、安心，而是陷入了更多的猜度和更加的紧张之中。

课上，这位教师执教课文的教学流程，采用的教学方法、教学策略跟他之前在各个层面施教时一致，但遗憾的是，无论他如何引导、如何点拨、如何启发、如何煽情，他的学生就是一言不发，无动于衷，形如"木头"。到了最后，他提出的每一个问题都是在点名中才得到回答。那些被点到名的平日里的好学生在回答时也是战战兢兢，支支吾吾。给听者的感觉就是，他的学生在课堂上完全处于一种不敢说、不想说、不愿说的状态。他们似乎天生只懂得被动地听、被动地记、被动地思，一切在被动接受中。

后来，有位听课的骨干老师在下课的时间里，对他们班的学生进行了一次深入调查。结果发现，这个老师虽然在学校里是最优秀的老师，但是在学校，尤其是在班里，霸气十足、威风八面。平日的课堂上，老师的脸上从来没有过半丝笑意，活脱脱的一个"魔鬼"在世。平日的教学中，他不需要学生发言，不需要学生交流，他只要求学生认真地听、认真地记。长此以往，他的学生已习惯了他的性格与教学方法，因此总是被动地接受着老师讲授的一切。现在，老师一改常态，满脸堆笑地走进课堂，还要他的学生在课堂上自主学习、交流、互动。结果是老师变了，他的学生却不知道怎么变了，于是就出现了如此尴尬的局面。一位过五关斩六将，最后夺取全国课堂教学竞赛冠军的教师，竟没有半点办法让自己的学生自主、快乐地学习，其原因就是这名教师长期以来因自己的权威，让学生在课堂上内心时刻处于一种不自由、不安全的状态。

3. 学生需要的教师是"多情"的，而不是权威的

在教师人格魅力与教学专业水平二者中，要让学生选其一，学生首选的是教师有着高尚的人格魅力，即教师是幽默的、慈爱的，教师的言语如春风拂面，教师的笑靥如山花烂漫。只有当教师与学生之间处于一种"零距离"的相处状态时，学生无论是在课堂上还是在生活中，对教师就会有一种说不出的亲切感。他们心中对这样的教师充满着无限的敬意和爱慕。事实上，我们许多教师淡忘了这一点。许多教师教学能力在不断提升，但那种所谓教师威严也在与日俱增，整天板着一个面孔，脸上的表情甚至如刀刻一般，呆板、死寂。他们面对自己学生的问候也总是淡淡地、沉沉地"嗯"上一句而已。要知道，教师在学生心目中本是可敬的，高尚的，甚至是神圣的。正如有些家长常说，我的孩子就听老师的，总在家长面前夸自己的老师怎么怎么好，怎么怎么有本事。

也不知什么原因，当我们走进学校，走进课堂，总能看到一些年轻老师或是刚入职的老师在与学生相处时，笑脸常开，亲切慈善。而那些中青年教师，甚或一些年纪较长的老师整天板着一副严肃的面孔。这是为什么呢？难道仅仅是为了让自己有着为师的尊严吗？难道是他们在教育实践中领悟到只有教师权威才能实现教学成绩的提高吗？才能获得学生对自己的真心敬重吗？要知道，这种所谓教师权威，其实就是一种教师"霸权"的表现。它会让你的学生不再喜欢上你，不再喜欢上你教的这门学科。在这期间，你扼杀的将是一个又一个、一批又一批的天才。如此，我们是否可以这样说，教师的权威、"霸权"，其实是将一个个原本慈爱、亲切、幽默的教师推向了"魔鬼"的边缘。难怪我们常听到学生议论："我们老师简直就是一个十恶不赦的魔头。"想到这些，教师是不是有一种悲哀感，是不是有一种失败感，是不是有一种说不出的窝囊感——辛辛苦苦、勤勤恳恳地工作着，甚至是一辈子，最终得到的是这样的一种认可与评价？

老师，你就那么高贵吗？[①]

儿子上六年级，朋友和邻居都喜欢他，因为他的嘴特别甜。可是有一天，他问我："妈妈你猜，我最不愿意招呼的人是谁？"

———————————

① 薛瑞萍：《给我一个班，我就心满意足了》，43～44页，上海，华东师范大学出版社，2006。有改动。

"我最不愿意招呼的人是朱老师！可又不能不喊，真窝囊！"

"这是为什么？"

"你看啊，别的大人，不管是爷爷还是叔叔阿姨，我喊他一声，他都笑眯眯地答应了，还说一声'金山好'。朱老师倒好，板着脸，顶多'嗯'一声，跟没听见差不多。还成天教育我们要礼貌待人，他自己怎么这么没礼貌？我不相信朱老师对待大人也是这样！"

我知道儿子的话是真的，因为他所说的情形，我就亲眼见过几次。当时孩子的热情和老师的冷漠真是对比鲜明。当孩子达小，他不会有什么感觉，但随着年纪的增长，他的反感是不可避免的。面对孩子，我无话可说；而对朱老师，我倒有一番话想讲。

伟人富兰克林有云：以谦恭对待上司，说明我尽职；以谦恭对待同事，说明我明礼；以谦恭对待弱者，说明我有德。我相信，朱老师在对待上司和同事时，都是尽职而明礼的。我认为，以"有德"要求教师是丝毫不过分的——毕竟，他是教育人的人啊。

孩子是聪明的，他们知道，正是这样的教师，往往特别在意学生是否敬重自己，所以，不管教师态度多么傲慢，他们也只能委屈地喊一声"老师好"。

高高在上的老师啊，你也许觉得自己很威严。但是学生问候你的原因，究竟是出于惧怕还是出于真心的尊敬，你想过吗？如果你已经习惯了自己的威风，那么，在别人的眼里，在懂事的孩子心里，你的形象难看得很呢。

一位教师，爱自己的学生绝不仅仅表现在教学专业能力的提高上，更应表现在一举一动、一颦一笑上。有的时候，教师的一个真心的微笑、一个亲切的问候、一个热情的拥抱，都能让学生铭记一生，让学生受用一辈子。正如上文中所讲的，学生最不愿意与朱老师打招呼。为什么？学生在对老师的问候中，感受不到老师的那种博爱、那份亲切。造成老师内心深处的那种博爱、那份亲切的消失，就是老师内心深处那可怕的权威在渐渐增强。

最近读到一则来自《扬子晚报》的新闻，令人触目惊心。当下的教育，依然还有这种可怕的貌似封建社会里"诛九族"——一人犯罪，九族遭殃的阴影。一位家长说自己的儿子所在学校的班级分成了若干组，如果有一个组员未完成作业，就会让全体组员罚抄——包括抄课文。这种"连坐制"让儿子常被牵连，儿子压力很大。更可怕的是，当记者问及这个班的班主任和学校校长时，他们都颇为自豪地介绍着这样做的好处——这种"连坐制"旨在培养学生的团队意识，增强学生的集体荣誉感。这样的解读，真是令人哭笑不得。这怎么能出自一个教育工作者的口呢？

学校教育应当是充满爱心与温馨的快乐生活，其首要前提就是对孩子人格尊严的充分尊重。"连坐制"罔顾孩子的自尊心，打压了如期完成作业的孩子的成就感。可以想见，整天在战战兢兢和担惊受怕中度过，无论是好学生还是后进学生都恐难有快乐可言，而缺乏好心情势必影响学生的学习。更为负面的是，"连坐制"扭曲了孩子们的学习动机，影响了孩子们的心灵成长与价值取向。"连坐制"不是教育，而是一种恐吓，是教师权威的一种可怕表现。

4. 教师的权威常常表现在逼迫性的口吻或手段上

"一定要这样去做！""非这样做不可！""没商量，这是命令！"教师命令的口吻，常常是统一发号施令，常常要求学生的思维方式统一，表达方式统一，语言风格统一，作业答案统一。

"天下的妈妈都是一样的。"我们在学生的习作中常常能看到这种现象。教师指导学生进行习作时，从不考虑学生的差别，而是用统一的方法去指导。写自己最熟悉的人，那就一定是自己的母亲，就从不考虑班里是否存在部分学生因父母离异，跟着父亲长大或者从小父母双亡，跟着爷爷奶奶长大的情况。这样的学生，叫他们写母亲，他们如何下笔？还有写母亲，就得描写母亲的身高、长相，以及如何爱自己的，结果大部分学生笔下的母亲都是中等身材，脸色白净，嵌着一双迷人的眼睛，高高的鼻梁下长着一张小嘴巴。文中讲述的不是母亲半夜送他去医院看病，就是母亲雨天为他送伞。试问，写自己最熟悉的人，就一定是自己的母亲吗？写自己的母亲，就一定要写她的身高、长相吗？写自己的母亲，就一定要写她怎么爱自己吗？写母亲怎么对爷爷奶奶好，不行吗？写母亲如何帮助邻居，不行吗？写母亲为了这个家如何辛苦地工作，不行吗？总之，用一种框框让学生的思维陷入窄化的空间，那是十分可怕的。造成"天下的妈妈都是一样的"现象，依然是教师教学"霸权"的一种直接体现。要想让学生笔下的妈妈永远是唯一的，教师就得去除"霸权"，还学生于课堂上自由、平等的状态，让他们用自己的笔写出自己心中所思、所想。

（二）不要以为整齐划一的就一定是对的

1. 忌评价的整齐划一，倡导因人而异的评价

教学中，我们常常能看到教师的评价过于简单、整齐划一。即使课改已进入一个新阶段，我们依然能常常听到教师面对学生的回答之后，做出一些过于简单的评价，如"大家表扬他！""太好了！""太棒啦！"之类的评价语，至于为什么表扬他、好在哪里、棒在哪里等关键信息，教师没有向学生进行有针对性的反馈、传递。长期使用这种过于简单、整齐划一的评价，就会让学生对教师的评价处于一种无动于衷的状态。评价倡导的是因人而异。A 学生平日里不遵守纪律，总是捣乱，破坏班级的公共财物，经过教师的教育，他逐渐在改变着。那么，教师该如何对他进行肯定，进行再引导？B 学生学习习惯不好，学习成绩一般，在教师和同学的帮助下，逐渐养成了良好的学习习惯，学习成绩也有了一定的提高。那么，教师该如何对他进行肯定，进行再帮助？C 学生在学校表现得尊敬老师，团结同学，可是到了家里"老子天下第一"，一切以他为中心，父母对他稍有不妥，他就大发雷霆，对父母毫无孝心可言。经过教师和父母的共同努力，孩子意识到了自己的不足，变化很快，成为一位深受老师、家长和同学喜欢的学生。那么教师该如何评价这样的学生，如何让他变得更好，甚至影响身边更多的学生？

在课堂教学中，面对学生不同的表现，教师该如何做出不同的，富有针对性的评价？当学生能有感情地把课文读出来，教师的评价是否可以这样——"了不起！你的读书声完全把老师和同学带入了课文描写的故事中。"当学生能精彩地把自己的理解讲述出来时，教师的评价是否可以这样——"你所想的跟老师想的完全一致，真是英雄所见略同。"当学生在课堂上为了一个观点进行有理有据的辨析时，且言语表达颇富逻辑，令在座的教师和学生都不禁鼓掌时，教师的评价是否可以这样——"想不到呀！你有理有据，头头是道，口若悬河，让我似乎看到了一个未来的政治家在演讲。"总之，我们的评价不能过于简单，不能整齐划一，要努力提倡并实现因人而异。

2. 忌答案的整齐划一，倡导学生思维的发散

数学教学中，常常会有一题多解的现象，虽然答案最终是唯一的。语文教学中，则常常出现同一道题目，有不同的答案。有的时候，思考的角度不一样，欣赏的角度不一样，观察的角度不一样，也会出现不同的答案。柳宗元笔下的"独钓寒江雪"一句，有人从一个"钓"字体会到了渔翁的孤独与寂寞的心情；有人从一个"钓"字体会到了渔翁内心的那份静默等待的心情；也有人从一个"钓"字体会到了渔翁绝不仅仅是在钓鱼，还是在钓春天、钓希望的心情。冬天已临，春天还会远吗？试想，教师要是让学生只记住这里的钓就是钓鱼的意思，则不但没有意义，反而残忍地扼杀了学生多样的思维方式。

前不久，听人说他害怕秋天，因为秋天之后是冬天。冬天万籁俱寂，一片萧瑟，让他感到有些孤独与害怕。但也有人喜欢秋天，秋天是收获的季节，到处是欢声笑语。就算冬天即将来临，又有何惧？没有寒冬的到来，怎能练就那千千万万不屈的"志士"？所以，更多的人向往冬天，期待冬天的来临。"不经一番彻骨寒，怎得梅花扑鼻香？"

3. 忌表达的整齐划一，倡导仁者见仁，智者见智

"横看成岭侧成峰，远近高低各不同。"从不同的角度观看问题、思考问题，常常会有不同的体会与理解。近日，观摩了一位教师执教写作指导课。课堂上，教师引导学生写一种自己喜欢的动物。教师为了实现读写结合，紧紧借助《白鹅》一文的写法进行习作指导。课文第 2 自然段与后文的第 3～第 5 自然段之间存在着一种总分的谋篇方式。另外，第 3～第 5 自然段的构段方式又存在着总分的形式。教师要求学生按照这样的方式进行写作，结果所有学生笔下的动物的描写方式都是一样的。我们知道作文写作要关注方法指导，但文无定法，如果用一种写作方法让所有学生去写自己喜欢的动物，最后的结果就难免不伦不类。

也有教师在写作指导教学中，既关注写法，又能灵活地引导学生运用方法表达自己心中所思所想。学习了一组童话故事后，教师引导学生创编童话故事。假如教师给学生提供一个写作素材，然后让学生自行构思、创编，学生没有对童话故事的特点、分类及特殊写法有深入了解，他们的写作水平就难以真正实现提高。教师在写作指导中，让学生借助已学过的多篇耳熟能详的童话故事，了解了童话故事的特征——富于幻想，运用拟人的手法进行创编故事；了解了童话故事中的角色分类，可分为超人体、拟人体和常人体；了解了童话故事的一些特殊写法，如反复法、对照法、误会法、巧合法等。写作指导中，教师只是引导学生明白了童话故事的特征、分类及童话写作的特殊写法，而没有统一要求学生一定用什么方法来写。课堂上，教师借助"泡泡"这一素材，引导学生不知不觉地进入了一个神奇的童话世界，并用自己的笔写下了一个又一个精彩的童话故事。

泡泡仔找爸爸

［南昌市邮政路小学四（2）班　宇　飞］

泡泡仔在爸爸的肚子里待了很久，对外面的世界无限憧憬。

一天，他对爸爸说："爸爸，我想去外面走走。"

泡泡爸爸听了泡泡仔的话，很高兴，觉得是时候让泡泡仔独自去外面的世界锻炼了。泡泡爸爸轻轻一吐，泡泡仔头也没回，随着微风在空中悠然游荡。

白云在他头上飘荡，小鸟在他身边歌唱，小草在他脚下舞蹈。泡泡仔随风飘到了很远很远的地方。约莫过了半个月，当泡泡仔听到草原上一只小羊在亲昵地喊着爸爸时，泡泡仔好像想起了什么。瞬间，他特别想念自己的爸爸。泡泡仔开始找寻返家的路。由于离家太远，泡泡仔已分不清回家的路，关键是他连自己的爸爸到底长什么模样也有些模糊了，只是依稀记得泡泡爸爸长得圆圆的。泡泡仔日夜兼程地走在返回的路上。天刚蒙蒙亮，他走过一片树林，看见树叶上有一颗颗圆润的、透亮的东西。泡泡仔兴奋地走上前去，急切地喊着："泡泡爸爸，我找到您了。"小露珠十分诧异，回答道："实在抱歉，我不是你的爸爸。你去村子的方向找找吧！"

泡泡仔继续上路，太阳已经升得很高。泡泡仔经过一个池塘，见池塘边有一个圆圆的、白白的东西。泡泡仔兴奋地冲过去，大喊："泡泡爸爸，我可找到您了。"大鸭蛋愣愣地望着泡泡仔，笑着说："我不是你爸爸，你爸爸长得跟我差不多，但他的身体晶莹透明。你再去村子里找找吧。"泡泡仔依然挺兴奋的，转身进入村庄。他来到一家庭院里，见院子里有一个又大又圆的东西。泡泡仔兴奋地扑了上去，大喊："泡泡爸爸，我终于找到您了。"南瓜大叔差点傻了眼，半天才说："我不是你的爸爸，你的爸爸浑身透亮。你再去村头的马路上找找吧！"

泡泡仔有点失望，慢慢地走向村头的马路。这时，他惊喜地发现一个小女孩用嘴对着一个小瓶子吹。一个接着一个的大泡泡快乐地飞向空中，这可把泡泡仔乐坏了。他想，爸爸一定就在小女孩手中的瓶子里。

过了一会儿，小女孩停了下来。泡泡仔兴奋地飞到小女孩的身前，有礼貌地问："姐姐，我的泡泡爸爸在你的瓶子里吗？"小女孩望了望泡泡仔，笑着说："哦，你的爸爸随着你和你的兄弟的出世，便永远消失了。不过，你爸爸创造的快乐却在你们兄弟身上得到了延续。"

泡泡仔听着小女孩的话，流下了感动的泪水。这时，一阵轻风拂来，泡泡仔又在阳光下飘向了远方。

在这篇习作中，我们看到了童话写作的特征——富于幻想，运用了拟人的手法；我们看到了这篇童话是一篇拟人体的童话，描写的是一些拟人化的生物或非生物；我们看到了这篇童话故事巧妙地运用了反复法和误会法。忌表达的整齐划一，我们才能看到学生笔下形式多样、精彩纷呈的习作。

4. 忌教师指导模式化，倡导教师评价的灵活机智

教师指导一旦有了程式化、模式化，他的指导就必然缺失灵性，缺少智慧。智慧型教师往往能让学生在失败时找到成功，在失意时找到快意，在沮丧时找到自信，在难过时找到愉悦。

只错了半个字

（柯　帆）

昨天自习课，按惯例，我又把上一单元的词语复习了一遍，然后听写生字生词。学生互相订正后，全对的学生都喜不自胜，因为全写对了就可以在小组长那里加一个"优"，一个月下来，我们评一次奖，得"优"最多的学生，要从我这里领到一个写着"奖"字的作业本。那高兴的劲儿可以滋润好长时间，所以，小家伙们一直以来学习热情很高。他们批改起来也十分认真，有时为一个笔画争得面红耳赤，最后还得请我裁决。

这不，又有学生向我报告了："老师，刘鹏写错了一个字，他不举手，想蒙混过关啊！""老师，我没有错一个字，我只错了半个字。"刘鹏大声争辩。

"只错了半个字，还有这样的说法？"我还是第一次听到，觉得奇怪，就问："刘

鹏，真新鲜，你怎么只错了半个字，那是个什么字？让我看看。"原来，他把"矮小"的"矮"右边的"委"写成"娄"字了。哈，原来是这么回事。我把这个字写在黑板上，让大家看看这是不是"矮"字，大家都笑了起来。我对刘鹏说："刘鹏，汉字都有固定的笔画，多一笔少一笔都是错字，没有错半个字的说法，你这个字写错了，知道吗？希望你加油！"最后，我对全班同学说："最近，刘鹏学习有进步！字也写得比原来端正了，我看要给他加个'优'，下次如果他这个'矮'字再写错，就择时把这个'优'取消，好不好？"大家也同意了我的意见。再看看刘鹏，他高兴地笑了。

我用这个"优"字鼓励他，也相信他会记住这"半个错字"。

相信在刘鹏的一生中，定会铭记这"半个错字"，因为这"半个错字"绝不仅仅让他永远牢记"矮"字的正确写法，更让他感到了来自教师的鼓励与同学的信赖，而这往往比知识的掌握重要得多。在这个案例中，最值得称道的是这位老师。当他遇到问题时，没有用那种模式化的东西对学生中出现的现象做出评价，而是以问题或现象为切入点，引导学生查找原因，并道明因果。最可贵的是这位老师的一个巧妙的处理措施："最近，刘鹏学习有进步！字也写得比原来端正了，我看要给他加个'优'，下次如果他这个'矮'字再写错，就择时把这个'优'取消，好不好？"这让我们看到了这位老师的大智慧，也看到了他对学生的这份真爱。教师的教育引导是没有模式化的，应因人而异、因事而异、因地制宜、因材施教。只有这样，才能真正打开我们的教学规范枷锁。没有了教学规范枷锁，学生的思维、行为才能得到自由放飞，学生的内心才能实现真正的安全。反之，有了过多、过死的教学规范，学生就会处处被约束、被束缚……

（三）不要让孩子掉进习惯和习俗的陷阱中

教育教学中，我们常常发现学生，甚至包括教师，也会被一些习惯和习俗的规矩左右，进退两难。当教师与学生交流时，学生常常发出这样的声音。

"我总以为……"这句话其实就在暗示着"我这样做并没有错，因为我一直以来就是这样做的，甚至曾经这样做还得到过别人的肯定与称赞"。

"我认为……"这句话暗示的是学生的思维是以自己为中心的，认为这样做就是对的。这实际告诉我们，学生的思维一旦先入为主，产生定式，要改变他就会有很大的难度和太多的阻力。

"我相信……"这句话暗示的是学生对来自某一途径的观点，哪怕是错误的，都是深信不疑，信以为真的。学生对某一观点，从来不会，也没有胆量去质疑，这样往往会抑制学生的创新思维。

"他是这样说的……"表明自己没有思考，人云亦云。对自己遇到的事情或现象，不能或懒于用自己的经验和能力做出客观的分析，做出正确的判断，只一味地借助别人的观点或判断。

"他是这样做的……"暗示别人都是这样做的，自己全盘照抄。有的时候，看到别人的东西好，就全盘否定了自己的一切，把别人的东西完全搬来套用。这种全盘照抄他人、全面否定自己的做法，是非常不可取的。

"书上是这么写的……"尽信书不如无书。书上讲述的许多观点，随着时代的发展，有的观点是难以立住脚的。所以，一切若都以"书上是这么写的"来判断生活中遇到的一些新事物、新问题，有时候就会闹大笑话的。

宁静地进入课堂

有一位学校教育工作者曾经到澳大利亚的维多利亚小学访问参观。为期一周的校园生活体验给他留下了深刻的印象，特别是课前的有氧按摩操。

一次，他在维多利亚小学观摩一节数学课。上课时间刚到，老师和孩子们席地而坐，面背相拥，围成一圈，录音机播放舒缓、轻柔的钢琴曲，冬日的阳光温柔地洒进教室，创设了一种安静、轻松的氛围，每个孩子为前面的伙伴按摩起来。校长介绍说这是有氧按摩操，让孩子们宁静地进入课堂。有氧按摩操的育人机制是：课前洗净头脑，让大家静思默想，然后才可以宁静地进入课堂。

中国则大相径庭，我们的教育主张是激发学生轰轰烈烈地进入学习境界，执教老师一般都不由自主地渴望"喧嚣"，方式、方法灵活多样。许多小学课堂在上课之前，经常会组织学生进行经典诵读，美其名曰传承传统文化，实际上是让学生在课前产生高度紧张的心理，情绪亢奋，并不利于静心沉思的学习氛围的形成。

在这个案例中，我们看到了国内与国外（澳大利亚）的教育理念的区别。这种

区别最突出地表现在教师的教学规范上。我国的课堂，课伊始，教师就努力让学生进入一种学习的状态。这种学习状态表现出来的是一种亢奋、紧张，甚至是不安、害怕。国外的课堂，课伊始，教师极力让学生进入一种安静、自由、轻松的状态。从教育心理学的角度看，学生在课堂上处于一种心理自由和心理安全的状态，才是一种最佳的学习状态。近些年，欧美发达国家的教育理念日渐影响着国内的教育。许多教师也将这些先进的教育理念转化为自己的一种教学行为，在教学实践中得以落实。曾听一位优秀教师上课。这位教师和他的学生在等待上课时，让学生静静地靠在座位上休息一下，并告之学生——会休息的学生更加懂得学习。这一小小的举动，的确让我看到了不一样的效果。当上课铃响起时，学生在教师的提醒下，安静地坐正，悄然进入了一种自然而然的学习状态。相比之下，我坐在一些教师的课堂里等待上课时，总会听到教师一会儿让学生齐背一首古诗，一会儿让学生齐背几句警句。这样，吵吵闹闹、哄哄乱乱地挨到了上课，学生的心久久难以宁静，试想，学生的思绪又怎能自由放飞呢？佛家说：静则生慧。一个人处在静的状态下，思维是最活跃的，脑袋是最智慧的。

　　澳大利亚维多利亚小学校长介绍的有氧按摩操，其实就是让他们的学生在课前迅速进入一种宁静的状态，让他们以一种极其宁静的状态进入课堂的学习之中。

　　怎样才能让孩子不再掉进习惯和习俗的陷阱中呢？

1. 相信自己

　　教师要相信自己的眼睛，相信自己的能力。教师要引导学生相信自己的眼睛，相信自己的学习能力、辨析能力。一切学习和生活中的现象，不能凭感觉，不能想当然，要坚持实事求是，要坚持"眼见为实，耳听为虚"的道理。

2. 勤于思考

　　思考能让人变得智慧。会思考的教师充满着无穷的智慧，会思考的学生充满着无限的灵气。只有教师时刻处于思考的状态，多思、会思、能思、善思，才不会让自己的学生掉进习惯和习俗的陷阱中，最终实现学生的茁壮成长。

3. 敢于实践

　　实践是检验真理的唯一标准。教师要敢于实践，要长于实践。只有不断实践，才能在实践中寻求真知，总结经验，收获成果。教师要想成为理论者，首先必须是实践者。只有长期坚持教学实践与工作实践，才能让自己的思想更丰富，才能让自己的眼界更开阔，才能让自己的专业更高远。

4. 善于总结

一个善于总结的教师，一定是一个幸福地迈向成功的教师。在长期的教学实践后，不断地进行总结，能让教师在更多的场合有教育教学的话语权。因为一个善于总结的教师，必定是一个勤于思考、敢于实践的教师。总结能提升一个教师的内涵，能让教师更好地用理论来武装自己的头脑，能让教师成为一个"眼高手也高"的教育者。

教师要真正打开教学规范的枷锁，实现教学规范的进一步改革与创新，还得从根本上进行改变，即改变教师的教育教学理念。只有教师具有先进的、科学的、可行的教育教学理念，并把这些教育教学理念转化为教师的教学行为，运用于日常教学实践中，才能真正打开教学规范的枷锁。《义务教育语文课程标准（2011年版）》在"实施建议"部分指出："阅读教学是教师、学生、教科书编者、文本之间对话的过程。"这样的教育理念非常科学，但是课改进行十余年后的今天，许多教师的阅读教学课堂依然看不到平等对话的状态。教师的权威依然充斥着他们的课堂，教师"魔鬼"般的气息依然弥漫在课堂上，笼罩在学生心中。学生的个性化思想与行为依然被教师的权威压制着，学生的个性化理解与解读依然被教师整齐划一的评价、统一答案、模式化表达阻挡着、禁锢着，学生的个性化思维与心灵依然掉进了一系列习惯和习俗的陷阱中。然而，改革是必然的，因此，教师必须冲破重重"壁垒"，突破道道"封锁"，全面、真正、彻底地打开我们的教学规范枷锁，还教育教学一片新天地。

二、基于小学语文有效备课的思考

"千重要，万重要，吃透教材最重要；这个法，那个法，吃透教材才有法。"（李蒙铃语）研读教材，吃透文本，精选教学内容，充分考虑学生、过程、方法，既是备好课的基础，又是上好课的关键。在小学语文学科中，如何实现有效备课？我是这样思考并践行的。

（一）要想备好课，研读文本是基础

所谓研读文本，是指教师拿到教材能放声读，沉浸其中，一遍又一遍，不厌其

烦地解读文本，读出味儿，钻出味儿，用慧眼去寻觅文本的核心价值。

1. 把握文本体裁，进行有效的文本研读

不同的文体，阅读方法是有差异的。教师只有在解读文本时具备强烈的文体意识，教学中才能做到"什么文体，还它什么味道"。

（1）小说类文本的研读

小学课本中小说类的体裁很多。要研读小说类的文本，就得紧扣小说中的人物特点来研读。

教《草船借箭》一课，要透过文本，体会文中极具个性的人物特点。文中主要讲了诸葛亮、周瑜、鲁肃和曹操四人。随着故事情节的发生、发展，我借助故事情节及文本语言，读出了周瑜的心胸狭窄、嫉妒心强；读出了鲁肃的忠厚老实，可以信赖；读出了曹操的疑心重，聪明反被聪明误；读出了诸葛亮知天文、晓地理、通人心、敢创新。研读小说类的文本，就要引导学生研读小说中的人物特点，这样才能把小说类文本读得丰富、形象，读出情趣、厚度。

（2）诗歌类文本的研读

"文有文眼，诗有诗眼。"诗歌教学，在文本研读时，只有找到、找准了诗眼，并于课堂上围绕诗眼深入浅出地教学，才能出彩。教《梅花》一诗，研读后，我发现诗眼应是一个"雪"字，因为全诗始终将"梅"与"雪"二者连在一起。"墙角数枝梅，凌寒独自开"一句写出了梅与雪的第一层关系，梅凌寒独放，不惧风雪，从而表现出它不畏严寒的品格。"遥知不是雪"，作者疑梅为雪，因为梅的颜色如雪样，表现出梅纯洁、高雅的品格。"为有暗香来"，梅如雪一样白，雪却没有梅那样香气四溢。紧扣住"雪"这个"眼"，梅的不畏雪、色如雪、香胜雪三个层次全表现出来了。

（3）叙事类文本的研读

小学课本中，叙事文章往往是通过叙述一件小事来阐明一个道理。这类文章结构清晰，前一部分叙述一件小事，后一部分阐明一个道理。教学时要将其上升为"类概念"，即可以迁移，用于理解这一类文章、这一种语言现象的东西。可我们不能将事与理分开教，否则，教"理"的部分就极有可能出现"道德说教"的倾向。一些老师上《钓鱼的启示》一课，先引导学生学习钓鱼、放鱼的事，再引导学生明"理"、悟"理"。课堂上，老师引导学生结合生活，畅谈遇到相似的"鱼"，该怎么做，学生谈及的范围很广。细想，这绝不是语文教学该做的。

　　备《钓鱼的启示》一课，我巧妙地将这二者融合在一起，实现了工具性与人文性的统一。第一层次，从"鱼"入手，引导学生借助文本，读出这是条大、美、迷人的鱼！话锋一转，作者仅仅是在介绍这样的一条鱼吗？回顾对文本的整体感知，学生悟到，这巨大的鲈鱼，其实是一个巨大的诱惑。此处教学没有分析，没有说教，全是学生的读中感悟。第二层次，巨大的诱惑，"我"是如何面对的？进而引导学生体会"我"的一系列心情变化，从中感悟——诱惑巨大，"我"要做出道德抉择是多么艰难。第三层次，父亲面对巨大的诱惑，是怎么样的？就这样，在引导学生一次次地回读文本中，学生明白了"面对巨大的诱惑，任何人要做出道德抉择，都是非常艰难的"。这个"理"是学生在反复品读文本，在一次次回读课文中品悟到的，而不是靠教师一味分析或告知，学生才获得的。如此，引导学生关注、聚焦此文本的价值，就能达到"贵能令三反，触处自引申"的目的。

　　体裁不同，研读文本的策略就不同。除以上谈及的三类体裁外，在小学课文中还有童话、神话、散文、文言文等不同体裁的文本，都值得大家思考与实践。

　　2. 坚持"主线清晰、细节饱满"的好课观

　　实践中，明白了只有坚持正确的好课观，才能使我们的备课真正实现有效。

　　拿我研读《自己的花是让别人看的》一课为例。

　　首先是"主线清晰"。文本的主线是什么？不细读，你会觉得文本的"线"不清晰。一旦读进去，你就会发现，文本给读者最深的印象是一个"奇"字。一是"家中奇"，家家户户"在屋子里只能看到花的脊梁"。二是"街上奇"，走在街上，就像走在花的海洋中，就像漫步在山阴道上。三是"永远奇"，几十年前是这样，几十年后依然是这样，相信将来会永远这样。按这样的主线教学，教师的教和学生的学的过程都很清晰。

　　其次是"细节饱满"。细节决定成败。以"街上奇"为例，我是这样引导学生抓关键词语、句子去体会与感悟的。请看教学片段。

　　生（读）：走过任何一条街，抬头向上看，家家户户的窗子前都是花团锦簇、姹紫嫣红。许多窗子连接在一起，汇成了一个花的海洋，让我们看的人如入山阴道上，应接不暇。

（幻灯片上"花团锦簇""姹紫嫣红"两词变红。）

师：谁来说说它们的意思？

生：花儿成团，一簇紧挨着一簇，十分茂盛，就叫"花团锦簇"。

师：它侧重写花的……？

生：样子。

生：形态。

师："姹紫嫣红"又怎么理解？

生：花儿有紫有红，五颜六色，十分艳丽，就叫"姹紫嫣红"。

师：它侧重写花的……？

生：颜色。

生：色彩。

师：这两个词把花的形态、色彩全写出来了。请同学们闭上眼睛想象一下，透过花团锦簇、姹紫嫣红，自己仿佛看到了一幅怎样的画面？

生：我仿佛看到各种鲜花争奇斗艳的样子。

生：我仿佛看到大街上盛开着五颜六色的鲜花。

生：我仿佛看到千姿百态的鲜花随着风儿翩翩起舞。

师：通过想象，大家已经充分感受到了这绮丽的景色。你们怎么理解"花的海洋"？

生：花儿很多，像海洋一样。

生：花儿像海洋一样，面积很广。

师：这里的花数量多、面积大。看了这条街，还想看……？

生：那条街。

师：一条街是……？

生：花团锦簇、姹紫嫣红。

师：两条街也是……？

生：花团锦簇、姹紫嫣红。

师：条条街都是……？

生：花团锦簇、姹紫嫣红。

师：知道吗？此时，你就是置身在……？

生：花的海洋。

师：同学们，让我们一起走进花的海洋，花的世界！

（生读。）

（二）要想上好课，精选内容是保证

小学语文教学的目的是培养学生正确地理解和运用祖国语言文字的能力。教师悉心研读教材是为教学服务的，不能把自己的阅读所得全部作为教学内容，只有做到大胆取舍、准确定位、首尾兼顾，才能实现课堂教学的高效。

1. 大胆取舍

有限的教学时间内，教学内容切忌贪多求全，面面俱到。"弱水三千，只取一瓢。"教学内容的选择要深谙"有取有舍、取舍得当"的原则，力求"一课一得"。教《詹天佑》一课，部分教师力求在一课时内将通篇上完，结果弄巧成拙。课堂上，学生能掌握什么知识与能力，能从文中感悟多少，积累多少，不得而知。我教《詹天佑》一课时，大胆取舍，只安排了一半的课文内容教学，引导学生学习课文第1～第4自然段，深入体会詹天佑的爱国情怀。第1自然段，我引导学生在斟酌"爱国""杰出"二者缺一不可的关系中，体会詹天佑真正的伟大。第2、第3自然段，巧妙设疑："读了课文第2、第3自然段以后，喜、怒、忧、乐，你是哪一种心情？"引导学生感悟语言背后复杂的心情。第4自然段，引导学生品读描写詹天佑的言、行、想的语言，再次体会詹天佑的伟大。大胆取舍，让学生有时间，更充分地读透詹天佑的特点与伟大品格。

2. 准确定位

许多课文，老师们在读后确定文本核心价值时出现了偏离。教《乡下人家》一课，文本的核心价值是什么？即作者赞美、向往"独特、迷人"的乡下人家。教师引导学生深入体会、感悟其"独特、迷人"，才是学习本文的关键。一些课堂只能让人感受其"迷人"，却没法让人感受其"独特"。所谓独特，就是乡下人家有，而城里没有，或者说除了乡下人家，其他地方都没有的。那是一种与众不同之美。所谓迷人，绝非一般的美丽，应该是一种叫人看后流连忘返、陶醉其中的美感。只有二者兼具，才称得上是独特、迷人，才是乡下人家的真美景。为了准确定位，我是这样进行教学的。请看"院落晚餐图"的教学片段。

师：乡下人家吃饭是在哪里呢？

生：门前的场地上。

师：噢，原来乡下人家是在门前的场地上吃饭的。假如你在这样的地方吃饭，请你抬头向天空看，你会看到什么？

生：天边的红霞。

生：归巢的鸟儿。

生：快要落山的太阳。

师：假如你在这样的地方吃饭，请你放眼向远处看，你会看到什么？

生：远处的青山。

生：山上郁郁葱葱的树木。

生：清澈的小河。

生：一块块平整的田地。

…………

师：在这里吃饭，就像在画卷里吃饭一样，这就叫天高地阔地吃。

（生齐读。）

师：在这里吃饭，你还可能边吃饭边做什么？

生：看看夕阳。

生：下桌去逗逗小鸡。

生：去小河边看看小鱼。

生：和一同吃饭的人一边吃一边讲着话。

生：和邻居家的伙伴一边吃一边聊天。

生：端着碗到另一家去夹菜吃。

师：在这里吃饭，自由自在，不受拘束，随心所欲，这就叫天高地阔地吃。读。

（生齐读。）

师：在这里吃饭，你还可能会想起什么？

生：想起愉快的往事。

生：想起自己最敬重的人。

生：想起白天发生的一件件有趣的事。

师：在这里吃饭，没有限制，想怎么吃就怎么吃，爱怎么吃就怎么吃，这就叫天高地阔地吃。

3. 首尾兼顾

许多课叫人听后总觉得课不能或不该结束，却硬生生地结束了。造成这种情况，是因为老师在备课时没有通盘考虑。像写文章一样，没有整体构思，想到哪，写到哪，失去了文章的完整美。备课中，教师一定要设置回顾课文、回归主题的环节。一节课下来，学生对自己所学的知识、所掌握的能力要有一个回顾、总结与提升。教《钓鱼的启示》一课，我是这样处理的。

师：从你们的言语中，我明白了大家的理解与感悟也挺深刻的，难怪作者最后说？

生（齐读）：三十四年前那个月光如水的夜晚，给我留下了永久的回忆和终生的启示。

师：还记得三十四年前那个月光如水的夜晚发生的那件事吗？

（学生回忆并讲述课文的主要内容。）

师：这件事给作者的启示是什么？请同学们看着板书，面对巨大的诱惑，要做出道德抉择是……？

生：不容易的。

师：要做出道德抉择，需要……？

生：道德实践的勇气与力量。

如此，课文叙述了什么事，讲述了什么理，将再次在学生的脑海中留下深刻印象，课也自然在学生的脑海中留下了完整美。

（三）要想上好课，设计学案是关键

用心设计学案，要充分考虑以下三个方面。

1. 考虑学生

很多老师学识渊博，自己读书、解题的能力亦强，可对在课堂上引导学生读书、感悟就无计可施。原因很简单，老师没有考虑学生。他们把学生当作知识的接收桶，把小学生视为大学生，甚至是成年人。课堂上，老师使用的语言、老师提的问题等，能否适应所教年级的学生，能否适应所教学段的学生，他们并没有认真考虑。初次教《钓鱼的启示》一课，开课环节，我将"鱼"字用红粉笔写得大大的，"启示"二字用蓝粉笔写，并在"钓鱼"一词下面画横线。这样做，是希望我的这一举动引起学生的注意，激发学生的兴趣，进而让学生质疑：这是一条怎样的鱼？是怎么钓鱼的？得到了什么启示？课堂上，学生提出了第一个问题："得到了什么启示？"与我的初衷不谋而合。可第二、第三个问题分别是："为什么'鱼'字写得那样大？""为什么在'钓鱼'一词下面画横线？"面对后两个问题，我因备课时未考虑到学生的因素，导致很尴尬地"掏出"准备好的两个问题来取代学生的问题。

第二次教学，因为有了第一次的教训，同时，课前进行了换位思考。我想出一系列的语言巧妙铺垫与衔接。课堂上，学生依然提出"为什么把'鱼'字写得那样大？"，我却引导："是呀，老师把这个'鱼'字写得如此之大，绝非好玩，是希望大家看到这个大大的'鱼'字就会自然而然地思考这究竟是一条怎样的鱼。"当学生提出为什么在"钓鱼"一词下面画横线时，我又这样引导："老师的这一做法引起了你的思考，对吗？请你读一读'钓鱼'这个词。"学生读后，我进一步问："读着这个词，你会思考什么？"第一个学生说："谁在钓鱼？"第二个学生说："钓到了什么鱼？"第三个学生说："怎么钓鱼的？"就这样，我接过话茬儿："不简单！老师在'钓鱼'一词下画横线的目的被你发现了。到底是怎么钓鱼的？"同时，一个大大的问号出现在了"钓鱼"一词的下方。一个教师只有在备课时充分考虑学生，进行换位思考，才能让课堂教学实现有效。

2. 考虑过程

教学是一个过程，它是由一个个点串联在一起的。只有点上的精彩，却没有整个过程的有效、自然、完美的串联，教学也会大打折扣。教《母鸡》一课时，我先引导学生从"心思"入手，然后引导学生思前想后：之前，"我"是什么样的心思？后来，"我"又是什么样的心思？继而，再引：过去，"我一向讨厌母鸡"，引导学生品读段落，悟关键词句，体会作者为什么讨厌母鸡；现在，"我不敢再讨厌母鸡"，利用前面所学的方法，自读自悟作者不敢讨厌母鸡的原因。教学中，教师对整个教学过程有着清晰、全面、深入的理解与思考。

3. 考虑方法

　　教学有法，但无定法。不同的文章，我们可以采用不同的方法；不同的学生，我们也可以采用不同的方法。许多人听完我的课，都说我的点子特别多。点子是怎么来的？特级教师薛法根曾总结："我的法子是打破脑壳想出来的。"教《母鸡》一课，我是这样切入新课的："这是一篇好文章。课前老师让同学们充分地读了。昨天，汪老师也在家里反复地读了。当我读到第六遍的时候，课文中有一个词引起了我的思考。我一琢磨，透过这个词，思前想后，再读课文，一下子就把课文读透彻了。想知道是哪个词吗？不急，我想让你们自己读出这个词。下面就请你们自由地朗读课文，自己读自己的。读完后，你来说说老师读到的可能是哪个词，一定要说出你猜测这个词的理由。理由要尽量充分。"（学生自由读书，猜测并讲述理由。）然后，我又顺势说："同学们刚才猜的词都不是老师读到的这个词，但令人高兴的是，

汪智星应邀参加新编小学语文教科书特级审读会议

同学们猜哪个词，都能说出自己的充分理由。其实，这个词在第 4 自然段。"引出"心思"这一关键词，进而由"心思"切入文本，进行细读与感悟。

三、阅读教学的"练写"误区及有效方略

课堂"练写"是阅读教学的重要组成部分，是对阅读的拓展与延伸。它本身也是一种阅读，只是要求更高，层次更深。它派生于阅读课堂，融合了阅读写作，其首要目的是让学生更好地理解文本内容，感悟人物形象，习得语言技巧。

（一）阅读教学的"练写"误区

至今，众多一线教师在阅读教学中，就如何安排写的环节，如何进行写的训练，如何保证写的时间，显得不够重视，或难以把握"练写"环节的度。大部分教师把"练写"与阅读孤立起来，指导学生阅读走的是一条路，指导学生"练写"走的又是另一条路。课堂教学中的"练写"环节出现许多误区，导致学生的"练写"不能真正凸显其实效性。纵观一线教师的课例，存在以下几种"练写"误区。

1. 假——为练而练，弄巧成拙

一位年轻教师上完"比武"课，叹着气说："唉！这次上课的评比细则中，规定要有写的环节。没办法，我在新授结束后安排了一个'续编故事'环节。谁料新授结束剩下不到 2 分钟就要下课，续编时间根本不够，可我必须让学生写。若不让学生写，注定这次赛课以失败告终。结果极少数优秀学生写完都花了 4 分钟。课堂上，我只让一个学生展示自己的续编故事。这节课整整延迟了 6 分钟才下课。完了！"上课教师的言语中，道出的是委屈，更是无奈。语文教学的赛课，把课堂里教师是否安排"练写"环节作为评价一节课成功与否的标准之一，这一点毋庸置疑。"把写挤进课堂。"专家们始终呼吁着。《义务教育语文课程标准（2011 年版）》在"前言"部分指出："语文课程应激发和培育学生热爱祖国语文的思想感情，引导学生丰富积累，培养语感，初步掌握学习语文的基本方法，养成良好的学习习惯，具有适应实际生活需要的识字写字能力、阅读能力、写作能力、口语交际能力，正确运用祖国

语言文字"。在"实施建议"部分指出:"语文教学要注重语言的积累、感悟和运用,注重基本技能训练,让学生打好扎实的语文基础。"实际上,因教师对课堂上哪里该"练写",安排"练写"的目的是什么,如何进行"练写"等因素一片茫然,导致课堂"练写"的安排与进行成了教师们上课的一种负担,一种累赘。

2. 空——狗尾续貂,形同虚设

部分教师在上课时没有自己的深入思考与主张,专家或学校乃至上级教研部门说要"练写",我就安排练写。这样的教师总认为,只要课堂上有"练写"环节,课就是成功的,就是符合新课程理念的。2012年11月,听一位老师教《一个中国孩子的呼声》一课,老师上完课后,随即在屏幕上出示:"如今世界依然战争不断,无数孩子死于战火之中,请你拿出手中的笔,也给联合国秘书长加利先生写一封信。"结果,要求刚读完,下课铃声就响起。老师又补充一句:"同学们,由于时间关系,请大家下课后继续完成。"下课后,我叫住老师,严肃地指出:"联合国秘书长在加利后是安南,如今已是潘基文。作为老师的你,怎么能将这样的错误信息传递给学生呢?另外,这样的'练写'安排,课堂上学生没时间写,难道课外就一定会写吗?"

最有效的"写",应该是在课堂上而不是在课外。我们应该安排好高效的课堂"练写",让学生在语文课堂上解决语文问题,从而真正减轻学生的课业负担,实现语文课堂高效。"练写"如果成了课堂上的一种形式,倒不如不安排,否则,就是狗尾续貂。

3. 浅——花拳绣腿,听之任之

如果"练写"的内容成了人人都能写,且人人写得近乎一个模样,这样的"练写"就成了几句套话、几句口号。教《詹天佑》一课时,教师在课尾处安排学生进行"练写"。要求是:学完《詹天佑》一文,我们明白了他"杰出""爱国",请你写一句赞美他的话。短暂的"练写"后,许多学生展示自己的成果。"詹天佑杰出、爱国,我为你感到骄傲!""詹天佑杰出、爱国,作为中国人的我,为你感到自豪!""詹天佑,我为你感到骄傲,感到自豪!"……真不想往下听,因为谁都能闭着眼睛说出或塞上耳朵猜到不是"为之骄傲"就是"为之自豪"或"为之骄傲与自豪"等之类的言辞。然而,教师对学生的"练写"给予高度评价,可能是学生口号般的"练写"内容极好地营造了课堂上的热闹氛围。

4. 僵——概念模糊，左右为难

课堂上的"练写"不一定就要写一句话，或写一段话，甚至写一篇文章。教学中，若碰到难写的或优美的字、词，教师进行有效指导或梳理后，现场指导"练写"，并及时展示、评点，这也是十分有价值的"练写"。例如，学习一些颇富哲理或文质精美的课文时，教师有意识地让学生于课堂上将那些令人深受启迪或特别美的语言进行摘抄，及时展示、评点，这也是十分有价值的"练写"。教《七月的天山》时，我就让学生在课堂上现场摘抄"在轻轻荡漾着的溪流的两岸，满是高过马头的野花，五彩缤纷，像织不完的锦缎那么绵延，像天边的霞光那么耀眼，像高空的彩虹那么绚烂"等优美句子。教《万年牢》时，我就让学生在课堂上现场摘抄："父亲教导我做万年牢，就是要做个可靠的人，实实在在的人。无论做什么事都要讲究认真，讲究实在。父亲的教导使我一生受益。"课堂上，这样的练字、练词，这样的摘抄句、段，我以为，不仅能现场指导学生努力把字练好，更能指导学生有意识地积累语言，为学生日后的习作提供更丰富的语言储备。

5. 伪——滔滔不绝，光说不练

"这个环节为什么只是让学生说，却不让学生动笔写一写，再读一读呢？"听完一节节语文课，我总会向上课教师提出这样的问题。上课教师也都很直接地回答："说一说，花的时间短些；写一写，因写字的速度慢，势必占据更多时间。课堂上时间太宝贵。"听教师上《普罗米修斯》一课，这是一个神话故事。教师们都知道神话这一体裁的最大特点是语言想象丰富，因此，文本里面能引导学生进行"练写"的点很多。当教师引导学生学习"火神不敢违抗宙斯的命令，只好把普罗米修斯押到高加索山上。普罗米修斯的双手和双脚戴着铁环，被死死地锁在高高的悬崖上。他既不能动弹，也不能睡觉，日夜遭受着风吹雨淋的痛苦"一段时，教师只是引导学生想象，而后说。教师问："死死锁在高高的悬崖上的普罗米修斯，每天抬头往上看，只能看到什么？每天低头向下看，只能看到什么？每天双眼注视前方，只能看到什么？白天，他能做什么？夜里，他能做什么？烈日炎炎下，他能做什么？狂风暴雨里，他能做什么？漫天飞雪中，他能做什么？"学生就这样在教师的一步步引导下想象着。不可否认，学生在此是进行了一番想象，但学生的想象只是在教师提出一个问题后继而回答一个问题。因此，学生的想象是断断续续的，没有整体性，没有连贯性。反之，若在教师的一系列问题的开启下，学生进行整体想象，完整地把这一画面写下来，效果必定截然不同。

（二）阅读教学的有效"练写"方略

以上是诸多教师在阅读教学中时常出现的五种"练写"误区——假、空、浅、僵、伪。《义务教育语文课程标准（2011年版）》在"前言"部分指出："语文课程是实践性课程，应着重培养学生的语文实践能力，而培养这种能力的主要途径也应是语文实践。"听、说、读、写是进行语文实践的基本途径，读、写结合更是语文教学的基本策略和宝贵经验。然而，当前的语文课堂教学，教师比较重视让学生听、说、读，却忽视"写"的训练，出现了"读、写分离"的现象。针对这五种误区，我反思自己教学中尝试进行的有效"练写"，总结出以下五种有效的"练写"方略。

1. 课堂"练写"要安排巧妙

课堂"练写"是穿插于阅读教学之中的，具有任务明、节奏快、费时少、负担轻、效果好的特点。课堂"练写"需要考虑的首要问题是写什么。"练写"所设计的内容应是在阅读课文的进程中自然生发出来的，要让学生有情感想宣泄，有语言想表达。教《一个中国孩子的呼声》一课，新授结束时，我安排"练写"环节——写几句话夸夸这位父亲。为了不让学生写这位父亲的"赞语"同前边夸"詹天佑"一样，我这样提出要求："多好的爸爸呀！他杰出，他出色，他爱自己的子女，他爱自己的妻子，他向往和平，他为了维护世界和平献出了自己宝贵的生命。面对这样一位了不起的父亲、丈夫、中国人，请拿出笔在本子上为他写一段赞颂的话。两三句行，三五句也行。注意，赞语中不要出现'自豪''骄傲'之类的词。"短短的两三分钟后，有学生这样写道："为和平而壮烈牺牲的叔叔，我相信您的儿子会给您送上最美的祝福。您向往和平的精神，令所有人敬佩，令所有人感动。为了和平，不惜献上自己宝贵的生命。我想，这不就是英雄的行为吗？您虽然牺牲了，但您这向往和平的精神将激励着所有人。"有学生这样写道："这位父亲真好！他向往和平，为了和平，献出了自己宝贵的生命。我们也应该像这位父亲一样，热爱和平！维护和平！"也有学生这样写道："一位精通四国语言的经济学硕士，一名为和平而倒下的光荣战士，我要为您送上一束最美的鲜花，赞扬您维护和平的精神。"从学生的"练写"中，我们看不到"口号"，但句句饱含着学生的真情，一切感情都是从学生的内心深处生发出来的。这样的"练写"自然是有效的。

2. 课堂"练写"要充满情趣

课堂"练写"是在学生阅读、理解课文的过程中，教师围绕课文的重点、难点或者关键点设计出一种思考性话题，引导学生就此联系课文、联系生活、联系自己的积累，进行个性化解读、体验，并将自己的独特理解、体验用文字表述出来的行为。教《花的勇气》一文时，教师出示这样一个填空："在＿＿＿＿中，＿＿＿＿是＿＿＿＿的勇气。"学生学完课文后，填写这几个空已不在话下。学生异口同声地说："在冷风冷雨中，拔地而起是花的勇气。"此时，教师话锋一转，说："请结合生活体验或自己的所见所闻，模仿这个句式说说，在什么中，什么是谁的勇气。"话音刚落，学生们思考着，练习着。片刻，学生依次展示："在狂风暴雨中，不屈向上是小草的勇气。""在漫天风雪中，不畏严寒是红梅的勇气。""在瑟瑟秋风中，竞相开放是菊花的勇气。""在电闪雷鸣中，直冲云霄是雄鹰的勇气。""在炮火纷飞中，冲锋陷阵是战士的勇气。"……几个学生展示后，教师相机在屏幕上打出如下一段文字。

在冷风冷雨中，

拔地而起是花儿的勇气。

在狂风暴雨中，

不屈向上是小草的勇气。

在漫天风雪中，

不畏严寒是红梅的勇气。

在瑟瑟秋风中，

竞相开放是菊花的勇气。

在电闪雷鸣中，

直冲云霄是雄鹰的勇气。

在炮火纷飞中，

冲锋陷阵是战士的勇气。

…………

"一首诗呀！同学们发现少了什么？"我故意问道。"题目。"一个个争相说着。"请大家一起来读读这首还没有题目的小诗，读完后，试着给它取个合适的题目。"

当学生读完后，给小诗加了个题目——《勇气》。整个"练写"过程，学生兴味盎然，颇有成就感。

3. 课堂"练写"要简中求实

教材上有不少课文蕴含着丰富的情感，教师的精当讲解，学生的熟读体会，都会使学生身临其境，受到感染，产生共鸣，进而产生表达的欲望。教学中，我们要把握好"练写"的时机，把"点"选好，训练到位。教《两个铁球同时着地》一文，当教师引导学生学习"有的说：'这个青年真是胆大妄为，竟想找亚里士多德的错处！'有的说：'等会儿他就固执不了啦，事实是无情的，会让他丢尽了脸！'"这一处时，教师在屏幕上出示："有的＿＿＿＿说：'这个青年真是胆大妄为，竟想找亚里士多德的错处！'有的＿＿＿＿说：'等会儿他就固执不了啦，事实是无情的，会让他丢尽了脸！'有的＿＿＿＿说：'＿＿＿＿。'"然后让学生填空"练写"。此"练写"环节看似简单，但学生思考后的填写，让学生对当时围观议论的语言及神情有了更形象的认知。在"有的＿＿＿＿说"中，有的学生填"嘲讽地"，有的学生填"得意扬扬地"，有的学生填"插着腰"，等等。在"说"的内容上，有的学生填写："这个青年真是胆大包天，竟然怀疑亚里士多德的真理！"有的学生填写："这个小子，想找亚里士多德的错处，真是不自量力！"有的学生填写："这个小毛孩，竟怀疑亚里士多德，真是瞎扯！"有的学生填写："这个年轻人太无知了，难道不知道亚里士多德的话是不会错的吗？"有的学生填写："哼，一个小毛孩能成什么气候？赶快下来！别丢人现眼了！"一下子再现了当时围观的人的神情、语言，具体而形象，从而让人感悟到人们对亚里士多德的信奉与崇拜，对青年伽利略的不屑与讽刺。

4. 课堂"练写"要依文而行

吕叔湘先生说："语文课的主要任务是培养学生使用语文的技能，所以一般称之为工具课。"[①] "语文的使用是一种技能，一种习惯，只有通过正确的模仿和反复的实践才能养成。"[②] 课堂"练写"是在学生充分阅读、理解、感悟课文内容之后，产生的新的思想认识、情感体验、表达欲望。若教师能适时地选择一个写的话题，让学生"练写"，学生自然有话可写。教学古诗《乡村四月》时，当引导学生学习后两

---

① 李行健、陈大庆、吕桂申：《吕叔湘论语文教育》，23 页，郑州，河南教育出版社，1995。

② 吕叔湘：《吕叔湘语文论集》，332 页，北京，商务印书馆，1983。

句"乡村四月闲人少，才了蚕桑又插田"后，教师引导学生对"才了蚕桑又插田"一句进行剖析。刚刚结束了蚕桑之事，又忙着插田，可见该句写出了四月乡村农民伯伯一片繁忙的景象。其实，真正在乡村长大的孩子，四月的乡村何止忙完了"蚕桑"又"插田"呀。教师引导学生回忆自己平时所见所闻，说说还会忙碌什么——采茶、挖地、种菜、锄草、耘田、割草、施肥、收种等许许多多的农活，从而引导学生"练写"——"才了采茶又耘田""才了割草又施肥""才了挖地又种菜""才了收种又耕田"等。不难看出，"才了_____又_____"这一句式的特点，非常巧妙地写出了四月乡村那一片繁忙的景象，似乎有着永远做不完的事，但农民伯伯仍津津劳作。这就是乡村生活，这就是农民伯伯的生活，时时忙碌，乐在其中。

5. 课堂"练写"要关注积累

聚沙才能成塔，厚积才能薄发。只有这样，学习语文才能博问强学；只有这样，应用起语文来才会"左右逢源"，得心应手，达到"胸藏万汇凭吞吐，笔有千钧任歙张"的境界。因此，语文学习特别强调"积累"二字。教《麦哨》一课时，文中优美的句子太多，甚至会让人产生把整篇文章背下来才算过瘾的冲动。因此，课堂上，我就引导学生在理解和感悟了文本语言后，让学生进行多处摘抄。这种得"义"又得"言"是非常可取的。"得言"不正是一种"练写"吗？

汪智星和工作室团队成员

实践证明，课堂"练写"可以有效地提高学生的写作能力，促进学生综合能力的提高。同时，它还给学生充分的学习自主性，充分发挥学生学习的主观能动性，尊重学生对知识的自我需求，发展了学生的学习个性，为以后的终身学习打下了良好基础。总之，一切课堂"练写"，我们应不盲目、不追风、不赶潮，在细读文本后，根据文本体裁的特点，挖掘文本言语的特点，安排"练写"环节，让阅读教学中的"练写"环节充满情趣，落在实处，简约有效。"练写"不是要挤占阅读的时间，而是为了阅读更有效，更好地体现读为写服务，实现读、写结合的语文课堂教学特点。

四、2011 年版课标理念下的语文学科教学

《义务教育语文课程标准（2011 年版）》（简称"2011 年版课标"）里面提及的诸多鲜明的理念、观点及举措，一直触动着我的脑神经。我一方面为 2011 年版课标中的这些新理念、新观点、新举措叫好；另一方面也在思考这样的理念、观点及举措，一线教师如何去理解，去内化，去践行，去实施。就"目录"而言，2011 年版课标与 2001 年的《全日制义务教育语文课程标准（实验稿）》（简称"2001 年实验版课标"）相比，没有什么改变，但里面的内容表述更精确，指向更明确，叙述更通俗，价值取向更清楚。结合课程改革十年来，自己在理解、践行 2001 年实验版课标中的所思、所做、所悟，辩证、客观地解读、剖析 2011 年版课标中完善、革新的理念、要点及举措，我发现了如下特点。

（一）2011 年版课标反复突出"语言文字的运用"

仅前言的引言及"课程性质"短短 500 余字中，"语言文字运用"（或"语言文字的运用""运用祖国语言文字"）这一词组竟先后出现 6 次。

①"语言文字的运用，包括生活、工作和学习中的听说读写活动以及文学活动，存在于人类生活的各个领域。"

②"……对中华民族优秀传统文化的继承，对语言文字运用的规范带来新的挑战。"

③ "……对人们的语言文字运用能力和文化选择能力提出了更高的要求，也给语文教育的发展提出了新的课题。"

④ "语文课程致力于培养学生的语言文字运用能力，提升学生的综合素养，为学好其他课程打下基础。"

⑤ "语文课程是一门学习语言文字运用的综合性、实践性课程。"

⑥ "义务教育阶段的语文课程，应使学生初步学会运用祖国语言文字进行交流沟通……"

2011年版课标如此反复突出"语言文字的运用"，到底意味着什么？"往常我们总是将'理解'和'运用'并列，这当然没错；但是我认为，新课标聚焦于'运用'显然更科学，也更富于实践指导意义。追根溯源，原来'理解和运用祖国的语言文字'的提法是由更早的相关文件中'理解语言（汉语）和运用语言（汉语）'综合而来的，似乎'理解'和'运用'是两个并列的任务，各自具有不同的对象，理解语言（汉语）对应于阅读教学，运用语言（汉语）对应于写作教学。其实，'理解和运用祖国的语言文字'中的'理解'和'运用'是两个密切联系、有机统一的概念，不能把它们割裂开来。'运用'不能离开'理解'这个基础，'理解'只有在'运用'中才能真正形成。特别是'理解'不能笼统地指向语言（汉语），应当明确化为理解如何运用语言文字。众所周知，除了语文课程之外的所有课程都有一个共同的正确理解所学的教科书的语言文字的任务。如果不突出'运用'的特殊重要性，就不能突出语文内在的质的规定性。'理解'，最主要的、最关键的是理解文本、理解作者如何运用语言文字，而不是别的什么东西。'运用'才是语文教学的基本特征、基本原则、基本内容和基本途径，是语文教育的重中之重。守住了'运用'，也就守住了语文教育的正道，最大限度地避免了语文课程滑向'非语文化''泛语文化'的可能。"① 王尚文教授的辩证解读、剖析，让我想到一句话："学语文，是为了用语文。"学语文的最终目的是为了在生活中灵活、巧妙地用语文。生活处处离不开语文。说话、交流、争辩、写信、创作等，是语文让生活多姿多彩。只不过有的是以口头语言的形式呈现，有的是以书面语言的形式呈现。叶圣陶先生说："何为语文？

---

① 王尚文：《我看语文新课标》，http：//www.zhyww.cn/teacher/201204/60210.html，2018-03-09。

口头为语，书面为文。"阅读教学中，教师关注的是如何引导学生理解课文、理解语言，如何引导学生积累语言，往往淡化了学以致用的意识。课堂上，有教师的层层深入分析，有教师的句句精确讲解，有教师的引导积累词句，却没有内化语言、运用语言的环节与策略。对一篇课文，需不需要引导学生理解，需不需要加强学生积累，我想，在学生疑惑处，在学生不解处，在学生矛盾处，教师给予适度引导、讲解、分析是必要的。正如"'理解'，最主要的、最关键的是理解文本、理解作者如何运用语言文字，而不是别的什么东西"。在学习课文的过程中，或学完课文后，引导学生有意识地进行积累也是必要的。学习语文是需要大量积累的，"厚积而薄发"的道理不言而喻。

然而，这些都是学好语文，尤其是落实"语言文字运用"这一理念的前提。也就是说，语文课上，思考如何落实"语言文字运用"才是最重要的，才是头等大事。正如"'运用'，才是语文教学的基本特征、基本原则、基本内容和基本途径，是语文教育的重中之重"。

一位教师教学生学习"叮嘱"一词，试想，学生在不理解此词的意思及用法时，就让学生运用，会如何呢？自然是无效的。所以，引导学生理解此词语的意思及用法是前提。联系具体语境，学生明白"叮嘱"就是叮咛、嘱咐的意思。教师很有智慧，没有让学生一步到位，用"叮嘱"造出优美的句子，而是让学生用"叮嘱"造一个短句，并提示"＿谁＿叮嘱＿谁＿"。

瞬间，黑板上出现了许许多多的短句。

有"爸爸叮嘱我""妈妈叮嘱我""奶奶叮嘱我""爷爷叮嘱我"……

也有"老师叮嘱我""校长叮嘱老师""经理叮嘱员工""市长叮嘱局长"……

还有"我叮嘱爸爸""我叮嘱奶奶"……

教师让学生一吐为快后，回过头引导学生琢磨以上短句哪些是不妥当的。学生在比较、争议中发现，"我叮嘱爸爸"之类的短句是不行的，进而明白"叮嘱"一词的用法，即"常用于长辈对晚辈或上级对下级之间"。之后，教师依次引导学生思考"在什么时候叮嘱""叮嘱了什么话""为什么会这样叮嘱"等问题，依次以问题引发学生思考，最终收到颇好效果。

其中一位学生这样写道："我是爸爸妈妈的掌上明珠。早上，当我背起书包准备走出家门时，妈妈再三叮嘱我：'宝贝，过马路要看清车辆。上课时，要积极思考，大胆发言。'"

　　三年级的学生，竟能在课堂上写出这样的话语，可见一斑。回想这一教学环节，我认为与教师的教学理念是分不开的。教师抓住重点词"叮嘱"，若只是读一读，理解其意思，就自然没有这些精彩镜头的呈现。然而，这位教师不仅关注了学生对词语意思及用法的理解，更关注了"语言文字运用"这一理念。我想说的是，一个词语，学生能认读，能理解，能积累，这个词依然不属于学生自己；只有当学生在认读、理解、积累的基础上，能灵活地运用，这个词才真正属于学生自己。学以致用，学语文是为了用语文，既能灵活地运用于口头语言，也能巧妙地运用于书面语言。

　　2011年版课标反复突出"语言文字运用"，是基于语文课程的基本特点。"工具性与人文性的统一，是语文课程的基本特点。"同时，它与课程性质是一致的。"语文课程是一门学习语言文字运用的综合性、实践性课程。"

　　"学以致用"在2011年版课标"课程目标与内容"部分的第一学段"写话"、第二学段"习作"中也明确被提及。例如，第一学段"写话"中提道："在写话中乐于运用阅读和生活中学到的词语。"第二学段"习作"中提道："尝试在习作中运用自己平时积累的语言材料，特别是有新鲜感的词句。"

　　人教版语文四年级下册第一单元共有四篇课文，除《古诗词三首》外，其余三篇分别是《桂林山水》《记金华的双龙洞》《七月的天山》。这三篇写景文章语言优美，写法不一。这个单元的习作要求是"到校园里走一走，看一看，选一处景物，仔细观察一下，再把观察到的按一定的顺序写下来"。如果学生发现校园里的某一处景与这三篇文章中所写的某一处景极其相似，就将原文中的某些句子或片段"移植"过来或仿写。针对这一现象，老师是否定还是肯定？过去，或者说老师没有读透第二学段"习作"中的这一理念与要点时，可能会否定。因为老师认为这就是抄袭或者是一味模仿，没有创新。事实上，当老师读到学生这样的习作片段时，会为自己当初没有粗暴的处理而庆幸。

　　我们学校操场的右前方有一棵枝繁叶茂的枫杨树。《七月的天山》一文中有这样一句话："密密的塔松像撑开的巨伞，重重叠叠的枝丫，漏下斑斑点点细碎的日影。"学生依此而描述到："夏天，高大的枫杨树像一把撑开的巨伞，重重叠叠的枝丫，漏下斑斑点点细碎的日影。"请不要质疑，你若亲眼看见了夏日的这棵百年枫杨树，会惊叹这样的语言就应该属于这棵枫杨树。

　　依然是这棵枫杨树，学生在开头这样写道："我欣赏过婀娜多姿的柳树，目睹过高大挺拔的槐树，却没有见过这样的枫杨树。"这样的句子你熟悉吗？因为学生学习了《桂林山水》一文，对该文中的句子熟记于心，并且一定是在老师的引导下，对文中许多典型句子的表达方法已理解并能运用。这不又有了下面的精彩。

　　"花坛里的花真多啊，你挨着我，我挤着你，一簇簇，一片片，到处都是，像天上的繁星；花坛里的花真艳啊，红的似火，白的似雪，粉的似霞；花坛里的花真香啊，还没进校园，风姐姐就送来了缕缕清香。"

　　"枫杨树真壮啊，经历百年风雨依然傲然挺立，生机勃勃；枫杨树真粗啊，粗得连两个同学伸开手臂也抱不过来；枫杨树真挺拔啊，像一位战士日夜守卫着校园。"

　　学习致用。学习就是理解的过程，学习就是积累的过程，只有建立在理解、积累了的基础上，才能实现内化，才能实现"运用"这一最终目的。若你把每一个学段中"阅读""写话"或"习作"联系起来看一看，不难发现，彼此之间是相互呼应的。例如，2011年版课标第一学段在"阅读"中说的"结合上下文和生活实际了解课文中词句的意思，在阅读中积累词语"这一理念与"写话"中提的"在写话中乐于运用阅读和生活中学到的词语"是相呼应的。第二学段在"阅读"中说的"积累课文中的优美词语、精彩句段，以及在课外阅读和生活中获得的语言材料"这一理念与"习作"中提的"尝试在习作中运用自己平时积累的语言材料，特别是有新鲜感的词句"是相呼应的。课堂教学中，无论是对词句的理解、积累，还是对词句的内化、运用，教师都要有强烈的意识。同时，认清前者是基础，是前提，后者才是关键，才是目的。只有使"语言文字运用"的理念内化为教师教学的意识、行为，课堂才是有效的、科学的。

（二）2011年版课标对写字提出明确要求："每节课不少于10分钟"

　　2001年实验版课标关注识字、写字。因为没有一定的识字、写字的量，学生阅读有困难，习作有困难。识字、写字数量、质量的保证与落实，其实是扫清了学生阅读和习作中的"拦路虎""绊脚石"。但是，识字、写字，过去十年只强调在低段作为教学重点。中国教育学会小学语文教学专业委员会（简称"全国小语会"）理事长崔峦先生曾说："重点不重，后患无穷。"他所说的"重点不重"，特指低段教学中的识字、写字缺少时间保证、指导保证、练习保证。2011 年版课标在"实施建议"部分指出："识字、写字是阅读和写作的基础，是第一学段的教学重点，也是贯串整个义务教育阶段的重要教学内容。"可见，小学各个年级都应重视识字、写字。这是语文学习的基础工程、基本任务——认识常用字 3000 个左右，会写 2500 个左右，绝不能马虎。全国著名特级教师于永正执教《高尔基和他的儿子》（苏教版第九册）一课，在识字、写字指导教学上可谓展现了一个很好的范例。整堂课由三个板块构成。第一板块：识字、写字；第二板块：指导、练习读书；第三板块：课堂语言练笔。下面，我们一起来欣赏他执教第一板块的教学实录。

师：很棒，读书很投入，很专心，读了三遍，你认识了哪些字？

生：我认识了"镢"。

生：我认识了"嫣"。

生：我认识了"妻"。

师：拿着书，把它写在黑板上。

（让三名学生分别板书。）

师：把书盖起来，你记住了哪些词语？考考你的记忆力。

（学生依次说出"姹紫嫣红""镢头""红扑扑""彩霞""脸庞""栽种""蜜蜂"。老师让学生拿着书一一板书，并强调"蜜蜂"不用写，因为这个词简单，大家早就知道了。）

师：你看，这就是收获，读了三遍课文，认识了这些生字，还有词。（老师边说边指着黑板上的字、词）来，我们读读这些字。

（生读字。）

师：镢，还能组什么词，谁知道是什么意思？

生：耙子。

师：记住了才是自己的。记生字，记词语，记得越多越好。

师："姹紫嫣红"是什么意思？猜错了表扬（边说边竖起一个大拇指），猜对了也表扬（竖两个大拇指）。

生：形容很鲜艳。

师：什么很鲜艳？

生：形容花很鲜艳。

生：形容花颜色很多。

师："姹"和"嫣"有区别吗？老师认真查了《汉语大字典》。姹：鲜嫩。嫣：刚开的花。鲜嫩的，刚开的花，明白吗？接着读。

师：脸庞的"庞"可以换什么词？

生：脸颊。

师：（指着脸颊处）就是这里。

师：还有一个词形容又多又乱。

生：庞杂。

师："庞"还有什么意思？

生：庞大，庞然大物。

师：三个字（妻、庞、紫）要写，先看这三个字在田字格中的位置，再书空。然后拿出钢笔在这，端端正正地写。

（生描红，师巡视。）

（老师指定一学生推荐三位"书法家"，然后请三位学生上台分别写，其他学生在下边写一遍，写完后对照。

老师拿出一学生的字展示，然后评讲学生书写的三个字，画圈，修改，指出优缺点，接着让学生观看老师怎么写，展示老师课前练写的字。）

师：写字就应该认真，现在老师送大家一句话：字是练出来的。

这些学生是五年级上学期的学生。于永正老师的课堂上，识字、写字占了整堂课教学时间的 1/3。花了时间，也就是说确保了学生练字的时间，课堂上学生最终呈现出来的字令在场的老师称赞不已。我想，听课老师是在称赞学生的字写得漂亮，更是称赞于老师指导学生识字、写字教学的艺术。说艺术，课后我与于老师交流，他说："学生写好字的秘诀很简单。第一，需要教师的正确示范；第二，需要给学生充分的时间练写。"

具体到"写字"上，2011 年版课标在"实施建议"部分明确提出："按照规范要求认真写好汉字是教学的基本要求，练字的过程也是学生性情、态度、审美趣味养成的过程。每个学段都要指导学生写好汉字。要求学生写字姿势正确，指导学生掌握基本的书写技能，养成良好的书写习惯，提高书写质量。第一、第二、第三学段，要在每天的语文课中安排 10 分钟，在教师指导下随堂练习，做到天天练。要在日常书写中增强练字意识，讲究练字效果。"有专家曾反问："写好字就没有人文性吗？"意思是说，写好字，练好字也能凸显人文性。常说："写字能养心。""写字就是做人。""字如其人，人如其字。"这些观点在 2011 年版课标中得到了充分肯定："练字的过程也是学生性情、态度、审美趣味养成的过程。"

同时，我们更加关注到了这样一句话："第一、第二、第三学段，要在每天的语文课中安排 10 分钟，在教师指导下随堂练习，做到天天练。"可见，2011 年版课标不仅强调第一、第二学段的写字，而且强调了第三学段的写字，并且在每天的语文课中安排 10 分钟。不是课外，是"随堂练习"；不是一天，是"做到天天练"。为此，我们要明确地认识到：写字，写正确，写美观，不是第一、第二学段的"专利"，第三学段也责无旁贷，重任在身。其实，三个学段的目标中对识字、写字的几组数字是能说明这一观点的，见表 2-1。

表 2-1　小学三个学段对识字、写字的数量要求

学段	会识	会写
第一学段	1600 字左右	800 字左右
第二学段	2500 字左右	1600 字左右
第三学段	3000 字左右	2500 字左右

从三个学段中会识的字数来看，第一、第二学段要求会识的量非常大，而且递增得非常大。而从第二学段到第三学段，会识的字只递增了 500 个左右。也就是说，第三学段会识的字，要求学生在第一、第二学段的基础上再会识 500 个左右就达标。这对第三学段学生而言，难度不大，因为不仅字数不多，而且此时的学生已初步掌握独立识字的能力。

从三个学段中会写的字数来看，第二学段是在第一学段的基础上，递增 800 字左右，而第三学段是在第二学段的基础上，递增 900 字左右。字数不但没有减，反而增加了。

可见，2011 年版课标提出"第一、第二、第三学段，要在每天的语文课中安排

10 分钟，在教师指导下随堂练习，做到天天练"是有依据的，是有道理的。当然，提到"要在每天的语文课中安排 10 分钟"毕竟是一个常数，一节课 40 分钟，也是一个常数，若按一篇精读课文 2 课时完成，2 课时共 80 分钟来计算，光"写字"就得占整篇课文教学的 1/4 的时间。这就要求一线教师思考，在这 10 分钟之内，写什么？怎么写？写的内容与形式如何与"文本理解"进行有机融合？这些在于永正老师执教的《高尔基和他的儿子》一课中得到了相应的落实，值得借鉴。但是，一线教师面临更多的是一节节常态课，如何进行 10 分钟有效写字是急需我们深入探究与摸索的。

　　教《那片绿绿的爬山虎》一课，在开课处，我讲述着："同学们，今天，我们继续学习作家肖复兴写的《那片绿绿的爬山虎》一文。看老师写课题。（板书课题：那片绿绿的爬山虎）写字就是做人，每一位中国人都有责任写好方块汉字。"日前，读了全国小语会理事长崔峦先生撰写的《中国人一定要写好中国字》一文，读着先生的文字，回想 2011 年版课标的精神，我更坚信自己曾经走的路是正确的，并誓将"中国人写好中国字"之路坚定不移地走下去。要使这条路走下去，走到底，就必须杜绝"不同学段花时间识得多，写得少""强调写好字的口号多，付诸实践的练习少"等"一边倒"或"华而不实"的现象。

（三）2011 年版课标一再强调语文学习的规律："多读多记多悟多实践"

　　高尔基说："书籍是人类进步的阶梯。"我们的下一代要和人类先进文明接轨，要继承、发扬优秀的中华文化，读书是必由之路。"学富五车""胸无点墨"从正、反两个方面说明了读书的重要性。不认真、积极地引导学生"多读书，好读书，读好书，读整本的书"，势必使语文课程空心化、无效化，后果不堪设想。回想师傅于永正常对我说的话："学习语文的规律，简单地说，就是两个字：读、写。说得稍微复杂一点，是四个字：多读多写。"这是学习语文的根本规律。只要抓住"读""写"这两条线不放，即按照教语文的规律去做，谁都能把语文教好，谁的学生都会有好的语文素养。

　　　杨巧云老师说，六年来，她只抓了两件事：一是读书，大量地读课外书；二是写日记，有话则长，无话则短，但要坚持写。别的家庭作业基本上没有。

她拿出保留的一部分学生写的日记给邓治安主任看。学生写的日记，从篇幅上看，有长有短，长到几百个字，上千字，短到只有一两句话。日记的内容包罗万象，有记事的，有状物的，有议论的，也有写读书心得的。有一位学生写的一篇《论关羽》，让邓老师大为惊叹。学生在日记中写道："关羽忠义固然可嘉，但他胸无全局，把刘备的事业葬送了。"日记中，学生把关羽哪里忠义，哪里胸无全局，写得详详尽尽。一篇日记洋洋洒洒写了几千字！在这个班里，日记只是一种形式。许多日记有题目，实际上是"作文"。我对邓老师说："靠自己读书成长起来的学生，不但结实，而且有可持续发展的后劲。杨老师的课可能上得没有什么'彩'，但她按照学语文的规律去教了。六年来，她坚持引导学生读书、作文，使学生养成了读写的习惯，这是最大的彩！"邓老师接着说："全区3000多名小学生统考，前17名都是她班上的学生，这叫大放异彩！"杨老师怎样教语文？概括起来就两个字：读、写。说得稍微复杂一点，是四个字：多读多写。①

最近，我读特级教师孙双金的文章，发现他在文中引用了鲁迅先生的一句话："学习语文没有什么秘诀，无非是多读多写。"原来，这句话也不是师傅于永正的"专利"。其实，不光于永正、鲁迅，我国历代众多学者、文人，如朱熹、杜甫、郭沫若等，对学习语文的规律都持有相同的观点。如朱熹的"读书无甚巧妙，只是熟读""功夫自熟中出""读书之法，先要熟读。须是正看背看，左看右看，看得是了，未可便说道是，更须反复玩味""使其言皆出于吾之口""使其意皆出于吾之心"。又如杜甫的"读书破万卷，下笔如有神"。再如郭沫若的"胸藏万汇凭吞吐，笔有千钧任歙张"等。这些语言不都是在讲述读的重要、读的神奇、读的魅力、读的灵魂吗？读是语文教学双翼中的一翼，读是看别人怎么写的，求的是别人的功夫。"语文水平和语文素养不是做作业做出来的，而是在大量的阅读、背诵、积累、运用的语言实践中锻炼出来的。因此，语文学习就是'读、背、写'，而'写'就是写日记，写随

---

① 于永正：《教语文，其实很简单》，见李振村、杨文华：《教语文，其实很简单——小学语文名师讲演录》，3页，福州，福建教育出版社，2012。

笔，写读书笔记，而不是写段落大意，写中心思想。"① 如果说读是求别人的功夫，那么写就是求自己的功夫。"一年三百六十日，都是字里行间行。""不经一番寒彻骨，怎得梅花扑鼻香。"只有长期不懈地努力，才能"自有凌云笔""语不惊人死不休"；才能"笔落惊风雨，诗成泣鬼神"。

2011 年版课标在"前言"部分的"课程设计思路"中写道："语文课程应注重引导学生多读书、多积累，重视语言文字运用的实践，在实践中领悟文化内涵和语文应用规律。"它指出了学习语文课程的规律就是"多读多记多悟多实践"。阅读教学中，我们倡导把课上成读书课，在读中悟，在读中思，在读中或读后积累，既要领悟其文化内涵，又要关注在悟后灵活运用。读书课不代表一味"傻"读，光有琅琅书声，没有思考，没有品味，这样的书读不透，读不深，只能游离于文字的浅层。对文字、词句读得不透，不深，就寻找不到语言文字运用的规律。发现不了规律，如何运用便无从谈起。

同时，2011 年版课标在"前言"部分的"课程基本理念"中写道："应该让学生多读多写，日积月累，在大量的语文实践中体会、把握运用语文的规律。"这里谈的运用语文的规律，也正是我们学习语文的规律——多读多写，日积月累。有专家说："光读不写，眼高手低；光写不读，手高眼低；又读又写，眼高手也高。""日积月累化积累。"这些都证明了此观点。小学教材中，每个单元的"语文园地"中都安排了"日积月累"的环节，有的是成语，有的是古诗词，有的是名言警句等。对这些，我们首先要强调将它们背记下来。有人疑惑：学生不理解就背，这好吗？事实上，语文学习，尤其是古代诗歌、名言警句的教学，在一定程度上，"不求甚解""熟读成诵"是教学的原则。"读书有三到：眼到、口到、心到。"教师无须逐字逐句讲解，只需学生在反复吟诵中积累，懂得"眼里看着文字，嘴里念着文字，心里想着文字"才是真正的、有效的读书。例如，"日积月累"环节中的《望洞庭》一诗："湖光秋月两相和，潭面无风镜未磨。遥望洞庭山水翠，白银盘里一青螺。"对"日积月累"中的诗，我们允许不求甚解，但一定要反复吟诵，牢记于心，如同血液流淌在自己的身体里一样。一位学生于晚上漫步在家乡鸳鸯湖的堤坝上，回来后这样

① 孙双金：《"12 岁以前的语文"——重构小学语文教学体系》，载《小学语文教学》，2015（11）。

写道："晚饭过后，已快七点。我随爸爸妈妈信步在鸳鸯湖的堤坝上。深蓝的天空中挂着一轮明月。湖水在月光的映照下，闪着点点亮光，如一层细小的碎银铺在上面。借着清幽的月光，湖心岛清晰可见。不知不觉中，薄雾慢慢升起。整个湖面，还有湖心岛，像披上了一层薄纱。欣赏着这一切，我不禁吟道：'湖光秋月两相和，潭面无风镜未磨。遥望鸳鸯山水翠，白银盘里一青螺。'"语文课程是学生学习运用祖国语言文字的课程，学习资源和实践机会无处不在，无时不有。熟读了，背记了，积累了，在具体的语文实践情境中，自然而然就内化了，运用了。特级教师孙双金说，"12 岁以前的语文"是指童年的语文，它是文化童子功；是积累的语文，在人生记忆力黄金时间应重积累；是种子语文，这样的语文是在人生底色上播种，将来能生长出优质的文化果实；是经典的语文，唯有经典才具有强大的再生能力；是暂时不求甚解的语文，"好读书，不求甚解"应是童年语文学习的规律；是逐步反复的语文，随着年龄的增长去体味，去消化，去品悟；是为一辈子奠基的语文。[①]

　　针对三个学段，2011 年版课标对学生优秀诗文背诵量和课外阅读总量提出了具体要求，见表 2-2。

表 2-2　小学三个学段背诵诗文和课外阅读总量的要求

学段	背诵诗文	课外阅读总量
第一学段	50 篇（段）	不少于 5 万字
第二学段	50 篇（段）	不少于 40 万字
第三学段	60 篇（段）	不少于 100 万字

　　"少年之记，如石上之刻；青年之记，如木上之刻；老年之记，如沙上之刻。"根据心理学家的研究，儿童时期是人的记忆力的黄金时期。从背诵诗文的数量来看，三个学段差不多，这遵循学生背记的规律，不求速成，讲究日积月累、积少成多。从课外阅读总量来看，随着学生年龄、学段的提高，课外阅读总量的增加量非常明显。这跟学生在不同学段中识字的量，读书的兴趣、习惯、速度的快慢等分不开。

---

　　① 《孙双金：培养情智交融的"大写的人"》，载《南京日报》，2014-12-03。

课间十分钟，汪智星和他的学生在一起

五、对自主学习课堂中的"错象"审视与思考

陶行知曾说："教育中要防止两种不同的倾向：一种是将教与学的界限完全泯除，否定了教师主导作用的错误倾向；另一种是只管教，不问学生兴趣，不注重学生所提出问题的错误倾向。前一种倾向必然是无计划，随着生活打滚；后一种倾向必然把学生灌输成烧鸭。"随着新课程改革的不断推进，"自主学习"这一课程理念日益深入师生之心，快速转化为教师教、学生学的一种有效行为。唯有准确把握好"度"，才能实现课堂教学的高效。教学中，教师在接受自主学习的理念后，却全盘否定了接受性学习，完全抛弃了接受性学习。偏激的教学行为，导致种种自主学习课堂"错象"的呈现。

（一）自主学习课堂"错象"的审视

1. 游离型课堂

游离型课堂的表现是为达到所谓"自主学习"，课堂教学中看不到教师"活动"的身影，教师游离于教学活动之外，成了旁观者，致使教学活动流于形式。口语交际教学的课堂上，教学以辩论赛的形式呈现，争辩的观点是"生日请客好不好"。课堂上，正方持"生日请客好"的观点，反方持"生日请客不好"的观点，借这样的观点进行正、反方辩论，以实现口语交际训练，本是一次创举。然而，从上课到下课，教师始终没有现身。整节课上，教师为凸显自主学习的课程理念，指定一位学生担当辩论活动的主持人。课堂上，正、反双方并没有真正意义上的辩论——没有针锋相对，没有据理力争，没有唇枪舌剑，没有层层深入，只是挨着顺序念各自手里早已准备好的文字材料。整个课堂，看似属于学生的，因为连教师的影子都没见着，但这样的自主学习是没有效果的，只是一种形式上的自主学习。辩论过程中，双方先后陈述观点时，没有教师的"导"——厘清陈述，及时小结；双方观点针锋相对时，没有教师的"导"——引导互补，达成共识；双方话语层层深入、步步为营时，没有教师的"导"——化整为零，实现共鸣。学生在这样的自主学习过程中，知识不能得到增长，能力不能得到提高，素养不能得到提升。

2. 放任型课堂

放任型课堂表现为过度鼓励学生发表个人见解，为了不打消学生的积极性，对待问题答案不究其与事实是否相吻合，而是任其随心所欲，放任自流。习作教学中，往往看到教师为了凸显习作指导的自主，自身缺少思考，教学缺乏策略。教师只给学生提供一个习作要求或习作题目，接下来便是学生自己的事。教学过程中，没有引导学生审读习作要求的环节，没有引导学生了解构局谋篇的方法和策略，没有习作后引导学生进行反复修改的方法指导。这样的现象，教师美其名曰"自主习作"，实际上，这样的习作教学没有了教师的指导，学生习作的起点在哪里？课堂上，学生学习的生长点在哪里？一切关于学生层面的问题，教师一片茫然。

3. 失控型课堂

失控型课堂是指为了追求所谓"自主"，放手让学生自由讨论，自由辩论，最终得出问题的结果，然后造成一"放"不可收拾，学生"节外生枝"，讨论与课堂教学目标无关的问题。课堂看似"热闹"，学生的思维活跃，但仔细一听，偏离课题，毫无作用。课堂放开了，学生动起来了，却收不住，课堂随意性太大。课堂上，当学生提出一个个问题时，教师驾驭不住，听之任之。课堂教学中，学生到底能干什么，在干什么，要干什么，教师心里也没了准。这样的"自主学习"焉能有效？足见整个"自主学习"的课堂上，教师完全处于一种失控状态。

4. 问题型课堂

问题型课堂的表现是：为了自主，以问题统领整个课堂。放不开，牵得太多，太死。教师提出的问题并不是统领课文的中心话题，也不是能统领某段或某部分内容的中心话题，而是由一系列过浅、过细、过碎的问题叠加而成。教《钓鱼的启示》一课，整节课，教师依次罗列出十几个问题。例如，"我"和父亲什么时候去钓鱼？"我们"是怎样钓鱼的？"我们"钓到了一条怎样的鱼？面对这条大鱼，"我"的表现是如何的？父亲的表现又是如何的？课堂上，学生看似时刻处于自主学习状态下，实际却疲于应付教师提出的一系列问题，还以为这就是"自主学习"。

5. 兜圈型课堂

这样的课堂教学表现为两种情况：一种是前部分教师牵着走，后半部分放手让学生自主学习，看似体现了一个由扶到放的学习过程，实际上，扶与放之间缺乏内在联系，扶的过程没有做到为后面的放服务。扶没有目的，扶时未能有效地对学生进行学习方法的指导，或引导学生对文本特点与规律进行深入剖析，导致放漫无目的。课堂上，学生一片混乱，该做什么，该学什么，全然不知，闹成一片。学生闹后，教师依然回到起点，对放手学习的内容进行串讲串析。另一种是前半部分自主学习，后半部分反馈交流。然而，前半部分的自主学习——学生自由读书、自由思考、自由交流，读书的目的是什么，学生思考什么、交流什么，学生不知。进入后半部分时，教师并没有根据学生在"自主学习"的环节中遇到、思考、解决的问题进行归纳，而是重复教与学，一切从零开始。教学过程如同兜圈，总是从起点开始。教师不去思考学生自主学习之后已掌握了什么、哪些还存在疑惑等关键问题。

（二）自主学习课堂建构的思考

《义务教育语文课程标准（2011 年版）》在"前言"部分的"课程基本理念"中提出："学生是学习的主体。语文课程必须根据学生身心发展和语文学习的特点，爱护学生的好奇心、求知欲，鼓励自主阅读、自由表达，充分激发他们的问题意识和进取精神，关注个体差异和不同的学习需求，积极倡导自主、合作、探究的学习方式。"同时，在"实施建议"部分的"教学建议"中提出："学生是语文学习的主体，教师是学习活动的组织者和引导者。""语文教学应激发学生的学习兴趣，培养学生自主学习的意识和习惯，引导学生掌握语文学习的方法，为学生创设有利于自主、合作、探究学习的环境。应尊重学生的个体差异，鼓励学生选择适合自己的学习方式。"

　　"自主、合作、探究"到底是什么？自读、自悟，说真话、抒真情，选择自己喜欢的方式学习，这就是自主；各抒己见，解人以困，虚心请教，平等对话，这就是合作；声情并茂地读，情真意切地说，设身处地地想，身体力行地做，这就是探究。[①] 所谓"自主学习"课堂，就是指课堂在教师的组织指导下，以给予学生自主学习时间为前提，以学生自主组织学习活动为核心，以学生积极主动地参与教学全程为特征，以促进学生自主发展为目的，在完成"双基"教学任务的同时，唤起学生自主学习的意识，形成学生自主学习的能力，并依托这一形成过程，最终培养学生终身学习的意识和能力。自主学习课堂的核心内容是：自主学习是主体，合作交流是关键，探究提升是根本。

1. 自主学习是主体

　　教学中，要凸显"自主"——自主学习、自主交流、自主探究。自主、合作、探究是三种不同的学习方式，但三者之间又是相互渗透与联系的。其中，自主学习是基础，是主体。据国内外学者的研究成果，自主学习概括地说，就是"自我导向、自我激励、自我监控"的学习。显而易见，自主即独立，也就是在学习过程中，要倡导培养学生独立学习的能力。学生独立学习的能力，究竟指哪些能力？一般包括倾听、赞赏、评价、表述、交流、接受和修正等能力。教学中，只要充分创设各种教学情境，有效地促进学生主动参与学习的全过程，充分发挥学生的主观能动作用，并把教师的主导作用和学生的主体作用结合起来，在教师的启发和诱导下，充分调动学生的自觉性、主动性和积极性，使学生爱学、要学、会学，动脑、动口、动手，

---

　　① 陈建先：《〈虎门销烟〉教学实录》，载《中国小学语文教学论坛》，2002（78）。

学得有趣，学得主动，学得扎实，学会运用，就一定能够提高学生的主体意识，培养学生的自主能力。

2. 合作交流是关键

合作学习是指学生在小组或团队中为了完成共同的任务，有明确的责任分工的互助性学习。小组合作学习只是合作学习的一个方面。小组合作学习，即为实现面向每一个学生的教学目标，将所有学生根据其个性特长和学业水平的差异进行均衡、合理分组，并对组长和成员的职责提出明确要求。教师通过"小先生"和组内成员的检查，以及组员的相互评价，达到共促学生发展的目的。小组合作学习一般包括生生合作和师生合作。就生生合作学习而言，可分为：①同桌合作；②前后桌四人小组合作；③选择自己喜欢的伙伴合作；④根据自己的学习内容选择相应的伙伴合作。小组合作学习既有利于形成良好的学风，又能更好地提高学生的自我评价能力，促进自我学习能力不断提高，锻炼学生的多向思维能力与创新能力。就师生合作学习而言，可分为：①老师与某一学生之间的合作。例如，"谁愿意和老师一起来表演'热情'的情景？"通过老师与某一学生的示范表演，全班学生都明白了其词意。②老师与某一小组之间的合作。例如，"你们小组学习的内容真有意思，愿意让我也参与你们小组的学习吗？"③老师与全班同学之间的合作等。师生之间的平等交往或角色互换，既能发挥教师的指导、示范作用，又能提高学生的参与度与责任心。教学经验告诉我们，低年级学生的合作学习要简单，可操作性要强，要尽量于平日教学中渗透这一能力的训练。互助，即在学习小组内实现互助，实现生教生、生帮生，在班级范围内实现班级互助、资源共享。交流，包括学生在学习小组内交流、组间交流和师生交流，通过交流互动，相互启发、相互释疑，共同解决问题。

3. 探究提升是根本

2011年版课标强调改变学生被动接受的学习方式，提倡自主探究性学习。杜郎口流行一句话——"我听了，我会忘记；我看了，我会记住；我做了，我会创造"，讲的就是这个道理。教师从学生好表现、参与的心理需要出发，尽可能地给学生提供自主探究的机会。探究学习是以学生为主体的模式，它更符合学生发展的规律，更有利于培养学生的观察能力、实验能力、思维能力，从而不断提高学生独立获取知识的能力，更快更好地提高学生的科学素养。

在探究学习方式的运用上，我们提倡将探究学习渗透于教学过程之中。例如，教学《乌鸦喝水》一课，当学习"……终于喝到水了"一句时，老师问："让我也来读一读这句话，行吗？"（学生答："行。"）"如果老师读对了，读出了感情，就给我一个大笑脸；如果没读错，但读得没什么感情，就给我一个微笑；假若读得实在太差，就给我一个生气的脸。"（读的过程中，老师故意漏读了"终于"一词。）读完，老师又问："同学们，觉得老师读得怎么样？"很多学生都给老师送上了一个大笑脸。这时，一个学生站起来说："老师，您少读了'终于'一词。"瞅了瞅这位学生，老师故意辩解道："这有什么关系，反正意思已经表达清楚了。"沉思了片刻，该学生发表了自己的见解，振振有词地说："课文中讲了乌鸦到处找水喝，可见在找到这点水前，已经是找过很多地方了，说明找到这水是多么的不容易！因此，'终于'一词不能丢。"

又如，教《詹天佑》一课。

师：大家是否知道，这条铁路究竟是在什么情况下修筑的？让我们一起来学习第2、第3自然段。南宋理学家朱熹说过："小疑则小进，大疑则大进。"请同学们边默读课文第2、第3自然段边思考，无论是读到一个词、一个句子还是一段话，只要脑子里产生了问题，就及时地用笔把问题记在书中相应的地方。看谁提的问题和我提的一样。

（学生默读课文并及时批注。）

师：读完了吗？都有疑问了吗？我想请同学们猜猜我要提什么问题。如果有同学猜着了我要提的问题，那么，我立刻向他鞠躬。

（学生纷纷提问题。）

师：（针对第一个提问题的学生）对不起！没猜中，但咱们得握握手，勇气可嘉！

（老师先后针对学生的问题进行评价。）

师：没猜中不要紧，可喜的是同学们提出了这么多问题。老师要提的问题究竟是什么呢？仔细看！

（问题：读了课文第2、第3自然段以后，喜、怒、忧、乐，你是哪一种心情？）

以上两个教学环节，教师并没有事先告诉学生该探究什么问题，而是把探究学

汪智星应邀在南昌市名师工作室主持人培训班上介绍经验

习的过程巧妙地渗透在整个教学过程中。

自主探究是合作交流的基础，合作交流是自主探究的发展。没有自主探究时对所学内容的感知，合作交流便无从谈起；只有掌握了基本知识，找出未知和疑难问题，才能有的放矢地合作交流，提问、答疑、研究、探讨才有价值。教师的主导地位与学生的主体地位是辩证统一的。自主、合作、探究三种学习方式，它们的共同特征是关注学生的自主性，即强调学生主动参与、主动历练、主动探究。三种学习方式对教师来说，变"讲堂"为"学堂"；对学生来说，变"要我学"为"我要学"，变"学会"为"会学"。

六、当下语文教学的"错象"及策略思考

《义务教育语文课程标准（2011 年版）》颁布后，诸多崭新的课程理念再次冲击、涤荡着语文教师的心灵。"前言"部分的"课程性质"提出："语文课程是一门

学习语言文字运用的综合性、实践性课程。""前言"部分的"课程基本理念"提出："语文课程是实践性课程，应着重培养学生的语文实践能力，而培养这种能力的主要途径也应是语文实践。""前言"部分的"课程设计思路"指出："语文课程应注重引导学生多读书、多积累，重视语言文字运用的实践，在实践中领悟文化内涵和语文应用规律。""实施建议"部分的"教学建议"提出："语文教学应激发学生的学习兴趣，培养学生自主学习的意识和习惯，引导学生掌握语文学习的方法，为学生创设有利于自主、合作、探究学习的环境。""阅读教学是学生、教师、教科书编者、文本之间对话的过程。""要珍视学生独特的感受、体验和理解。教师应加强对学生阅读的指导、引领和点拨，但不应以教师的分析来代替学生的阅读实践，不应以模式化的解读来代替学生的体验和思考。"……诸多新理念为教师的语文教学指明了前行的道路，行走在语文教学道路上的教师再也不用摸着石头过河了。

十余年课改历程，新课程理念日渐深入人心，尤其是各种层面的观摩课里，大到教师对整个文本的解读与处理，小到教师上课时表现出的一个细微动作、一句评价语言，都凸显出教师对新课程理念的理解与运用是那样得心应手。然而，走进一线教师的常态课堂，我们却惊愕于课堂里凸显的种种"错象""乱象"，越细想，越后怕，由此而发出"我们的学生真的伤不起"的感慨。

（一）"错象"丛生，"乱象"迷离，常态教学现状堪忧

"错象"丛生、"乱象"迷离的语文课堂教学让学生对语文学习的兴趣日渐消退。因此，列举种种"错象""乱象"，剖析其错、其乱的根因，是改变当下语文课堂效率低下的主要策略。

1. 文本定位太随意

（1）文本的学段不清

《义务教育语文课程标准（2011年版）》在"前言"部分的"课程设计思路"中指出："课程标准在'总目标'之下，按1～2年级、3～4年级、5～6年级、7～9年级四个学段，分别提出'学段目标与内容'，体现语文课程的整体性和阶段性。"小学阶段，分为低（1～2年级）、中（3～4年级）、高（5～6年级）三个学段。在2011年版课程标准中，各学段的内容及相应的目标非常清楚，可实际的课堂教学中，教师视而不见、置之不理，课堂教学大多存在着随心所欲，想当然地自作主张

的情况。教学内容、目标，甚至采取的教学手段，"越位""不到位""错位"的现象屡见不鲜。

（2）文本的体裁不明

文本的体裁，即文体。小学阶段，不同体裁的文本很多，常见的有童话、神话、儿歌、寓言、诗歌、小说等，中、高段会安排适当的说明文、议论文、文言文、散文等。例如，叙事性作品往往是通过对一件或几件相关联的事情的描写，让学生从中读懂作品中主人翁的品行或从中悟理。然而，教师在解读、处理各类文体时，不顾文体自身的特点及彼此之间的区别，统一尺度，统一策略，统一模式，最终导致不同文体的解读、处理"错象"丛生。

（3）文本的课型混乱

在 2011 年版课程标准里，低段的课型分为识字与写字、阅读、写话、口语交际、综合性学习五种；中、高段的课型分为识字与写字、阅读、习作、口语交际、综合性学习五种。不同的是，低段的"写话"到中、高段便成了"习作"。其中，"阅读"这一课型在各学段的教材里，又细分为"讲读课文"和"略读课文"两种。教师往往在解读、处理"讲读课文"和"略读课文"时一片混乱，尤其是"略读课文"当"讲读课文"处理的现象频频出现。

2. 教学流程想当然

（1）"课堂导入"无休止

"课伊始，趣已生。"这应该是教师对"课堂导入"环节的追求。然而，教师的"课堂导入"环节冗长，废话颇多，看似热闹得难以消停，实际上无效又费时。揣摩教师心思，定是一味地想给学生，甚或是前来听课的教师留下美好印象，导致物极必反，弄巧成拙。且不知"平淡中见奇崛"，真实、自然的言语交流，恰到好处的引发、诱导，往往收效颇佳。

（2）"初读感知"目标糊

由"课堂导入"进入"初读感知"，教师要深知"初读感知"为哪般。顾名思义，"初读"，是学生第一次接触文本时的读，是通盘地读——要求学生完完整整地读文本。因为"初读"，读前要明确地向学生提出读书的具体要求。其次，"初读"目的何在？通过完完整整地读文本后，想想课文讲了什么，即课文的主要内容要了然于心，这才能实现"初读感知"的目标。有教师说，认真地读课文，想想课文讲了一件什么事？有教师说，请同学们自由地朗读课文。前者，虽有明确的读书目的，但读书要求含糊。认真地读，"初读"时达到怎样的要求才算认真呢？后者，学生虽知道该怎么读——自由朗读，即各自读各自的，且必须出声地读——但"初读"目的是什么，学生不得而知。前者属"蒙读"，后者属"傻读"，均需改进。

（3）"细读文本"如吞枣

"囫囵吞枣"一词用来形容当下的部分常态课堂可能是最恰当不过的。教师对文本的处理，没有取舍，没有主次，胜有"扫荡"之势。一段接着一段，逐字、逐词、逐句地分析、讲解的大有人在。若一篇略长点的课文，教师就这样分析着、讲解着，两课时哪里来得及。最终结果，课堂教学只能是浅尝辄止。课堂上，学生疲于应付教师抛出的过于浅易的问题，只停留在是与不是、对与不对的判断上。学生不能深入文本，借助关键词句细读品味，感悟文本的内涵，以致最终不能实现语言文字的运用。

（4）"回归主题"若有无

对一个文本的教学，教师应从整体入手，最终回归整体。文本的整体美，课堂教学的整体性，是教师处理文本、设计课堂要思考与把握的。有的课堂上，教师在预设中安排了"回归主题"的环节，可课堂教学中该环节不翼而飞。课后，未待听课者问，教师自己抱怨："时间来不及，不得不把'回归主题'的环节砍掉。"有的课堂根本就没有"回归主题"的环节，因为教师进行教学设计时，根本就没有这样的考虑。在这样的教师的课堂里，往往可以看出课堂教学的随意性大。备课时，教师根本没有思考课堂的几个基本环节是什么。他们的课堂教学酷似脚踩西瓜皮，滑到哪里算哪里。

（5）"板书设计"过淡化

也不知何时，也不知是否各种媒体的介入，一节节阅读教学中，黑板上竟没有板书。有的只有孤独的一个课文题目，有的甚至连课文题目也没有，或许是教师没有写好粉笔字的底气。板书被淡化，是亟待教师反思的问题。仅说教师板书在黑板上的粉笔字。如果教师写在黑板上的粉笔字个个形神兼备，势必起到了对学生的一种无声的教育作用。"写字，就是做人。"写好字和做好人是一样的道理。"教育的第一个名字，叫影响。"① 教师能在黑板上工工整整地写下每个粉笔字，就是在育人。此时无声胜有声。

3. 策略选择乏科学

（1）识字、写字不务实

2011 年版课程标准在"实施建议"部分的"教学建议"中指出："识字、写字是阅读和写作的基础，是第一学段的教学重点，也是贯串整个义务教育阶段的重要教学内容。"尤其是低段的课堂教学中，关于识字、写字，教师要有"基础不牢，地动山摇""重点不重，后患无穷"的强烈责任意识。但是，低段教学里，教师常常是对那一个个文本进行深入解读、深入挖掘，却置那些要求会认、会写的生字于不顾。在低段，学生没有大量地识字，对该识的生字不能过关，不能牢记，当学生进入中、高段，怎能提高阅读能力？怎能用文字把心里想说的话，想表达的意思写出来？

（2）朗读指导图表象

走进一节节常态课，我们惊奇地发现教师不会指导学生有感情地朗读。教师居然暗示或告之学生：表现高兴的句子时，声音就得高昂；读描写物体大的句子，声音也得大些。种种现象，我们得出的结论是：教师根本不懂得如何指导学生有感情地朗读，也根本不顾及学生的个性化情感朗读指导，只是自作多情地要求学生在声音的高低、快慢、缓急等方面做文章。他们根本不知有感情地朗读，是指要让学生在朗读中通过品味语言，体会作者及其作品中的情感态度，学习用恰当的语气、语调朗读，表现自己对作者及其作品情感态度的理解。朗读要提倡自然，要摒弃矫情做作的腔调。

（3）品读句子方法单

有的教师在一堂课上引导学生品味文中几处句子表达的巧妙，连续三次使用"删词比较"的方法，通过删词对比读，体会原句在表情达意上的巧妙之处。有的教师在引导学生品读文中几处句子的深刻内涵时，均是采用创设情境引读的方式，让学生通过"情境引读"进一步体会句子表达的深刻内涵。"教无定法，贵在得法。"基于此，教师在引导学生品读句子时，可因生而异，因时而异，因地而异，巧妙思

---

① 于永正：《教育的两个名字》，载《人民教育》，2010（9）。

考、运用多种方法进行教学。薛法根曾说:"我的法子是打破脑壳想出来的。"面对同样的句子,能否思考出并运用新颖、独特且有效的方法进行指导品读,是需要教师进行一番思考与琢磨的。相信"方法总比问题多"。

(4)篇章取舍胆过小

拿到一个文本,在细读文本之后,教师能否依据"教学目标"进行大胆取舍,可以说是一位教师教学专业素养的综合体现。1978年3月,叶圣陶先生在一次语文教学研讨会上指出:"语文教材无非是个例子,凭这个例子要使学生能够举一而反三,练成阅读和作文的熟练技能。"教师进行教学,实质上是借助一个个"例子",关注语文课程内容的落实,而不是在"教教材",把这一"教材"涉及的方方面面的知识全都传授给学生。既然教材只是一个"例子",教师在处理教材时,就得发挥自身的自主权,让教材为我所用——巧用教材教。教师应思考如何落实语文课程内容,对教材进行大胆取舍,有效地处理与利用。

关注教师的常态课堂教学,语文教学"错象"丛生、"乱象"迷离,历数着"文本定位太随意""教学流程想当然""策略选择乏科学"三大现象,教师是否会质疑:十年课改真的一无所获?"谋事在人,成事在天。"难怪众教育学者一致认定:课改成败的关键在教师。若一线教师的内心深处没有得到新课程理念之春风的吹拂与涤荡,也就是说一线教师没有将新课程的理念转化为自己的教学行为,势必导致当下语文课堂教学中的"错象"丛生、"乱象"迷离,绝非《全日制义务教育语文课程标准(实验稿)》及《义务教育语文课程标准(2011年版)》的问题。面对那丛生的"错象"、迷离的"乱象",教师必须思考,必须站在新课程理念的角度,努力践行语文课堂教学。

(二)面对语文教学"错象"的策略思考

1. 回归本位,身在其"位",须谋其"事"

"什么样的学段,还它什么样的味道;什么样的课型,还它什么样的味道;什么样的文体,还它什么样的味道。"准确定位:什么样的学段,做什么学段的事;什么样的课型,做什么课型的事;什么样的文体,做什么文体的事。

教师拿到新文本,首先要考虑文本所处的学段,属什么课型和文体。考虑到这三点,教师设计的课就不会"越位""不到位""错位"。下面是两位教师对《灯光》

文本的教学处理。

《灯光》是略读课文，安排在六年级下册第三单元，属一篇叙事性作品。

教师 A 在上课时，让学生读单元的"导读"，尔后，让学生读课文前的"阅读提示"。

结合"导读"和"阅读提示"的内容及要求，教师 A 需引导学生，明晰学习这篇"略读课文"必须解决三个层面的问题：第一，阅读课文，想一想课文讲了一件怎样的事？第二，"多好啊！"这句话分别是谁在什么情况下说的？他们在说这句话的时候，看到了什么？会想到些什么？第三，了解课文的叙述顺序，并在今后的习作中加以运用。前两个问题，"阅读提示"中明确写着；后一个问题，"导读"中一目了然。看来，课堂上教师 A 只要定位正确，并引导学生通过自主读书、自读思考来实现对上述三个问题的理解，教学目标就达到了。这样的一个"例子"的教与学就实现了自身的作用。

匪夷所思的是，教师 A 在接下来的教学中，以上三个问题丝毫未涉及，而是穷尽自己所能地引导学生细细品读着文中的"往事"，或拎关键句，或抓关键词。听着这样的课，听者只有苦笑，在记录本边上写下"种了别人的园，荒了自家的田"一行字。

教师 B 在上课前，同样引导学生自读"导读"和"阅读提示"，并让学生清楚地明白，那三个问题就是本课的学习重点。

在"初读课文，整体感知"的环节中，教师 B 引导学生自由地朗读课文，读完后想一想课文讲了一件什么事。课堂上，学生在既明读书要求又明读书目的的基础上进行自主读书，当该教学环节结束后，第一个问题便解决了。第二个问题是整节课的重点。教师 B 定位于"略读课文"，让学生紧紧带着第二个问题自读课文，运用从文本中圈画句子、在句旁写批注的方式进行。该环节，教师 B 先让学生自主读书、思考、圈画、批注，再小组内进行充分讨论、交流；最后，学生在全班交流学习心得。当学生把前两个问题都弄"烂"后，对整个文本的叙述顺序也已经明了——从"现在"写到"过去"，最后写到"现在"。这样的叙述顺序，部分学生称为"倒叙"。教师会心一笑，不说"倒叙"，相信同学们都已意会。

相比之下，教师 B 的课堂上，教师 B 教得轻松，学生学得有效。在教师 B 的课堂上，学生自主阅读的能力实现了提高。相反，教师 A 的课堂上，教师 A 教得累，学生学得迷糊，长此以往，随意把"略读课文"当"精读课文"处理，学生自主阅读的能力难以得到锻炼与提升。

2. 流程紧凑，环环相扣，步步有效

课堂教学的精彩因学生的精彩而精彩。要实现课堂上学生的精彩——精彩地读书、精彩地思考、精彩地表述、精彩地练笔等，前提是教师对整个教学流程的预设科学、合理、有效，摒弃想当然。

教师在解读、处理《小桥·流水·人家》（杨健、叶兆君作）一课中，让人感到因整个教学流程的紧凑、科学、合理，整节课的教学实现了高效。整节课预设了一个大的框架：中心切入——三个画面——回归主题。在课堂教学的主体部分，教师引导学生依托语言文字依次感悟"小桥""流水""人家"三个画面的美丽。具体流程如下。

（1）品读第 3～第 5 自然段，感悟"小桥"画面之美

①体会"小桥"的千姿百态。

②了解桥名的来历及体会内涵。

③体会"小桥"的秉性——坚韧、热情、无私。

（2）自读第 6、第 7 自然段，感悟"流水""人家"画面之美

要求：引导学生自读，通过找出关键句或关键词，各自体会"流水""人家"的特点。

三个美丽画面的教学处理中，"小桥"的处理，教师采用"扶"的方式进行教学与引导。"流水""人家"采用"放"的方式，引导学生在明要求、目的之基础上，自主读书、自主批注，在汇报学习心得中相互交流、相互提升。任何一堂课，教师对课堂上的教学流程要清晰，不能拖泥带水，要坚持"主线清晰，细节饱满"的好课观。这样，无论是教师，还是学生，都能快速地厘清整堂课的教学思路。教师要做到心中有课堂，心中有学生。

3. 策略优化，没有最好，只有更好

任何一种新的教学理念，在课堂上，最终都必须依一定的教学策略来实现，因此，选择教学策略，进一步优化教学策略，是不断提升教师课堂效率的关键。

（1）书空写字策略的优化

教师在教学中经常会让学生跟着教师进行书空，这对加强学生对生字字形的识记与巩固大有帮助。可当教师让学生书空的字笔画较多时，往往达不到预期的效果。教学《日月潭》一课时，教师让学生跟着进行书空课题。对"日"和"月"，学生书空较易，两个字本身是已学过的字，但"潭"是一个生字，且笔画共有15画。课堂上，学生书空到过半时就乱了。针对笔画较多的生字，书空方法就要革新。教师可以采用"以已知熟字为构字部件"的书空方法进行。写"潭"字，教师可以这样边引导边书空：一写左边三点水，二写右上"西"，三写右下"早"，就是一个"潭"。又如"燕"字，可以这样书空：一写草头横，二写中间嘴，三写两边北，四写四点底。"热"字，可以这样书空：一写提手旁，二写小丸子，三写四点底，就是一个"热"。从整体入手，运用已学过的构字部件指导学生来书空，生字便不"生"，学生记忆的速度和强度都有较大提高。

（2）在品词析句中实现学以致用

品词析句，能让学生对词句的内涵有进一步的体会与感悟，以便促进学生对整个文本内涵、情感的感悟与把握。阅读教学中，学以致用是学习的终极目标，也就是说，对词句，不能仅仅停留在理解的基础上，还得发现词句的表达特点，活学活用。

教学《雷雨》一课，教师出示了"闪电越来越亮，雷声越来越响"这一重点句，接着通过删词，变成"闪电亮，雷声响"，让学生与原句进行比较，体会原句的表达效果。课堂上，学生在教师的引导下，深深地体会到"越来越……"的句式能更好地把闪电之亮、雷声之响描写出来，而且写出了事物处于一种变化的状态。要说理解，这是很到位的。细读文本，教师不难发现文中像"越来越……"这样的表达句式不只这两处。基于此，教师要思考：如何让学生在今后的习作中，也能自然地运用这样的句式？于是，教师可以接着往下引导。

第一步，让学生想想，结合生活，用"……越来越……"说一个短句。

"风越来越猛。""雨越下越急。""人越来越多。""花越开越艳。""我越吃越胖。"……

第二步，以其中一个为例，引导学生说一个长句，表达一个完整的意思。

教师可采用"问题引路法"进行引导。

　　问题①：哪里的花儿越开越艳？

　　问题②：花儿为什么越开越艳？

　　问题③：花越开越艳后，又怎么啦？

　　生：春天来了，气温一天比一天高，花园里的花越开越艳，吸引了不少游人前来观赏。

　　生：春风轻拂，春雨滋润，田野里的花越开越艳，吸引了一群群小朋友在其间追逐嬉戏。

　　生：太阳暖暖地照着大地，山坡上的花越开越艳，吸引了一拨拨游人前来观赏、拍照。

　　这样，学生在练说出一个短句的基础上，再写出一个长句——一个优美的句子，便是水到渠成之事，教学也悄然实现了学习词句的三重境界——理解、积累、运用。

　　（3）巧借游戏对文本内容再巩固

　　游戏，是小学生最向往不过的。在小学语文课堂中，引入游戏，一定是为语文教学服务的，绝不是为了游戏而游戏——图热闹。语文教学不缺乏热闹。当学生深情的朗读或精彩的表述回荡耳际时，那种热闹是一种成功的享受，是一种成功的召唤。故将游戏引入语文教学课堂，绝不是图热闹，而是借游戏对文本语言进行更深的巩固，或使学生对文本内涵有更深的感悟。

　　低段，教师教《识字4》时，课堂上，教师设计了"互助读文关"环节。这一环节里，教师提出："你想做哪种小昆虫？请上台演一演。"这一小小的游戏环节，旨在让学生巩固生字词，甚至整个文本。课堂上，一位学生上台演"蝌蚪池中游得欢"一句，整个情境非常有意思，实现了在快乐中再巩固、再感悟的目的。这样，教师的"教无痕""润无声"也得以彰显。反之，"当你的学生意识到你在教育他的时候，这种教育往往是失败的"。

　　师：（一学生来到讲台）告诉老师，你想演什么？

　　生：演蝌蚪。

　　师：老师听明白了，可能同学们还没听明白，请大声地告诉其他同学。

生：我想演蝌蚪。

师：哦，我想问你一个问题，如果回答正确，老师马上让你演。你知道在池中游玩的小蝌蚪心情怎么样？

生：高兴。

师：哦，高兴。你怎么知道的？

生：从"游得欢"看出来的。

师：看来你是真读懂了这句话，你演吧。记住，要一边在嘴里大声地念着，一边演。

（生演。）

游戏演得好坏并不重要——这不是教学的目的。学生表演时，演得再不像，内心一定是非常兴奋的，最关键的是学生在不知不觉的游戏中巩固了字词，理解了字词，收获了快乐，收获了知识，收获了能力。

高段，游戏的介入依然能帮助学生实现对文本语言的理解、感悟、积累，甚至是运用，以此将教学环节提到一个更高、更充满趣味的层面。教学文言文《杨氏之子》一课时，在引导学生读好文言文、理解文言文、背诵文言文之后，教师设计了一个游戏环节。这个"游戏"分为三关。

第一关：我猜我猜我猜猜猜。

师：话说孔君平去见杨氏子的父亲，谁知他父亲不在，于是把杨氏子叫了出来。杨氏子为孔君平端来了水果，这水果中有杨梅。孔君平看着这杨梅，会怎么想？听完孔君平的"此是君家果"，杨氏子又会怎样想呢？请同学们展开合理想象，揣摩二人的心理活动。

出示：孔君平看着果盘里鲜红的杨梅，心想："＿＿＿＿＿＿。"于是，他笑眯眯地对杨氏子说："这是你家的果子。"杨氏子听了孔君平的话，顿时明白了他话中的意思，他想："＿＿＿＿＿＿。"于是，他马上回答："没听说过孔雀是先生您家的鸟啊。"

第二关：咬文嚼字关。

师：为何杨氏子不直接反驳"孔雀是夫子家禽"，而要加上"未闻"二字？

第三关：杨氏子 VS. 百家姓。

师：若来者是李君平、黄君平呢？杨氏子又会怎样应声答？谁来替他回答？

出示：李指以示儿曰："此是君家果。"儿应声答曰："_____。"

　　　黄指以示儿曰："此是君家果。"儿应声答曰："_____。"

教师游戏环节中"三关"的设置与处理，令人拍案叫绝。然而，应该清楚地明白，让人拍案叫绝的并不是该游戏环节有多新颖、别致，而是这样的游戏环节设计是为了进一步引导学生学习、理解、感悟文言文。

（4）感情朗读要尊重个性

《义务教育语文课程标准（2011 年版）》在"实施建议"部分的"教学建议"中指出："要珍视学生独特的感受、体验和理解。"既然学生对词句有着独特的感受、体验和理解，那他朗读时发出的声音是表达自己的感受、体验和理解的。课堂上，教师要求学生把某个词读重一点，声音抬得高一点，例如，读"或大或小"，要求学生读"大"字时声音高点，读"小"字时声音低点，这是极不符合学生朗读的规律的。若这样，读"或曲或直"，能怎么读？读"曲"，声音就曲点，读"直"，声音就直点，岂非笑话？再者，经常听到教师要求学生带着某种感情来读某个句子，这也是不符合指导学生个性化情感朗读的规律的。

基于"阅读是学生的个性化行为""要珍视学生独特的感受、体验和理解""要让学生在朗读中通过品味语言，体会作者及作品中的情感态度，学习用恰当的语气语调朗读，表现自己对作者及作品情感态度的理解"，教学中，教师要引导学生通过对词句的理解、感悟，甚或是想象画面，进而达到有感情地朗读。

教《小桥·流水·人家》一课时，教师引导学生朗读"一路不知吻过多少岸边的绿墙，也不知抚过多少岸边人的甜梦。现在，它们疲倦了，疲倦得像个甜睡的宝宝，静静地躺着，仰视天上的白云，做着归入大海前的美梦"。教师没有告诉学生要带着什么感情去朗读，也没有问学生从中读出了什么，而是引导学生细读并思考每个字词，看看哪些字词能让自己产生特别的感悟。

学生经过充分细读、静悟，有了如下汇报。

生：从一个"吻"和一个"抚"字，我感觉这流水就像母亲一样可亲、慈爱。

生：从一个"吻"和一个"抚"字，我感觉这流水与岸边的绿墙、人之间的相依、相亲、相爱。

生：疲倦的流水，作者把它看作甜睡的宝宝，那是多么的怜爱呀！

生：疲倦的流水，静静地躺着，让我感到了流水的一种宁静之美。

试想，学生对这样的句子有着这样"独特的感受、体验和理解"，再让他们读，怎能读不出感情呢？谁会不懂母亲的那种可亲、慈爱，谁会不懂甜睡的宝宝的可爱？谁会感受不到彼此之间相依、相亲、相爱的美妙？谁会感受不到宁静给人的那份祥瑞之美？至于学生的语调偏轻或偏重，偏缓或偏促，教师是要尊重他们的个性的，就像有人扯着嗓子喊也不一定强过另外一些人稍微抬高一点点的音量。观照当下常态课堂教学中出现的种种"错象""乱象"，进一步用新课程理念来武装一线教师的头脑显得尤为迫切，否则，这部分教师恐怕难以改变自己的教学现状。只有当教师把新课程理念通过教学实践转化为自己的教学行为的时候，课堂教学效果才会实现，目标才会达成。

汪智星应邀到上饶市婺源县紫阳第一小学进行主题宣讲

七、为写作而生情趣

——我的习作教学故事

翻阅着班里的习作集《紫色苜蓿》，我总会被学生习作里描述的一幕幕有意思的场景而吸引，而发笑。同时，那一节节趣味横生的习作教学课的情境便会清晰地浮现在我的眼前。

一个个题目，能让你有一种非读不可的感觉：《豆干中的战斗机》《掌心的秘密》《"会飞"的汪老师》《"康熙"神剪》《今天，我"挨打"了》等。一个个新颖的题目背后，是一篇篇精彩纷呈的习作表达；一篇篇精彩的习作背后，是一次次与众不同的快乐体验。课堂上，学生不吐不快，乐在其中。

正月，"千课万人"第二届全国小学"新体验作文"研讨活动组委会邀请我为大会进行习作教学展示。说实在的，近十年，我一直潜心于小学情境体验式习作教学的实践与探索。2011年，为了让自己的研究不再停留在经验积累的层面上，我向江西省教育厅课题研究与实验基地领导小组办公室申报了"'情境体验'在小学中高年级作文教学中的实践与探究"课题。因为有前期近七年的教学实践与总结，课题不仅申报成功，而且被评为年度重点立项课题。

机会难得，我更希望借这样的机会向来自全国各地的小学语文老师展示自己的课题研究成果。因此，我不想从过去研发出来的习作教学课例中随便拿一个来完成任务，而是决定再次从生活中寻找鲜活素材，研发出新的习作教学课例。因为有了这样的心思，那些日子里，我对生活中的一物一景都特别有心。走在路上，踩到一片落叶或一颗石头，我会捡起来仔细端详；坐在教室里，望着学生各式各样的发型，我会痴迷入神；餐桌前，伸手夹那美味的菜肴时，我似乎能听到每个碗里的菜在说话；躺在床上，注视着那平常不过的吊顶，我会觉得上面好像有什么东西在跳舞。总之，任何东西在我的眼里不再那么简单，任何东西在我的脑海里会变得尤为神奇。

一日早上，分管德育的胡校长问我："汪主任，南昌市举办全市汉字听写大赛，请你去当评委，有空吗？"因正逢我研究生学习，故委婉推辞，但从那天早上胡校长告之此事，直至晚上，"汉字听写大赛"这样的词一直萦绕在我脑海中。夜晚十点左右，我坐在书桌前准备构思"新体验"习作教学设计。此时，"汉字听写大赛"一行字再次冒出来。于是，我在"百度"里输入了这 6 个字。瞬间，电脑上弹出一个视频，标题是"中国首届汉字听写大会总决赛"。我认真地观看着、聆听着。整个视频足足有两小时，我看了约莫半小时就把视频关了。我静静地回顾着所看视频的前后，最大的感受是太紧张了，太"残酷"了！

我默默地想，汉字听写比赛的确是一个很好的可进行习作教学的素材，但太紧张了，紧张得甚至让人有些窒息，我还是想放弃这个素材。时间悄移，到了次日傍晚，我回家时，正逢女儿在观看赵本山和范伟表演的小品。其间，女儿一次次地笑开了花。当我坐下时，小品结束了。女儿笑嘻嘻地冲我问："准备好了吗？""什么东西？还早着呢！"我应声回道。"错了！错了！我说'准备好了吗？'，你也得跟我说同样的话'准备好了吗？'。"女儿得意地对我说。刹那间，我似乎"灵光一闪"。

夜晚，寂然无声。我独自坐在电脑前，《趣味汉字听写》习作教学设计就像月光一样自然地流泻在键盘上。现撷取课堂上的一个教学片段。

师：（板书：汉字听写比赛）请齐读。

（生齐读。）

师：请把习作本翻开，手握笔，眼睛看着本子，专心听我说要求。老师要报一个两个字的词语，然后数五秒。五秒一到，同学们必须立刻停下手中的笔。如果再写，就算写对了也判零分。听清楚要求没有？

生：听清楚了。

师：注意！（时隔两秒）注意！（眼睛环顾着全班同学，约两秒）注意！停！停下手中的笔！

师：有人在刚才的五秒钟之内，写出了汪老师报的词语了吗？

（同学们面面相觑，半天都没有反应过来。）

生：老师，你根本就没有报呀？

（屏幕出示：注意。）

师：谁说没有呀？刚才我明明将"注意"这个词连续报了三遍。

师：（来到一学生跟前）我来问问，你刚才怎么就没有听到老师报"注意"这个词？

生：我还以为你是在提醒我们要注意什么呢！

师：我可是连续喊了三遍"注意"呀！你们怎么就一点反应也没有呢？

生：我也以为你是在叫我们注意呢！谁能想到你报的这个词就是"注意"呢？

师：难道我们班就没有一人听出来吗？

（两位学生举了手。）

师：哦，你们听出来了。你们写好了吗？

生：没有。

师：（老师接过本子看了看）呀！都是只写了一个字。这是为什么？

生：你在报第二遍的时候，我忽然反应过来你报的可能就是"注意"一词，可当我刚把"注"字写好，你就喊停了。

师：那我问问你，你心里有什么话想说吗？

生：如果再有下一次，一定要仔细听老师的话，不能再被你忽悠了。

师：同学们，正如刚才的同学所说的，如果再给你一次机会，你会怎么样？

生：听出老师真正的意图。

师：如果再给你们一次机会，你们愿意来吗？

生：愿意。

师：其实，刚刚我已反复提醒了，让你们专心听，动作快。那再来一次。（同学们一个个神情专注，等待着老师报词语）这次要求有些变化，请同学们用左手握笔写字，在十秒钟内写出一个我报的句子。（同学们左手握笔，做好准备）要求听明白了吗？

生：听明白了。

师：准备好了吗？

生：准备好了。

（相隔两秒左右。）

师：准备好了吗？

生：准备好了。

师：还剩最后五秒钟。五、四、三、二、一。时间到！停！

师：你为什么又没有写呀？此时，你心里有什么想说的？

生：老师简直就是整人！我到现在还没有反应过来，你报的是什么呀？

（屏幕出示：准备好了吗？）

师：看屏幕，这就是我报的句子呀！我再问问，你为什么也没有写呀？你心里有什么想说的？

生：真不愧是"智多星"呀！忽悠人都不露痕迹！

师：你心里有什么想说的？

生：等你报到第二遍时，我才猛地反应过来。我提笔写，可是左手写字还是头一回，我都不知道自己写的是什么。

师：看来，你是知道我报的就是"准备好了吗？"这个句子的。那你描述一下自己用左手写字有什么不一样的感受？

生：太难了！看我这字，简直就像在画蚯蚓，横不像横，竖不像竖的。

师：你觉得左手写字有什么感受？

生：没想到左手写字这样难，平时会觉得左手写字很简单，但自己一写，就觉得要写好，太难了。

生：左手写字太难了！我写完后连自己都认不出来了，一看就觉得好笑。

师：同学们想不想再玩一次？

…………

停下键盘的敲击，我对这节习作教学课已信心十足。

5月上旬，我在浙江大学华家池校区逸夫体育馆里进行了教学展示。课堂上，从学生积极、开心的表现与参与，以及听课教师席间传来的阵阵笑声与掌声，我暗喜：成功了！

当我坐回专家席时，全国著名教育专家周一贯先生笑盈盈地评价了我的课："汪老师，听了你的习作指导课，我有三点深刻的思考：第一，你的习作教学课给小学生写作如何开拓题材，开辟了一条崭新的路。小学生习作要从内容入手，即先解决写什么——题材的问题。你的《趣味汉字听写》习作教学课，直面当下的现实生活，从汉字听写大赛活动中找到了引导学生进行习作的题材。第二，你的课充满了浓浓的情趣。作文教学要引入情趣元素，不是为情趣而情趣，而是要为写作而生情趣。情趣有两类：一类是显性的情趣，另一类是隐性的情趣。显性的情趣关注的只是课堂上笑笑、开心而已，隐性的情趣关注的是教育意义的存在。

汪智星应邀在"千课万人"上执教《大胃王吃烧鸡》

你的习作教学课不仅关注了显性的情趣，更关注了隐性的情趣。你的这节习作教学课在这一点上做得非常成功，值得在全国习作教学领域推广。第三，你的习作教学体现了完整性，体现了在宏观的写作环境中，选择一个微观的习作片段的教学实施策略。写作教学设计做到了切入小、挖得深，这样，教师的指导才有效，学生的练写才出彩。"

"为写作而生情趣。"我想，这应该成为自己，甚或是广大小学语文教师在今后的习作教学研究道路上最根本的定位。

八、"玩"作文：舞动习作教学新天地

——我的习作教学主张

（一）缘起：谁也说不准哪块云彩会下雨

同全国著名教育专家高林生交流时，他曾借俗语"谁也说不准哪块云彩会下雨"讲述全国著名特级教师于永正早期学习并掌握的绘画、京剧等技能，在他后来从事语文教学的课堂上竟派上了大用场的故事。

　　1995年，师范毕业的我被分配到了家乡最偏僻的一所小学，当了一名专职体育教师。每周23节体育课让我乐在其中，原因是当时的体育课不需教师过多地传授体育知识和技能，只要教师带着学生在体育课上开心地玩就行。起初的体育课上，我总是"放羊"般让学生玩，后来，我把每学期每班的体育课玩什么、怎样玩、能玩出什么效果进行了合理的安排、组织与预测。没想到，体育课竟成了有模有样的"玩"课。工作第三年，我经历了从普通体育老师到体育学科教研组组长，再到教导处副主任的角色转变。全县首届小学各学科教学竞赛隆重举行，我代表学校参加全县的体育学科课堂教学竞赛。赛课结束，我的体育课堂教学因充满了无穷情趣而被评委们一致称赞。评课中，市体育学科教研员对我的课这样评价："在汪老师的体育课中，我们欣喜地看到了一种全新的体育教学理念。体育课成了'玩'课，这种'玩'是在老师的巧妙组织和合理安排下进行的'玩'。这样的体育课上，学生不知不觉地掌握了技能，愉悦了身心，增强了体质，如此'玩'课应成为小学体育学科课堂教学的一条可行之路。"教研员的观点与《义务教育体育与健康课程标准（2011年版）》的理念是一致的。《义务教育体育与健康课程标准（2011年版）》在"课程基本理念"部分指出："学校体育是终身体育的基础，运动兴趣和习惯是促进学生自主学习和终身坚持锻炼的前提。无论是教学内容的选择还是教学方法的更新，都应十分关注学生的运动兴趣。只有激发和保持学生的运动兴趣，才能使学生自觉、积极地进行体育锻炼。因此，在体育教学中，学生的运动兴趣是实现体育与健康课程目标和价值的有效保证。"

　　我心想，这些评价都归功于工作头三年，每周23节体育课上的一次次"玩"。为了让学生在每一节体育课上都能玩出味来，我总是挖空心思地琢磨着、构思着每一次玩的内容，每一次玩的步骤，每一次玩的策略。长期如此，体育课实现着"玩"味对我而言已得心应手。当然，我怎么也没有想到，当初的这一切竟然对自己后来从教语文学科有大帮助，尤其是在研究和探索情境体验式习作教学的道路上起到了关键性作用。

（二）体验：习作教学从"无意"走向"有意"

　　刚教语文那几年，教师们都会有同感，教课文还好，因为有教学参考书可借鉴，但教习作就难了，无从下手。每每指导学生习作时，我们总是反复地提醒学生如何读懂习作要求，反复强调写时要具体、生动，要主次分明、详略得当等。至于如何选择，如何构思，如何写具体，如何写生动，如何使所写的内容有趣味，没人去想，也没人会想这些。因此，习作教学便成了小学语文教师面临的最难啃的"硬骨头"。

一次，单元习作要求学生写一件令自己最难忘的事。学生冥思苦想，绞尽脑汁，怎么也寻找不到一件令自己最难忘的事。就在学生趴在桌上半天挤不出一个字时，我的目光被操场上进行体育课的学生吸引了，心想：何不带学生在操场上过瘾地玩一回，回来再把玩的过程写下？我让学生停下手中的笔，郑重地说："今天不写作文了，老师带你们去操场上玩。"

"下面，我们来玩一个'木头人，不许动'的游戏。要求很简单：老师一声'木头人，不许动'令下，同学们必须做出自己认为最能引人发笑的怪模样。记住，一定不能动。谁动了，谁就输。输了就得回教室完成刚才的习作。"一声令下，学生们全进入状态。就在他们各自以最搞笑的模样站立后，我悄悄回教室偷偷地注视着。其间，许多其他班的学生围过来观看，指指点点，议论纷纷；也有一些老师站在他们前面看了好久才离去。更有意思的是，校长站在很远处朝他们喊："哪个班的？怎么没有老师上课呀？"无论校长怎样言辞严厉，学生们硬是充耳不闻，视而不见。当校长走近看了看，可能猜到是怎么回事，就笑着走开了。大概 15 分钟之后，有几个学生实在忍不住，由于动了一下身子，便自觉回了教室。直到近 30 分钟，我让返回教室的学生去催留在操场上的少数几个学生回来。起初，他们还不相信，以为其中有诈。

接下来，我没有让学生写作文。直到周末放学前，我才布置了一篇习作——写一件令自己最难忘的事。次周收来的作文本上，同学们都真切地记述着那天发生的事。我从来没有看过学生的习作写得那样细致，那样真切，那样有趣。学生有什么样的体验，就有什么样的习作。体验越真切，越独特，越有趣，越精彩，习作就越真切，越独特，越有趣，越精彩。十几年过去了，有几篇习作题目，我至今难忘：《不把校长当回事》《老师"骗"了我们》《忘不了》等。这样有意思的玩，这样有意思的习作，才是我所追求的。

从此，我把自己曾经从教三年体育学科时，体育课上带着学生如何玩的游戏、活动一个个搬进了习作课堂。学生也在一次次的玩中体验着，快乐着，训练着，成功着，享受着，习作教学也容易了。会玩的学生会写作，会玩的教师会指导学生写作。

（三）收获：习作指导教学享受"随心所欲"

当有些语文教师总为自己的学生面对习作无"物"可写时，我总是让学生有写不完的事情，有写不完的活动，所以，我与所教的每一批学生总能在快乐的玩耍与习作中成长，学生的习作水平与能力的提升非常明显。

不知什么时候，我渐渐发现这样的习作依然存在着一定的局限性，虽然它能很好地解决学生进行活动、游戏、事件后的习作训练，但状物、写人等之类的习作还是难以得到训练与提高。一时间，我陷入焦灼状态。一次，我在《小学教学（语文版）》2008年第1期杂志上读到了恩师于永正写的文章《语文老师要有素材意识》。文中这样写道："我从未感到作文无事可记，无人可写。原因简单得很，就是我有素材意识。我留心周围的一切，能随时随地为自己、为学生捕捉到可写的东西。""素材意识来自责任感。""素材意识来自对生活的热爱。""素材意识来自学习。""素材意识来自我的动笔习惯。"① 于永正老师阐述的观点，如醍醐灌顶，让我豁然开朗。原来，于老师所讲述的观点就是解决我所遇困惑的"金钥匙"。先说说《碧根果》这节习作指导课的创意由来。

读了恩师于永正的《语文老师要有素材意识》后，我的眼里只要看见什么新鲜的玩意儿，就会思考一番：这个东西能不能用来指导学生进行习作？能不能成为学生进行习作训练的素材？

没过一些日子，我去财务室交钱，见会计桌上有袋坚果。欲离开时，会计热情地要我尝尝。我婉言拒之，可她一再说："这可是外国进口的呢！""究竟是什么呀？"我疑惑地问。"碧根果！"好陌生的名称，好奇之余，我拿了两个。途中，我旋即剥开一个，尝了尝，"呸呸呸"我吐都来不及，又苦又涩。心想：什么玩意儿？简直就是花钱买"苦"吃！不过，就是仅剩的一枚碧根果，竟让我在课堂上给学生带来了欢乐。课上，学生们成功地完成了以"碧根果"为题的习作，真是大快人心！这一切，正应了于老师那番话："素材意识来自责任感。培养学生的写作兴趣和写作能力是我们语文老师的责任。有了这种责任感，就留神了，心就细了，心眼儿也就多了，

---

① 于永正：《语文老师要有素材意识》，载《小学教学（语文版）》，2008（1）。

目光也就敏锐了——虽然我戴着 600 度的近视镜。"① 之后，推出的一系列情境体验式习作指导课例《健美》《"康熙"神剪》《画老师》《果冻课堂》等，都成了我在省内外精彩演绎的课例。

作文指导课《健美》，就是教师让学生欣赏一张张姿态不一的健美先生的图片，然后和学生一起在游戏"木头人，不许动"中表演各种健美动作。课堂上，学生兴趣浓厚，演中说，说后写，可谓"水到渠必成，瓜熟蒂自落"。

作文指导课《"康熙"神剪》，教师从鞋摊上借来一把"永久"牌鞋剪，却故弄玄虚，撒下一个美丽的谎言——祖传的"康熙"年间的裁缝剪，历史悠久，锋利无比，价值连城，然后用这样一把剪刀剪圆圈（麦比乌斯圈），从而演绎出神秘的课堂。

作文指导课《画老师》，指导过程为两个板块，第一板块：原版——故弄玄虚；第二板块：创意版——出其不意。

作文指导课《果冻课堂》，首先，教师神秘地让大家猜袋里是什么；其次，猜它是怎么来的；最后，猜教师会把它怎么样。课上，作文指导思路清晰，过程简单却细节饱满。整节课，学生跃跃欲试，有说有笑，敢想敢猜。

情境体验式习作指导教学的课堂上，没有一个学生不陶醉其中，没有一个学生不是享受着"玩"习作带来的快乐与成功。他们频频举手，开心地说，真心地笑，畅快地写。这样的作文课已成了他们"玩"的天地，成了他们一吐为快的空间，成了他们提升习作水平的舞台。在一次又一次的"玩"中，学生敢想了，能说了，会写了。他们喜欢上作文了，他们开始会"玩"了。玩就是做自己喜欢做的事。做自己喜欢做的事，所有的付出都是享受。

为进一步增强自己的素材意识，我是逢物必思，遇人必想，见到东西都先琢磨一番。琢磨中，我总会把见到的事物跟学生的习作训练联系起来。无意间，我在《育人导报》上读到了这样一件趣事，讲述的是父亲教儿子画画的趣事，其大意如下。

---

① 于永正：《语文老师要有素材意识》，载《小学教学（语文版）》，2008（1）。

　　一天，儿子要画人物的头像。我教他先将"0"放大，画出一个圆圈（脸部）；然后，在圆圈顶部画出三个"1"（头发）；在圆圈两侧各画一个"3"（耳朵，对向画）；在圈内上部1/3处画两个卧着的"1"（眉毛）；眉毛下面画两个"0"，"0"内各画一个"1"（眼）；圈中部画一个倒"7"（鼻）；鼻下画两个卧着的"3"，再在两个"3"之间画一个卧着的"1"（嘴）。一幅简笔人头像便完成了。

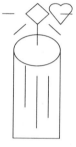

　　有趣的故事竟让我把它与习作指导训练连在了一起。全市创新作文教学交流会上，我便设计出《1037》习作指导课，确定了教学目标：①围绕"1""0"展开大胆想象，有意识地指导学生创造性地练习说话。②针对"1037"四个数字，引导学生组图编故事，训练学生的想象力和创造力，同时，引导学生悟理。下面是学生在课堂上的组图（见图1）和根据组图编的故事。

图1　学生对"1037"的组图

好心的小老虎

　　在我们向往的大森林中，生活着一只可爱的小白兔。它长着小巧玲珑的脑袋，可惜家里穷得连一根蜡烛都没有，但它有一个知心的好朋友——小老虎。小老虎家也不怎么富裕，但比小白兔家要稍微好一些，于是小老虎送给了小白兔一根金色的蜡烛。烛光不仅照亮了小白兔的家，还照亮了一个幼小的心灵。

　　教师有了强烈的素材意识，简单的数字里都有指导学生进行习作教学的"文章"，那图形呢？笔画呢？字母呢？我琢磨着一切，在简单的、普通的图形、笔画、字母中寻找着指导学生进行习作训练的素材。
　　一次，在让学生完成语文复习卷时，卷里的一道题引起了我的思考。
　　例：C像天空中的一弯新月；F像_____……
　　这样的一道题，我也把它与指导学生进行习作训练巧妙地连到了一起。在全国第四届小学作文教学论坛上，我展示了《字母组图》习作指导教学课例。整个习作指导分为两个板块。

　　第一个板块的要求：①选择 2～5 个字母，进行创意组图。②同一个字母在图中可以重复出现，字母在图中可大可小，可正可倒，可顺可反。③用一两句话说出图的内容。

　　创意：我用"O"表示杯子，许多"S"表示杯子里装满了水，三个小"O"表示三颗珍珠，"Z"表示三颗珍珠睡着时发出的呼噜声。内容：三颗调皮的小珍珠跳进了主人的杯子里玩。不知不觉中，三颗小珍珠竟甜甜地睡着了，还发出阵阵呼噜声。见图 2。

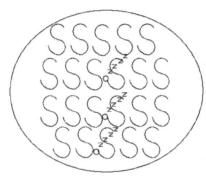

图 2　字母组图

　　第二个板块的要求：学生根据自己的组图，创编与图相关或图背后的故事。

粗心的小明

　　夏天，妈妈给小明买了一个奇异的杯子。三颗珍珠看到这么奇特的杯子，调皮地跳了进去。

　　它们在杯子里觉得很有趣，就玩起了捉迷藏，玩累了就睡起了大觉，打起了呼噜。小明外出回来，渴得要命，拼命地喝水，一颗珍珠，两颗珍珠，三颗珍珠，陆续掉进了小明的肚子里。

　　小明喝饱了，跑进房间呼呼大睡起来。一分钟过去了，两分钟过去了……珍珠们醒了。它们看到的一切并不是白的，而是红彤彤的。它们上蹿下跳，希望能找到出口。可一点效果也没有！它们拿出了绝密武器——泡泡糖，一下、两下……泡泡越吹越大。

　　小明慢慢地从床上升起来，飘呀飘呀，飘出了房间，升到了天花板。"砰"的一声，小明重重地摔到了地上。他张大嘴巴，打了个哈欠，珍珠们从他的肚子里滚了出来。小明发现了，大吃一惊。他抓住珍珠们，质问着："你们怎么跑进了我的肚子里？"

　　珍珠们一同指向那奇异的杯子。小明恍然大悟，问道："是你们跑到我杯子里，然后被我喝到肚子里了吗？"它们一同点头。

　　小明很羞愧，都怪自己太粗心了，没先检查一下杯子。

　　我把这称为"情境体验式创意组图习作"。即利用简单的图形或符号，让学生开启自己的大脑思维，尽情想象，构思并动手组图，然后引导学生以"组图"为素材，写出与图相关的故事，可以是图背后的故事，也可以是由图想到的真实事情。此举让情境体验式习作教学研究有了大的空间。

（四）阵痛：习作教学实现美丽的"蜕变"

　　当诸多情境体验式习作指导课例不断推出时，一个个优秀课例在全国各地展示时，一个个优秀课例先后被各语文杂志刊发时，一个杂志社编辑的电话像盆冷水瞬间浇灭了我一时火一般的热情。"汪老师，你的习作教学课例中点子好，但读了几个习作指导课例之后，发现习作指导的课堂环节大同小异。如果这一点不能突破，你的习作指导课例，编辑部不能再刊发。"接完这个电话，我心情特别沉重。其实这种现象在我整理习作教学课例时，曾朦朦胧胧地感觉到，只是当时说不出所以然，内心还抱着些许侥幸。这种僵局如何突破，我没能像过去为素材问题那样，无意中看到恩师的文章而瞬间有解决办法。分析自己的习作指导课例，不难发现，模式差不多，一般分为"趣味导入＋活动呈现＋现场练写＋指导修改"四个基本环节。

　　良久的思考与实践后，我发现习作指导模式并没有什么地方不科学，只是每次习作指导时，要求学生实现某一种写作方法或技巧的训练不明确，更难以落实，导致在习作指导、练写、修改的过程中，教师无视学生学习的起点，训练没法达到预定目标。每次习作训练之后，看不到学生学习的生长点。之前，每次对学生进行习作指导、训练、修改，似乎都是从原点开始。除了习作内容在变化，写作要点、技能、技巧等方面，学生没有能够得到有效的训练与提升。

　　之所以找到这样的症结，源于我与特级教师王玲湘的一次交流。之前，我一直以为，指导学生进行习作，尤其是小学生，只要重在激发学生的习作欲望和兴趣，只要让学生有内容可写就行。因为对小学生进行习作指导的目标不明确，造成了今天的僵局，进入习作指导"死胡同"。王老师的点拨让我明白，通过各种有趣的活动、游戏，借助生活中的平常事物、简单图形等最基本的素材指导学生进行习作训练，能激发学生对习作训练的欲望，培养学生对习作的兴趣，没有畏惧感，甚至能解决学生常遇到的没有内容可写的尴尬。但在学生习作训练经历初始阶段后，更要思考的应是习作的方法、策略、技能、技巧等方面的有效指导。当然，不能像过去的教师指导学生习作一样，只告诉学生要做到主次分明，要做到详略得当，要做到前后照应，要做到表达真实，要做到抓细节描写，要做到布局谋篇有新意，要做到文通字顺，然而，到底怎样做到这些，怎样在习作指导中有意识地、巧妙地落实这些写作方法、策略、技能、技巧等，教师从来没有去思考。这些问题，我没有在习作指导课上反复地直接告诉学生要做到这些，也很少提及这些。此前，关注得更多的是学生习作的兴趣、习作的欲望、习作的内容等问题。

　　与王老师的深入交流，让我找到了之前的习作指导中长期存在的问题。我只不过是长期在学生的习作兴趣、习作欲望、习作内容等方面做了大量工作，却把指导学生习作训练的"根本"淡忘了。要在过去习作指导教学成功的基础上取得更大的成果，必须在今后的习作指导教学课例研发方面，针对"习作方法、策略，习作技巧、技能"等方面进行深入的实践、探索、总结、提升。

（五）追求：誓将"玩"课进行到底

　　江西省小学语文"走过十年"课程改革成果展示会在即，省教研室要求我进行一节习作指导教学的课例展示。机会来临，这次展示正是我从习作指导困境中跳出来，第一次面向全省教师的展示。如果我在新的习作指导理念下设计出来的课，能得到全省教学专家、优秀教师的称赞，不正说明我在习作指导教学中实现了新突破？

　　习作指导课的创意源于我看到当下学生苦不堪言的学业负担，于是，以"玩"这样的话题来引导学生进行习作训练，让学生在习作中抒写自己对"玩"的认识。

汪智星应邀在海峡两岸作文教学研讨会上示范教学

整节习作指导课大致分为五个流程：①聊"玩"入课，初知"玩"的内涵。②"情境"呈现，激起"玩"的向往。③现场游戏，体验"玩"的快乐。④真实习作，书写"玩"的情趣。⑤示范修改，赞赏"玩"的精彩。在"真实习作，书写'玩'的情趣"的流程中，出示"习作要求"：①可以在写之前拟好题目，也可以等写完后再给自己的文章拟题目。②抓住游戏过程中自己觉得最难忘的两三个场面来写，写出真情实感，写出游戏的趣味。③尝试在文章里谈谈自己对"玩"的认识。

　　"习作要求"中"写出真情实感，写出游戏的趣味"这一点，始终是我整节习作指导课紧紧扣住不放的东西。整个习作指导课例在最初的构思与设计时，也是紧紧扣住这一要点的。

　　习作指导不仅做到了激发学生的习作兴趣和习作欲望，让学生实现了有内容可写，还让我在这样的一次习作教学中明白：如果仅仅把这个游戏过程写下来是不够的，这样的一节习作指导课在三年级时指导和在六年级时指导就没什么区别了；反之，定位于"写出真情实感，写出游戏的趣味"，就是高段习作指导中必须落实的。

　　习作教学研究十余载，我总结了许多经验，手头上也有了大量资料。2011 年，我正式向江西省教育厅课题研究与实验基地领导小组办公室申报了习作教学的课题。

也许是有了前期十余年的大量研究，申报的课题"'情境体验'在小学中高年级作文教学中的实践与探究"不仅立项，而且被确定为年度重点立项课题。申报这一课题，绝不仅仅是为了拿一个立项或结项证书，而是为了更深入研究，为了让更多的课题实验教师参与研究，享受研究带来的快乐，让课题的研究成果形成系列，在教师队伍中推广。在申报课题的实施方案中，我明确提出进行本课题研究的四个原因：其一，学生无内容可写；其二，学生无"欲"而写；其三，习作目标不大明确；其四，习作教材的尴尬。这四点导致学生谈"作"色变，望"文"生畏。基于以上四个方面的原因，我把课题研究的目标定为三个方面：第一，让习作成为学生的乐事；第二，真正实现个性化的表达；第三，使教师不再为教习作而发愁。

回想自己昔日当体育老师时对"玩"课的懵懂感知，到后来一次次对"玩"课的亲身实践，再到今天对"玩"课理念的进一步领悟，我已经爱上了"玩"课。因为在"玩"课中，我与学生的身心一同愉悦。喜欢做一件事，喜欢就是一种内在的动力，它不需要外界力量的推动。如果自己想做一件事，就定能成功地完成。对学生而言，"玩"课是愉悦的，是在快乐中收获成功；对教师而言，"玩"课更是一种追求与责任。

九、将漫画习作进行到底

——漫画作文的启思

一日，我欣然地品读着《江西日报》的"杂文荟萃"栏目篇篇优美的文章，无意间，我的注意力被一幅漫画——《机遇》深深地吸引着。

漫画的内容是：一个人用铁桶从井里打水，当他把满满的一桶水提出井口时，一只青蛙从铁桶里一跃而出，跳出了井外。瞅着漫画，我猛然领悟到，其实它在向大家讲述一个有关做人与处世的道理。任何人的一生都会面临许多机遇，当机遇来临时，你是否做好了挑战的准备。常言道："把握机遇并努力地挑战，才会赢取成功！"

漫画的形象性及故意夸大的特点吸引着读者，并有效地引起人们思想的共鸣。漫画既能让读者在欣赏漫画时产生轻松愉悦的情绪，又能引起读者思考，体会漫画

汪智星应邀在德兴市银城第一小学进行阅读教学示范

所要反映的深刻道理。一次偶然的发现，带给自己的却是一次意外的收获——我对漫画一见钟情。从此，我便有意识地收集漫画或自创漫画。一个学期来，我的笔记本里有了近百幅漫画。一有空，我总爱不释手地欣赏着。

一天，又将上作文课，办公室里的老师个个都在犯愁。王老师满腹怨言："书中的单元作文设计，不是写难忘的事，就是写印象深刻的事，且从三年级开始，每册书中的作文设计都差不多，哪有那么多的事可写呀？"程老师开玩笑似的说："凡写难忘的事，农村孩子写的不是砍柴，就是下河捉鱼。城里孩子不是写体育课上做游戏，就是放假去郊游。唉！孩子们从三年级写到六年级，越写越不知所云。"大家倾诉着作文教学的苦水，眼看就要上课，一个个把希望寄托在我身上，原因是我平时总能在关键时刻给大家出些"金点子"。

这时，我提议：大家都认为书中的习作训练虽年级不同，从要求上做出了一定区别，可内容八九不离十，那我们何不换换胃口？这一提议得到了大家的一致赞同，可到底写些什么呢？这时，我神秘地从抽屉里取出一个笔记本。一打开，大家全愣住了，里面的幅幅漫画吸引着各位老师的双眼。我笑眯眯地一一介绍着。

看！漫画——《井蛙图》，描述的是一只青蛙奋力一跃，重新又跳回了井里。还有旁边的打油诗："人人都夸天好大，见了青天又害怕。跳出井口担风险，不如仍坐井底下。"这不得不引起我们的深思。

瞧！漫画——《好像有点大了！》，描述的是一位领导，手拿一个特大型号的水龙头（上面写着"决策"二字），来到一根又细又长的水管前方（上方写着"实际"二字）。目睹眼前的一切，这位领导很吃惊，愣了半天，才从嘴里冒出一句话："好像有点大了！"漫画不言而喻，告诫人们做事情或定决策，都要从实际出发，否则，事与愿违。

再看！漫画——《没有灵魂的危险》，描述的是一只麻雀站在一个稻草人的头顶上。面对本是用来驱赶各种鸟类和其他入侵动物的稻草人，小麻雀没有一点怕意，甚至站在其头顶上自由歌唱。原因是什么？是因为稻草人没有思想。看来，一个没有思想的人，连一只小麻雀都不怕它。

还有漫画——《人越来越聪明，人类是否依旧愚笨？》《财富不是朋友，而朋友却是财富》《日日有事》等，都或正或反，或浅或深地反映着一个个深刻的道理。顷刻，老师们个个茅塞顿开，感叹着："这一幅幅漫画不就是一篇篇好文章吗？"每个人要走了我的一幅漫画进教室。一节课结束，老师们好不兴奋地回到办公室，感谢着我给他们的作文课带去了一次成功与喜悦。

这一节课，我是怎样进行的呢？自然，我也选择了一幅漫画。

课堂上，我引导学生看漫画，让学生不仅看清漫画的内容，还启发并点拨他们明确漫画是向人们揭示一种现象还是向人们阐述一个深刻的道理。尔后，再将第一幅漫画两次进行修改，黑板上出现了漫画（二）和漫画（三），再次引导他们观赏并理解漫画。现择学生对三幅漫画分别写下的文字。

漫画（一），学生戴炜是这样描述画面上的内容的。

在一棵高大的树上，住着一窝鸟。这天，正值三只小鸟的满月，鸟妈妈一大早就外出给孩子们寻找食物。

鸟妈妈寻遍了整个山头，终于找到了一条鲜活的大虫。它满心欢喜地往家赶，还没到家，就亲切地喊："孩子，看妈妈给你们找到什么好吃的东西啦！"可当鸟妈妈快飞到家时，眼前的情景让她惊呆了，额头上也不禁吓出了几滴豆大的汗。只见整棵树上站满了各种小鸟，还没等鸟妈妈回过神来，三只小鸟异口同声地喊："妈妈，今天我们满月，轮到我们请客……"看着眼前的一切，鸟妈妈无奈地一次次飞进飞出，寻找食物。

　　这一天下来，三只小鸟过得可欢啦，可鸟妈妈累得几乎直不起腰。

　　漫画（二），学生思宇仔细看画后做了这样的描述。

　　一棵大树上，住着三只活泼可爱的小鸟。一天，他们发现一片黑压压的"乌云"朝自己居住的大树飞来。飞近一看，原来都是小鸟。"扑"的一声，几百只小鸟全落在树上，大树瞬间摇摇欲坠。

　　三只小鸟睁着大大的眼睛，惊讶地问："你们干吗全到这儿来啦？"

　　"我们以前也都有一个美好的家园，但人类为了一己私利，大量砍树，使我们无家可归。"黄鹂愤愤地诉说着。

　　"是呀！人类为了饱自己的口福，大量捕杀我们的同伴，搞得我们的种族都快灭绝了。"

　　"是呀……"鸟儿们纷纷流下了眼泪。

　　漫画（三），学生叶思琦是这样描写的。

　　大树上有一个鸟窝，窝里住着孤零零的三只小鸟。一天，它们正在窝里焦急地等待着妈妈为它们捕食归来。一天、两天、三天……雨溅湿了鸟窝，小鸟在窝里凄惨地呜咽着："妈妈，妈妈，快回来！快回来！"

　　可它们哪里知道，它们那慈爱的妈妈为了寻找食物，早已惨死在猎人的长枪下。

　　学生成功的描写，说明学生不仅观察仔细，而且善于按一定的顺序把画面写具体，并能大胆展开想象。此时，我们欣喜地看到，学生已经在兴致勃勃地练笔。对漫画意图的理解，我主要是让学生在独自思考后相互讨论，达成一致认识。例如，漫画（一）意为：小学生要真正地懂得理解父母，生活中类似漫画里小鸟满月请伙伴吃饭的现象，我们要正视它。漫画（二）意为：不能再乱砍伐树木，要加强环境保护意识！漫画（三）意为：大家一同走到爱鸟护鸟的队伍中来。理解"劝君莫打三春鸟，子在巢中盼母归"的真正含义。

　　这样一来，学生不仅兴趣浓厚，后面创作漫画作文时选择的范围会更广，创作的空间更宽。

　　学生戴炜在看懂漫画（一）后，结合自己的生活实际，写下了《多一分理解多一分快乐》。

　　有这么一幅漫画。

　　在一棵高大的树上，住着一窝鸟。这天正值三只小鸟的满月，鸟妈妈一大早就外出给孩子们寻找食物。

　　鸟妈妈寻遍了整个山头，终于找到了一条鲜活的大虫。它满心欢喜地往家赶，还没到家，就亲切地喊："孩子，看妈妈给你们找到什么好吃的东西啦！"可当鸟妈妈快飞到家时，眼前的情景让她惊呆了，额头上也不禁吓出了几滴豆大的汗。只见整棵树上站满了各种小鸟，还没等鸟妈妈回过神来，三只小鸟异口同声地喊："妈妈，今天我们满月，轮到我们请客……"看着眼前的一切，鸟妈妈无奈地一次次飞进飞出，寻找食物。

　　这一天下来，三只小鸟过得可欢啦，可鸟妈妈累得几乎直不起腰来。

　　漫画其实是告诉我们，理解父母是多么的重要呀！

　　记得我六岁生日那天，我吵着要请同学来家里吃饭，爸妈却说："等十岁生日那天，你再邀请同学来热闹热闹。"

　　"我就要嘛！"我撒娇似的说。

　　爸爸语气坚定地说："不行！这只是个小生日。"

　　见势不妙，我又"玩"起了"一哭二闹三上吊"的把戏，可爸爸还是毫不理睬。见这招不灵，我气呼呼地向房间里走去，边走边埋怨："小气鬼，喝凉水，明天早上变成'鬼'……"

　　中午，妈妈喂我吃饭时，当她把饭喂进我嘴里时，我却"呸呸呸"地全部吐了出来。

　　爸爸又过来劝我做个乖孩子，可我不理睬，还嘟囔着："小气鬼，小气鬼，你们都是小气鬼！"

　　爸爸见"文"的不行，又来"武"的，说："你不是要请吃饭吗？我就请你吃顿'馒头'吧。"我碍于面子，倔强地说："吃就吃，我王小二宁死不从！"

　　爸爸见劝不动了，沉下脸来，狠狠地请我吃了一顿"馒头"，唉，这"馒头"吃得真不是滋味！

　　是呀！不理解父母，会带来许多不愉快；理解父母，家中便时刻充满温馨与微笑！

　　在40分钟的一节课里，我欣赏到了《无家可归》《一幅漫画的启示》《环境＞金钱》《小鸟的呼唤》等一篇篇成功的习作。学生们不仅对漫画进行了细腻的描写，更可贵的是，他们一个个都用自己亲身经历的或自己所见所闻的事进一步讲述漫画所反映的道理。

　　漫画作文的指导练写过程中，学生思维活跃，写得有味，写得轻松，写得实在。一次有感而发的尝试，让我在心中萌生一个念头——将漫画作文进行到底。回顾课堂，我深感作文教学指导，一方面，教师要敢于打破常规，勇于越雷池一步，常给学生注入新鲜的活水，这样学生对作文训练的兴趣便越来越浓厚。正所谓"兴趣是最好的老师"。另一方面，我们的漫画作文指导教学要反对"作文仅仅从内容入手"的做法，而要遵循"明确图意—搜索信息—选择信息—形成文字—反复修改"的过程，即应倡导"漫画作文指导教学从明确图意、提取信息入手"的做法。

十、不读流利誓不休

　　日前，我阅读《中国教育报》，看到一则教学片段，勾起了我的思考。

　　老师进行《蘑菇该奖给谁》一课的教学，课上，学生又唱又跳又表演又画画，很是活跃。评课时，听课老师认为这节课体现了学科融合的理念，是一节好课，但我总感觉缺少了什么，于是对学生的学习情况进行了测试。一测试，问题就显露出来了，一篇课文学完了，全班43名学生只有10名学生能把书读流利，另有18名学生只能磕磕绊绊地读下来，而其余的学生基本上读不成句。

　　课程改革走到今天，还有部分教师一味地追求课堂中的所谓"氛围"，反而把语文教学的根本抛之脑后。这不得不让我们回头看看语文教学的根本任务究竟是什么，是培养学生的语感，进行听、说、读、写等基础知识、基本能力的训练，最终提高学生的语文素养。再看，什么是语感？一个人对语言文字的感悟能力。语感能力培养的主要途径是什么？是读书。所以，从某种意义上说，阅读课就是读书课。总之，书是学生在教师的指导下读懂的，而不是靠教师滔滔不绝讲懂的。

课堂教学中，部分教师之所以不肯指导学生读书或不愿给学生充裕的时间读书，是因为他们总担心一篇课文，教师如果不逐句逐段地分析，学生就无法体会课文的思想。这是杞人忧天，或者毫不客气地说，这是庸人自扰！

"阅读教学，第一是读，第二是读，第三还是读。""一课书教完后，成败的第一标准应该是看学生是否熟读了课文。"① 可见，阅读课首先是指导全班学生把课文读懂，读熟。课文读懂了，思想教育就跑不了。教学中，我始终遵循这一要旨，因此，短短的几年教学生涯，我尝到了不少甜头。教《鸟的天堂》一课时，我没有一味地分析课文内容，没有忙于用多媒体展示那一张张漂亮的图片，没有像一些教师那样在课后总埋怨 40 分钟太短，似乎还有太多"精彩"没来得及展示。课后，特级教师刘萍点评："青年教师汪智星执教的这一课，让我们明白了一个理——过去，我们的教学总是想方设法地把简单的东西复杂化，然而，汪老师的这一课之所以成功，却是因为他把复杂的东西简单化。看来，朴实求真才是美！"

说真的，这一课的教学灵感与设计，还得感谢我的同学——县报社的一名记者。一日闲聊时，我们谈到了美的话题。他说："天鹅很美，是因为我们看到的总是它整体的姿态，如在天空自由飞翔，在水中悠然嬉戏，在枝头引吭高歌等。可是，如果将它大卸八块，再来让你欣赏它的美丽，血淋淋的手抓着大鹅脖子说，这是它那又细又长的脖子。美吗？实在有些吓人。"是呀！美丽的天鹅好比书中一篇篇优美的课文。课堂上，我们绝不能把一篇篇文质兼美的课文无情地进行逐句逐段剖析，而应着眼于整体，引导学生读通课文，读出意思，读出情感，读出意境，读中感悟。因此，我设计的《鸟的天堂》一课，定位在"读、悟、背、写"四个字上。四者中，"读"又是其他三者训练的基础，真正做到了化繁为简。

阅读教学要以读为本，且要面向全体学生。面向全体学生，我认为就是不能放弃一个学困生。这些年，我在学校、县、市乃至全国的课题研讨中均上过一些课，

---

① 转引自葛玲玲：《阅读教学不能毕其功于"一课"》，载《云南教育》，2004（8）。

其中不乏一些令自己感到满意的课。在市里执教的《草船借箭》一课，课上的一个环节至今令我回味无穷。

汪智星在上饶市执教《草船借箭》

课中，我对全班学生说："谁愿意来把这句话美美地读一读？"话音刚落，一双双小手齐刷刷地举起来，于是我随意请了一位学生来读。

生：（读）诸葛亮（丢掉了'笑着'）说："雾这样大，曹操一定（丢掉了'不敢'）派兵出来，我们只管饮（读成了'qiàn'）酒（读成了'sǎ'）取乐，天亮了就回去。"

师：请停下来，把这句话再读一遍，眼睛看准，不要慌。

（第二遍，该生仍然把"笑着"一词丢掉了。）

师：再仔细看，"诸葛亮"后面有一个词，我想，你第三遍一定会读得比前两次好的。

（第三遍，该生读对了，却读得很不流利，且没有感情。）

师：（我慢步来到他身前，温和地说）老师和你共同把这句话读一读，怎样？

（第四遍，合作成功了，老师故意提高嗓门赞扬道："成功啦！成功啦！"）

师：你给大家介绍介绍你的成功经验好不好？怎样才能读正确、读流畅？

生：（支吾了一阵）老师，我就是觉得一遍不行，两遍！两遍不行，三遍！这样子读下去。

师：对，三遍不行，四遍！反正机会多着呢！（笑声）这就是你的经验。

明明读错了，我却让他介绍经验！明明该批评，却变成鼓励与表扬！正如一位美国学者所说："教1遍不会，教10遍；教10遍不会，教100遍；教100遍还不会，别忘了，还有101遍。"多么耐人寻味的环节！一节课下来，台下掌声雷动，大家啧啧称赞，尤其是所借班级的班主任为我出了一身冷汗，他激动地握住我的手说："汪老师，你的教学太神奇啦！刚才读书的学生可是全校出名的学困生（语文、数学考试加起来不超过20分）。"课后，我暗暗地想：如果面对这样的一名学困生，我拒他于千里之外，或当众批评"读不好，就别站起来丢人现眼呀"，他将会彻底失去学习的自信，导致更差。这也让我们深深地领悟道：课堂上，教师指导学生把书读正确、读流利，是最基本的要求，如果连读书关都没过，学生又怎能去领会、感悟课文的思想内涵呢？

阅读教学要求学生把书读正确、读流利、有感情，这是三个层次，是一步一步地递进的，要引导学生走完从会读到读流利再到读出感情的过程。既然语文课姓"语"的本色不变，阅读课即读书课，教师进行阅读教学时，就要给学生充足的时间，让其自由读书，不读流利誓不罢休。

十一、让语文教学真实而快乐
——《詹天佑》一课若干教学片段及反思

（一）在"陷阱"中生成智慧
师：下面，请同学们再次自由地朗读第1自然段！

（出示句子：这是第一条完全由我国的工程技术人员设计施工的铁路干线。）

（学生先后示范读。）

师：同学们读得这么好，老师也想来试一试！可以吗？

生：可以！

师：注意，老师读时，请同学们认真听，仔细思考！

师：（故意读错）这是一条完全由我国的工程技术人员设计施工的铁路干线。

（学生发现并提出错误。）

师：哦！少了一个字，（故作思忖状）少了这个字，没有关系吧？

生："第一"说明在这之前，没有任何一条铁路干线是完全由我国的工程技术人员设计施工的；有了"第一"，可以看出修筑京张铁路意义之重大！

（引导学生读出它的重大意义。）

师：谢谢！短短一句话，我都没读好，真是不甘心。大家愿意再给我一次机会吗？

生：愿意！

师：（故意读错）这是第一条由我国的工程技术人员设计施工的铁路干线。

（学生发现并指出错误。）

师：啊！又少了！（又作思忖状）少了这个词，应该没事吧？

生：有了"完全"一词，说明修筑这条铁路没有一个外国人的参与，没有任何外来力量的帮助，这可全是中国人民智慧与血汗的结晶。

师：谢谢！请大家最后给我一次机会，行吗？

（师读，生齐读。）

反思：众所皆知，阅读教学要以读为本，然而，究竟怎样读才会真正有效？我想，在学生读之前，教师首先要想到学生在教师的指导下通过某种方式去读相应的段落是否有兴趣。为了达到这一目标，在引导学生读"这是第一条完全由我国的工程技术人员设计施工的铁路干线"时，我先后两次采用了"故错法"。一方面，让学生发现教师读时的具体错误所在；另一方面，在教师巧妙质疑的同时，如"少了这个字，没有关系吧？""少了这个词，应该没事吧？"引导学生进行"隐性"探究。实践证明，在教师一次次的故错和学生一次次的发现错误与"隐性"探究中，学生不仅明白了该怎么把这句话读得顺畅，读出情感，同时也深刻地领会到了这句话的内在含义，真可谓一举多得呀！

(二) 在"采访"中了解人物

师：你们都是曾经跟着詹天佑一起修筑铁路的工人、学生，我知道你们心里有很多很多话想对大家说。谁愿意主动接受我的采访？

师：请问，你敬重你们的总工程师詹天佑吗？

生：敬重！

师：能具体说说原因吗？

（学生围绕着詹天佑一丝不苟、身先士卒、谦虚好学等方面具体地叙说。）

师：原来你们的总工程师有着这么多的好品质。是呀！这样的人怎么不叫人敬重呢？请问，当时你们一起在塞外勘测线路，听说塞外的条件非常恶劣，你能具体地给我们形容一下吗？

生（读）：塞外常常狂风怒号，黄沙满天，一不小心还有坠入深谷的危险。

师：塞外的条件恶劣得真令人可怕，你当时心里不害怕吗？

生：害怕。

师：有没有不想干的念头？

生：没有。

师：为什么？

生：因为我们的总工程师都亲自顶着黄沙，冒着狂风在野外工作，他就是我们的榜样，我们没有理由因环境恶劣而退缩。

师：听说你在工作中，有一次由于计算数据不是很精确，并且敷衍了一些时间，最后被你们的总工程师发现了，他当时是怎么说你的？

生（读）：我们的工作首先要精密……"大概""差不多"这类说法不应该出自工程人员之口。

师：听着怎么觉得像一个十几岁的小孩在说话，要知道，詹天佑当时已是近四十岁的人！

（生再读。）

师：请问你天天和你们的总工程师一起工作、生活，他在工作中有没有遇到过困难？

生：有。

师：遇到困难，他是怎么做的？

生（读）：白天，他攀山越岭……常常请教当地的农民。

师：他又是怎么想的？

生（读）：这是中国人自己修筑的第一条铁路，一定要把它修好；否则，不但惹外国人讥笑，还会使中国的工程师失掉信心。

反思：这是我在教课文第 4 自然段时的一个片段，该段主要讲述"勘测线路"这件事。面对这一段的教学，过去大多数教师抓住詹天佑的语言、行动、心理三个方面来组织课堂教学，显然，教学流程很清晰，学生亦学得很顺利，但学生在课堂上是不是真正快乐而主动地参与学习呢？为了让学生真正快乐而主动地参与学习，我先采用教师引读（生接读）的方式，让学生整体感知这一段，然后让学生自由述说詹天佑在自己的心里是个怎样的人。正当学生兴致勃勃时，我把话锋一转："你们都是曾经跟着詹天佑一起修筑铁路的工人、学生，我知道你们心里有很多很多话想对大家说。谁愿意主动接受我的采访？"采访中，本是学生角色的他们瞬间摇身一变，或成了詹天佑当年的助手，或成了詹天佑身边的学生，或成了昔日修筑铁路时当地的某位农民，或成了曾经跟着詹天佑工作过的工人，等等。如此创设真实的情境并运用采访的形式，让学生在轻松愉快的被采访中，在借助文本的具体语言回答"记者"的过程中，进一步全面而深入地了解詹天佑这个人物的特点。"采访检验的是学生读进去没有，采访检验的是学生会不会表达，采访也为课堂教学增添了几分乐趣。"①

（三）在"称赞"中升华情感

师：面对如此一位令人深深敬仰的人，同学们一定也有很多话想对他说，是吗？

（课件：夸夸詹天佑——A. 用自己的话来夸夸；B. 借助板书中的词语来夸夸；C. 试着用英语来夸夸。）

生：詹天佑，你在那样恶劣的环境和极差的条件下，让京张铁路提前两年竣

---

① 汪智星、于永正：《〈詹天佑〉（第 1 课时）课堂教学实录》，载《〈小学教学〉（语文版）》，2008（1）。

工，真是不易呀！詹天佑，你是我们的骄傲，是中国人的骄傲，也是世界人民的骄傲！

师：黑板上有那么多反映詹天佑人物特点的词，想想还能怎样夸？

生：詹天佑是一个不怕困难的人。

师：讲述一件事用陈述的语气，而夸一个人宜用赞美的语气。请你再试试。

生：詹天佑真是一位不怕困难的人呀！

师：将"真是"换成意思差不多的词再夸一夸。

生：詹天佑确实是一位一丝不苟的工程师！

生：詹天佑的确是一位谦虚好学的工程师！

生：詹天佑不愧为一位勇于实践的工程师！

…………

师：能用英语夸一夸吗？

生：Zhan Tianyou is a famous engineer in China!

师：对不起！你说的这句英语我不大懂，请你翻译一下！

生：詹天佑是一位著名的中国工程师。

师：还能夸吗？

生：Zhan Tianyou is a great Chinese!

生：Very good! Zhan Tianyou.

…………

反思：当课文将近尾声时，我创设了"夸夸詹天佑"这一环节，当时的预设只是想通过夸夸詹天佑，让学生纷纷称赞他，从而为总结课文服务。可正是这一"夸夸詹天佑"的环节，掀起课堂上一个个教学的波澜。有学生用自己的话夸，实在、动情；有学生借助课伊始，他们在黑板上板书的体现詹天佑人物特点的词夸，分外真切；更有学生用英文夸："Very good! Zhan Tianyou." "Zhan Tianyou is a famous engineer in China!" " Zhan Tianyou is a great Chinese!"一句句发自肺腑的赞语，着实令人心潮澎湃！"夸夸詹天佑"不仅夸出了全班学生的内心真情，还夸出了所有中国人的内心真情，甚至夸出了世界友人的内心真情。虽然学生与那个时代在时间上有一定的距离，但从学生言语中流露出的情感，我们似乎看不到学生与詹天

汪智星参加"国培计划"（2016）——湖口县小学语文送教下乡培训活动

佑这一人物之间存在丝毫的距离。相反，他们之间有心与心的交流，情与情的相融。学生们一个个都为自己的家乡、自己的祖国，甚至全世界有这样的工程师而骄傲、自豪！一切尽在不言中。

十二、"三"，道也

老子的《道德经》第四十二章里曾有这样的叙述："道生一，一生二，二生三，三生万物。"其中，道生一，一是指太极；一生二，二是指阴、阳；二生三，三是指天、地、人；三生万物，万物即万事万物。道家思想是更宏观、更客观的世界观、人生观。"道法自然"是道家的核心思想，暗指规律产生于事物自身的发展趋势。

回顾并琢磨在教育教学实践中总结出的种种结论，我发现都与"三"密切相关，也许这就是教育教学中的"道法自然"吧！

词语教学的"三"步骤：理解、积累、运用。第一步，教师要引导学生准确地理解词语的意思及用法。这是学生快速积累、灵活运用词语的前提。否则，光靠死记硬背，学生学习就会成为一种负担，就变得被动。第二步，有了前者对词语的理解，对词语进行积累就更有效了，学生的记忆自然就会发展为一种理解性记忆。第三步，引导学生对词语进行内化，即运用。有了前面的准确理解和灵活积累，此时再引导学生对词语进行活学活用，自然水到渠成。学以致用是学习的终极目标。

语文教学的"三"层次，有人用三个算式分别表示三个不同层次的教学。第一个层次的教学叫"告诉"，用"5×3＝15"表示；第二个层次的教学叫"启发"，用"5×3＝?"表示；第三个层次的教学叫"唤醒"，用"5×3＝14"表示。"5×3"怎么会等于14呢？于是大家都会睁大眼睛去探讨，去思考。唤醒所有学生，调动所有学生的积极性，让所有学生都投入到学习中去，这是最理想的教学境界。凡是不需要告诉的，则不告诉；非要告诉，也不马上告诉，到了不得已，才告诉。但是，"启发"和"唤醒"并不否定必要的讲解。而且精当的讲解，既能使学生明白道理，又有启迪作用。

关于课堂教学的"三"不教，特级教师薛法根曾说：学生已经懂的，不教；不需要老师教，自己能读懂的，不教；老师教了也没法弄懂的，暂时不教。一节课上，每位学生的起点在哪里，哪些是学生已经掌握的，哪些是没有掌握的，哪些是教师在这节课上经讲解、引导、启发，学生就能弄懂、弄明白的，哪些是教师即使在这节课上如何安排教学，学生都没法弄明白的，或者说没有必要在这节课上弄明白的，教师都必须去了解，去研究，必须从学生的年龄特点、学段特点等方面考虑。只有当教师既不高估，又不低估学生的学情与能力，才能真正实现课堂教学的高效。

文本研读的"三"层面。歌德说过："内容人人看得见，含义只有有心人得知，而形式对大多数人是一个秘密。"这话在一定程度上为我们廓清了语文的边界。即"内容"是第一边界，"含义"是第二边界，而"形式"则是第三边界。"内容"——"人人看得见"，不稀奇；"含义"——"有心人得之"，范围在缩小；而"形式"呢？"形式"对大多数人来说是"秘密"，也就意味着大多数人是看不见的。什么原因看不见？因为你缺乏一双"语文的眼睛"，"语文"在你面前就不成其为"语文"，它只是"内容"。在这里，教师从第三边界的角度理解语文，显然，这里的语文就是指语言文字的形式。不难发现，这三层边界，越往外，"语文"就越淡；越往内，"语文"

就越浓。由"内容"而"含义"进而"形式"，步步逼近"语文"的独当之任。[①] 关于"语文"这个问题，朱光潜先生有过一段经典阐述："从前我看文学作品，摄引注意力的是一般人所说的内容。如果它所写的思想或情境本身引人入胜，我便觉得它好，根本不很注意到它的语言文字如何。反正语文是过河的桥，过了河，桥的好坏就可不用管了。近年来我的习惯几已完全改过。一篇文学作品到了手，我第一步就留心它的语文。如果它在这方面有毛病，我对它的情感就冷淡了好些。我并非要求美丽的词藻，存心装饰的文章甚至使我嫌恶；我所要求的是语文的精确妥帖，心里所要说的与手里所写出来的完全一致，不含糊，也不夸张，最适当的字句安排在最适当的位置。那一句话只有那一个说法，稍加增减更动，便不是那么一回事……这种精确妥帖的语文颇不是易事，它需要尖锐的敏感，极端的谨严，和极艰苦的挣扎。一般人通常只是得过且过，到大致不差时便不再苛求。"[②] 朱先生所讲的，正是一种可贵的"语文意识"。他说近年来的习惯——"第一步就留心它的语文"，恰恰是很多语文老师现在还没有养成的习惯，而语文的"独当之任"恰恰就在这个习惯上。要养成这个习惯，很难，因为它需要"尖锐的敏感，极端的谨严和极艰苦的挣扎"。

朗读指导的"三"步曲：正确、流利、有感情。首先，引导学生把文本读正确、读准确。其次，只有正确了，才能读得流利，读出节奏，读得顺畅。最后，熟读成诵，并且随着对文本的熟悉，对文本表达的意思和情感就会理解得准确、透彻。如此，自然就能读得有感情了。

课堂流程的"三"环节：初读、精读、再读。初读，即初读课文，整体感知。任何一篇课文，学生拿到手中，如果没有对文本的初读，没有对文本的整体感知，接下来的理解文本的内容、内涵、形式都将是隔靴搔痒。精读，就是指学生在教师的指导下，对文本的内容、内涵与形式进行深入的理解、体会、感悟并内化，实践用教材教语文的过程。这一过程是任何一节阅读教学课的主体过程。它的安排合理、科学与否，直接反映了课堂教学的高效与否。再读，即教师引导学生对文本进行一次整体回顾与总结。学生在教师的引导下再读文本，对文本的感受、

---

① 王崧舟：《"语文"的事儿——语文意识烛照下的语文教学之道》，http：//www. jxteach-er. com/yw/column44336/b8706253-14a8-401b-9462-40a9e6f7f318. html，2018-03-09。

② 朱光潜：《谈写作》，59～60页，北京，北京教育出版社，2014。

汪智星在"名师走赣鄱"活动中进行上课示范

感悟将更深刻。

板书设计的"三"特性：整体性、简洁性、创新性。一个板书就是一个微型的教案，它是教学过程的高度浓缩。好的板书设计要遵循三大特性。首先是整体性，它关注的是板书设计的整体架构。课堂上，学生看着板书，对文本内容，对教师的教学流程、教学意图均有一个形象、直观的完整认知。其次是简洁性。密密麻麻一大片，从板书中学生难以准确把握教学的重点。基于此，板书设计要力求简洁，学生能够一目了然，知其意图。最后是创新性。好的板书设计要思考它的美观。这里的美观不是唯美观，而是关注它的图文结合，更直观、更形象，能够对学生产生很大的启发性。

文本处理的"三"策略：切入点、发展点、创新点。所谓切入点，即教师对文本解读后，要思考从哪里切入能更好、更有效地引导学生进行课堂学习。有了合理、精彩的教学切入点，教学效果事半功倍。所谓发展点，即语言的训练点。教学不是教师于课堂上将知识点直接告诉学生，而是借助一个个语言训练点，引导学生进行阅读、理解、品味、感悟、迁移、内化的过程。文本里的语言训练点很多，教学中，教师要依据课堂教学的目标、任务，有效地确定语言训练点，这样才能实现课堂教学的高效。所谓创新点，即一堂课上，教师要依据文本和学情，创设教学的最大亮点处。如此，学生对教学过程将有更深刻的印象，对课堂学习将有更深刻的兴趣，甚至对学科学习产生浓厚的情感，最终实现学生学习的自主、自能。

以上列举的各种关于"三"的描述，其实都是在讲述一些可循的教育教学规律。这不正与老子的"道法自然"——三生万物一致吗？

本真的课堂
——我的课堂实践

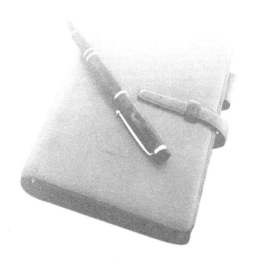

一、让课堂智慧与语言艺术起舞飞扬

——《晏子使楚》课堂教学实录

(一) 板书课题，导入新课

师：请看江老师写课题。仔细看。

（板书：晏子使楚。）

师：课堂上，汪老师认真地写好每一个字，就是出于对同学们的尊重。同样的道理，同学们认真地读书、听讲，积极地思考、发言，也是对老师的尊重。尊重是相互的。请齐读课题。

（生齐读。）

师："使"在字典里的解释是奉命去国外办事。谁来说说"晏子使楚"这个题目是什么意思？

生：晏子奉命到楚国办事。

师：晏子奉谁之命到楚国去办事？

生：晏子奉齐王之命到楚国去办事。

师：讲得好，给你一个奖励，再读一遍课题。

（生生读。）

（师出示春秋列国形势图，图略。）

师：春秋时期，在我国辽阔的大地上出现了大大小小十几个国家，其中，齐、楚、晋、吴、越是当时的五个大国，被称为"春秋五霸"。而楚国又因国力特别强大，成为当时的"霸主"。各国均畏惧楚国的强大，小国前来朝拜，大国就主动地跟它结盟。晏子就是在这样的情况下，奉齐王之命前往楚国访问，目的就是要与楚国结盟，建立友好的两国关系。

(二) 依托史料，初识晏子

师：在学习课文之前，先来看看下面两句话。

（师出示句子。）

> "不出樽（zūn）俎（zǔ）之间，而折冲（chōng）千里之外。"
> ——孔子称赞晏子
> "假令晏子而在，余虽为之执鞭，所祈（qí）慕焉。"
> ——引自司马迁《史记·管晏列传》

（师范读，生自由练读。）

（师出示句子意思。）

> "不出樽（zūn）俎（zǔ）之间，而折冲（chōng）千里之外。"
> ——孔子称赞晏子
>
> 在宴席之上，却能克敌制胜于千里之外。
> "假令晏子而在，余虽为之执鞭，所祈（qí）慕焉。"
> ——司马迁《史记·管晏列传》
> 假使晏子还活着，我就算是给他拿着马鞭赶车，也是高兴、钦慕的。

（生读句子意思。）

师：听了孔子、司马迁这两位历史上响当当的人物对晏子的评价，晏子给你留下怎样的初步印象？

生：晏子是一个很有智慧的人。

生：晏子是一个很伟大的人。

生：晏子是一个很有战争谋略的人。

生：晏子是一个令人尊敬的人。

师：连孔子、司马迁这样的人对晏子都特别敬重，我想，他那样受人敬重，肯定有许多过人之处。这节课，我们就来学习《晏子使楚》这个故事，来感受晏子这个人说话的艺术水平。

（板书：说话的艺术。）

（三）初读课文，整体感知

师：下面，请同学们自由地、大声地、完整地朗读课文，把字音读正确，把句子读通顺。注意，读书要做到眼里看着文字，嘴里念着文字，心里想着文字。读完后想一想：晏子使楚整个故事讲了楚王几次侮辱晏子，每一次的结果都怎么样？整个故事的起因、结果分别是什么？

（出示课件。）

> 想一想：
> 晏子使楚整个故事讲了楚王几次侮辱晏子，每一次的结果都怎么样？整个故事的起因、结果分别是什么？

（生自由朗读课文。）

师： 你来回答第一个问题。

生： 楚工先后三次侮辱晏子，结果每一次都是楚王败了，而晏子成功了。

师： 你来回答第二个问题，请读出书中的句子。

生（读）： 有一回，齐王派大夫晏子去访问楚国。楚王仗着自己国势强盛，想乘机侮辱晏子，显显楚国的威风。

师： 这是整个故事的起因。谁来说说整个故事的结果？

生（读）： 从这以后，楚王不敢不尊重晏子了。

师： 这是整个故事的结果。

（四）细读课文，读懂晏子

1. 学习"楚王第一次侮辱晏子的过程"，体会晏子"说话的艺术"

师： 请看第 3 自然段，晏子面对楚王的第一次侮辱，是如何回击楚王的，找到晏子说的话。

（出示句子。）

> 晏子看了看，对接待的人说："这是个狗洞，不是城门。只有访问'狗国'，才从狗洞进去。我在这儿等一会儿。你们先去问个明白，楚国到底是个什么样的国家？"

（生齐读。）

师： 楚王侮辱晏子，是因为晏子怎么样？

生： 身材矮小。

师： 晏子身材很矮，究竟有多矮？你能从课文中找到答案吗？

生： 五尺来高的洞。

师：故事发生在春秋末期，当时的一尺相当于 23.1 厘米。五尺来高大概是 1.2 米或 1.3 米，只到汪老师胸前一般高。晏子是一个成年人，长这么高，确实有点矮小，难怪楚王借他矮小的身材来侮辱他。面对楚王的侮辱，晏子是怎么说的？谁再来读？请大家仔细听，听听晏子说这番话的真正意思。

生（个别读）：晏子看了看，对接待的人说："这是个狗洞，不是城门。只有访问'狗国'，才从狗洞进去。我在这儿等一会儿。你们先去问个明白，楚国到底是个什么样的国家？"

师：晏子的言外之意是……？

生：楚国是一个狗国。

师：晏子的言外之意是……？

生：楚国是一个狗国。

师：晏子的言外之意是……？

生：楚国是一个狗国。

师：都明白晏子说这番话的意思。请试着运用关联词"如果……就……"从正、反两个角度辩证地表达晏子说这话的真正意思。

（出示句子。）

```
如果楚王承认_____，我就_____。
如果楚王不承认_____，就_____。
```

生：如果楚王承认自己的国家是一个狗国，我就从这个狗洞钻进去；如果楚王不承认自己的国家是一个狗国，就请大开城门，迎接我进去。

生：如果楚王承认自己的国家是一个狗国，自己是狗王，我就从这个狗洞钻进去；如果楚王不承认自己的国家是一个狗国，自己是狗王，就请大开城门，迎接我进去。

师：发现了吧。晏子的这番话是针对楚王怎么侮辱他来说的，可见晏子说的每一句话都是有针对性的，方向都是指定的。这就是晏子说话的艺术！

（板书：方向指定。）

师：大家想过没有，晏子的言外之意是取笑楚国是一个狗国，也就是说，原本一句话就可以说清楚的，他却连续说了四句话。大家想想，这样说的好处在哪里。

（出示四句话。）

> 这是个狗洞，不是城门。
> 只有访问"狗国"，才从狗洞进去。
> 我在这儿等一会儿。
> 你们先去问个明白，楚国到底是个什么样的国家？

师：你来读第一句。

生（读）：这是个狗洞，不是城门。

师：第一句的内容是晏子看到的，对吧？大家知道晏子看到了什么？

生：看到了一个狗洞。

生：看到了敞开的狗洞。

生：看到了紧闭的城门。

生：看到了城门关闭，狗洞敞开。

师：这是晏子看到的一种现象。

师：你来读第二句。

生（读）：只有访问"狗国"，才从这个洞进去。

师：如果访问的是"狗国"，就……？

生：就从这个狗洞进去。

师：如果楚王承认楚国是"狗国"，我就……？

生：就从狗洞进去。

师：如果楚王不承认楚国是"狗国"，就请……？

生：就请大开城门，让我进去。

师：这是晏子在做假设。

师：你来读第三句。

生（读）：我在这儿等一会儿。

师：谁在等？

生：晏子在等。

师：表面上看是晏子在等楚王的答复，其实他真正的目的是什么？

生：给楚王一个改正的机会。

生：给楚王一个台阶下。

生：给楚王一个反思自己做错事的时间。

师：这是给对方余地。

师：你来读第四句。

生（读）：你们先去问个明白，楚国到底是一个什么样的国家？

师：问谁？

生：楚王。

师：这个问题楚王好回答吗？为什么？学会分析原因。

生：楚王承认楚国是一个国家，就得大开城门迎接晏子；不开城门，要让晏子钻狗洞，就是承认自己的楚国是"狗国"。

师：多巧的一个问题，既巧妙地反击了楚王，又维护了自己的尊严。这是给对方抛出了一个无法辩驳的问题。

（出示句子。）

> 这是个狗洞，不是城门。——这是一种现象。
> 只有访问"狗国"，才从狗洞进去。——这是一种假设。
> 我在这儿等一会儿。——这是给对方余地。
> 你们先去问个明白，楚国到底是个什么样的国家？——这是给对方抛出一个无法辩驳的问题。

师：是呀！这四句话多一句不行，少一句也不行。这四句话的意思一层接着一层，层层递进；这四句话的意思一环扣着一环，环环相扣，步步为攻。晏子说话是非常讲逻辑的。这就是晏子说话的艺术！

（板书：语言逻辑。）

师：同学们，让我们再回来看看晏子说的话。

生（齐读）：晏子看了看，对接待的人说："这是个狗洞，不是城门。只有访问'狗国'，才从狗洞进去。我在这儿等一会儿。你们先去问个明白，楚国到底是个什么样的国家？"

师：如果晏子不是这样说，而是这样说？

生（个别读）：晏子看了看，非常生气地对接待的人说："我是齐国的使臣，你们快给我开城门。不开城门，你们是对我的不敬，也是对我们齐国的不敬。"

师：如果晏子不是这样说，而是这样说？

生（个别读）：晏子看了看，对接待的人破口大骂："楚国是一个'狗国'，楚王是一个狗王。要不然，怎么叫我齐国来的使臣钻这狗洞呢？"

师：这两种情况，无论哪一种，如果晏子说了，都可能会造成怎样的后果？要学会分析原因。

生：晏子的语言太冲、太莽，语言直指楚王，辱骂楚王，辱骂楚国，说不定会招来杀身之祸。

生：不仅会受到楚王的严惩，还可能会激怒楚王，令两国关系僵持。

生：晏子是一位使臣，此次出使楚国，是为了与楚国结盟，以建立友好的两国关系。如果晏子为了自己一时的解气，而导致两个国家不和，甚至发生战争，这次访问不就彻底失败了吗？

师：晏子作为一位使臣，深知自己此次出使楚国重任在身，所以，他没有这样说，而是？

生（齐读）：晏子看了看，对接待的人说："这是个狗洞，不是城门。只有访问'狗国'，才从狗洞进去。我在这儿等一会儿。你们先去问个明白，楚国到底是个什么样的国家？"

师：面对楚王的侮辱，不是晏子不知道生气，而是他始终牢记自己是一个使臣，此行责任重大。此次来楚国不是为了与楚王逞口舌之能，因此，他说话时时刻注意自己的身份。这就是晏子说话的艺术！

（板书：注意身份。）

师：这就是晏子，这就是晏子说话的艺术。仅仅四句话就让楚王哑口无言，仅仅四句话就让楚王束手无策，仅仅四句话就让楚王无计可施，楚王只好？

生（个别读）：楚王只好吩咐大开城门，迎接晏子。

师：楚王是心甘情愿的吗？

生：不是。

师：你再读。

生（个别读）：楚王只好吩咐大开城门，迎接晏子。

师：楚王心不甘，情不愿，可他没有退路，没有其他办法。大家一起读！

生（齐读）：楚王只好吩咐大开城门，迎接晏子。

师： 同学们，让我们来回顾一下，晏子说话的确有水平，他说话的水平表现在：说的每句话都是有针对性的，方向都是指定的，语言非常讲逻辑，时刻注意自己的身份。从这些，我们可以看出晏子说的话很巧妙，妙就妙在他讲礼节，又不失自己的气节；讲道理，又有十足的依据，有十足的证据。这就叫有礼有节、有理有据。

（板书：有礼有节、有理有据。）

2. 自学"楚王第二次、第三次侮辱的过程"，体会晏子"说话的艺术"

师： 课文第 4、第 5 自然段分别讲述的是楚王第二次、第三次侮辱晏子的过程。这两段老师准备让同学们自己来读书，并思考：面对楚王的侮辱，晏子是如何做到有礼有节、有理有据的？左边的同学自学楚王第二次侮辱晏子的段落，右边的同学自学楚王第三次侮辱晏子的段落。

> 自学提示：
> 　　默读并推敲、揣摩晏子说话时的每一个动作、神情，以及说的每一句话或词语，从哪儿体会到晏子说话做到了有礼有节、有理有据？把自己的理解写在课文相应的词句旁边。

（生读自学提示。）

（分成两大组分别学习楚王第二次、第三次侮辱的段落。）

（第一大组交流。）

师： 你来说说从哪儿可以体会到晏子说话做到了有理有节、有理有据？把你找到的句子读出来，再说说你的理解。

生（个别读）： 晏子严肃地回答："这是什么话？我国首都临淄住满了人。大伙儿把袖子举起来，就是一片云；大伙儿甩一把汗，就是一阵雨；街上行人肩膀擦着肩膀，脚尖碰着脚跟。大王怎么说齐国没有人呢？"

师： 说说你的理解。

生： 晏子这里说的是自己国家首都的人非常多，并运用了夸张的写法。

师： 对，晏子说的这番话是在告诉楚王他们的国家人的数量特别多。请大家一起来读一读晏子说的这番话，感受齐国人的数量之多。

生（齐读）： 晏子严肃地回答："这是什么话？我国首都临淄住满了人。大伙儿把袖子举起来，就是一片云；大伙儿甩一把汗，就是一阵雨；街上行人肩膀擦着肩膀，脚尖碰着脚跟。大王怎么说齐国没有人呢？"

师：晏子这样回答，是因为楚王怎么问的？

生（个别读）：难道齐国没有人了吗？

师：楚王问的是什么？

生：齐国没有人。

师：这里的人指什么？

生：人才。

生：有才能的人。

师：楚王问的是人才，晏子回答的却是人的数量多。这就是晏子说话的巧妙性，这一妙招叫偷换概念。

（板书：偷换概念。）

师：谁再说说从哪里还可以看出晏子的言行有礼有节、有理有据？

生（个别读）：晏子拱了拱手，说："敝国有个规矩：访问上等的国家，就派上等人去；访问下等的国家，就派下等人去。我最不中用，所以派到这儿来了。"

师：说说你的理解。

生：从"拱了拱手"这一个动作可以看出晏子非常讲礼节。

生：从"敝国有个规矩"这句话可以看出晏子说话很谦虚。

师：你是怎么理解的？

生：因为"敝国"是一种谦虚的说法。

生：从"我最不中用"这里可以看出晏子非常谦虚，非常讲礼节。

师：你怎么理解？

生：他说自己最不中用，是在贬低自己。

师：晏子在动作、言语上都特别注重礼节。想过没有？光这些绝不能成为晏子敢这样说的理由。联系前文看看，找找晏子敢这样说的真正理由，把你找到的句子读出来。

生（个别读）：楚王说："实话实说，我不生气。"

师：楚王为什么会说"实话实说，我不生气"？

生（个别读）：晏子装着很为难的样子，说："您这一问，我实在不好回答。撒个谎吧，怕犯了欺骗大王的罪；说实话吧，又怕大王生气。"

　　师：你看晏子的样子多为难呀！你再读读。

　　生（个别读）：晏子装着很为难的样子，说："您这一问，我实在不好回答。撒个谎吧，怕犯了欺骗大王的罪；说实话吧，又怕大王生气。"

　　师：你听晏子说的话多为难呀！还有谁来读这个句子？

　　生（个别读）：晏子装着很为难的样子，说："您这一问，我实在不好回答。撒个谎吧，怕犯了欺骗大王的罪；说实话吧，又怕大王生气。"

　　师：多为难呀！这真是：进也难，退也难；左也难，右也难；真也难，假也难；说也难，不说也难。一起读。

　　生（齐读）：晏子装着很为难的样子，说："您这一问，我实在不好回答。撒个谎吧，怕犯了欺骗大王的罪；说实话吧，又怕大王生气。"

　　师：乍一看，此时的楚王已占了上风，看来侮辱晏子的目的即将达到。于是乎，楚王想都没想，脱口而出……？

　　生（读）：实话实说，我不生气。

　　师：于是乎，楚王看都没看，脱口而出……？

　　生（读）：实话实说，我不生气。

　　师：于是乎，楚王听都没听，脱口而出……？

　　生（读）：实话实说，我不生气。

　　师：怪不得晏子敢在不失礼节的情况下这样说？

　　生（齐读）：晏子拱了拱手，说："敝国有个规矩：访问上等的国家，就派上等人去；访问下等的国家，就派下等人去。我最不中用，所以派到这儿来了。"

　　师：从第二次对话到第三次对话，楚王不知不觉变得被动了，最终只能赔着笑。就像是晏子在不知不觉中给楚王设了一个套，让楚王主动往里钻，等钻到里面，完了，回不了头，也转不了弯。这一妙招就叫请君入瓮。

　　（板书：请君入瓮。）

　　师：三次对话中，晏子始终做到了讲礼节，又不失气节；讲道理，又讲依据。这就叫……？

　　生（读）：有礼有节，有理有据。

（第二大组交流。）

师：请你们组推荐一位同学来读面对楚王第三次侮辱，晏子回击的话。

生（读）：哪知晏子面不改色，站起来，说："大王怎么不知道哇？淮南的柑橘，又大又甜。可是橘树一种到淮北，就只能结又小又苦的枳，还不是因为水土不同吗？同样的道理，齐国人在齐国能安居乐业，好好地劳动，一到楚国，就做起盗贼来了，也许是两国的水土不同吧。"

师：你们组的同学从哪儿体会到晏子做到了有礼有节、有理有据？

生：我从"面不改色"看出晏子面对楚王不畏惧，不害怕。

师：晏子对楚王是出于尊重，而不是害怕，对吧？

生：我从"站"字看出晏子大大方方，也表现出他在楚王面前没有丝毫的畏惧。

师：是呀，晏子时刻讲礼节，但不失自己的气节。

生：淮南又大又甜的柑橘种到淮北就成了又小又苦的枳，这是事实。因为两地的气候不同，土壤不同。然后推理出齐国的国风好，所以人人安居乐业；楚国的国风不好，所以好人都成了坏人。

师：你从哪个词语看出来的？

生：同样的道理。

师：同样的道理，由此而及彼。晏子讲理，有着十足的依据。这一妙招就叫类比推理。

（板书：类比推理。）

师：楚王在第三次侮辱晏子时，晏子回击楚王的话也做到了有礼有节、有理有据，充分展示了他说话的艺术水平。请再读晏子反击楚王的话。

生（读）：哪知晏子面不改色，站起来，说："大王怎么不知道哇？淮南的柑橘，又大又甜。可是橘树一种到淮北，就只能结又小又苦的枳，还不是因为水土不同吗？同样的道理，齐国人在齐国能安居乐业，好好地劳动，一到楚国，就做起盗贼来了，也许是两国的水土不同吧。"

师：楚王三次侮辱晏子，晏子三次回击并化解，让我们真正感到了晏子说话的艺术水平。他说的话始终做到了有礼有节、有理有据。整个回击中，他还一次又一次地使出了化解的妙招——偷换概念、请君入瓮、类比推理，难怪课文最后一段这样说？

生（读）：从这以后，楚王不敢不尊重晏子了。

师：楚王尊重晏子，到底尊重晏子的什么？

生：楚王尊重晏子的机智、勇敢。

生：楚王尊重晏子的胆量。

生：楚王尊重晏子临危不惧的智慧。

生：楚王尊重晏子说话的艺术水平。

生：楚王尊重晏子做人的气节。

（板书：口才。）

师：楚王的口才确实令楚王佩服。楚王真正尊重晏子的是他临危不惧的智慧、做人的气节，进而尊重他的国家——齐国。齐国有人才呀，齐国是一个不可以轻易侵犯的国家。晏子不仅赢得了楚王的尊重，而且赢得了天下老百姓的尊重。

（五）琢磨晏子，再识晏子

师：同学们，请记住春秋末期齐国的这位令人尊敬的人——

生：晏子。

（出示文字：晏子，名婴，字平仲。）

师：请你来读读！

生：晏子，名婴，字平仲。

师：为什么文中不称他"晏婴"，而始终称他"晏子"？

生："子"是对有非常大的成就的人的称呼。

生："子"是对做出贡献的人的称呼。

生："子"是对有很大贡献的人的尊称。

师：这样，老师给大家推荐几位历史上的伟人，大家仔细看看，推想一下。

> 孔子，名丘，字仲尼，春秋末期的思想家和教育家，儒家创始人。
> 孟子，名轲，字子舆，战国时期思想家、教育家，儒家代表人物。
> 庄子，名周，字子休，战国时期伟大的思想家、哲学家和文学家。
> 孙子，名武，字长卿，春秋末期著名军事家、哲学家，东方兵学鼻祖。

师：这些人的贡献怎么样？

生：非常大。

师：他们都不是女的，而是？

生：男的。

师：他们都不是现代的人，而是？

生：古代的人。

师："子"是古代对有贡献的男子的尊称。

师：晏子在我国劳动人民心目中是智慧的化身，他的足智多谋和能言善辩为世人所称道。战国时，有人就将他的言行编成一本书，叫《晏子春秋》。同学们，想读读这本书吗？

汪智星应邀参加

"国培计划（2015）"同课异课送教到县　信丰培训班（小学语文）活动

生：想。

师：真的想？

生：真的想。

[专家评论]

任尔东西南北风　咬定"语文"不放松

——听特级教师汪智星执教《晏子使楚》的体悟

（江西省教育厅教学教材研究室小学语文教研员　徐承芸）

　　总的来说，汪智星老师这堂课紧紧贴近了《义务教育语文课程标准（2011年版)》的理念，可见汪老师是一个爱学习、会学习的老师。这堂课既体现了语文教学的人文性，又体现了语文教学的工具性，突出地体现了语文教学的特点。下面我想谈五点，这五点是值得大学关注和学习的。

　　第一，《义务教育语文课程标准（2011年版)》修订的具体内容的第一点是加强社会主义核心价值观在语文课程中的渗透。加强社会主义核心价值观的教育，这一点在过去的实验稿中不曾提及，但在这一稿里明确提出，加强社会主义核心价值观的教育不是语文学习过程外增加的一项内容，而是根据语文学科的特点，将思想、情感的教育渗透于学习语言文字运用的过程中，融入课程实施、课堂教学中。今天的这堂课，汪老师不仅带领我们认识了晏子，同时对学生进行了爱国主义教育，进行了做人要懂尊严的教育，进行了说话要有礼有节、有理有据的教育。

　　第二，《义务教育语文课程标准（2011年版)》的具体内容提到语文教学要进一步突出培养学生的社会责任感、实践能力和创新能力。课程标准指出，语文教学应该逐渐改变"告诉式"的教学方式，也就是我们过去说的讲授式。这一次，课程标准提出了要抛弃"告诉式"的教学方式，应该积极引导学生学会探究，学习从习以为常的语言现象和事实中发现问题，在自己的表达中努力摆脱模式化的套路，寻求语言运用的创新。这堂课，汪老师着力培养了学生的实践能力。这个实践能力的培养突出表现在汪老师教学的"扶放"结合上。我们清楚地看到，汪老师在指导学生精读第一次侮辱晏子是分句进行解读，体会晏子说话的艺术。第二次、第三次侮辱的段落都由学生根据"自学提示"进行自学，让学生先进行分析，教师适时点拨。这个"扶放"结合，体现了课程标准提出的要培养学生实践能力的要求。

　　第三，汪老师非常注重语言文字的运用。课程标准提出，语文教育应该进一步突出语文课程的核心目标。语文课程的核心目标是学习祖国的语言文字的运用。过去常常说要把教课文转为教语文，那么我们的阅读教学为什么要学课文？为什么我们的语文书大多是由一篇篇课文组成的？因为阅读教学可以从具体的语言文字运用现象入手，通过指导学生对语言文字的品味、咀嚼来探索文本的意蕴，也可以从整体阅读的感悟出发，体会语言文字的意味。因此，语文教学要指导学生进行语言文字的运用。这节课汪老师很好地做到了这几点。例如，汪老师用"补充句式"练习说话的方式。"如果楚王承认_____，我就_____；如果楚王不承认_____，就_____。"用这种说话的方式来体味晏子第一次回击的言外之意。另外，在教学过程中，汪老师指导学生学习理解晏子说话的艺术。他的教学重点没有放在仅仅理解文意上，因为课文的行文结构很简单：开篇是故事的起因；中间部分楚王三次侮辱晏子、晏子反击，是故事的经过；最后晏子得到了楚王的尊重，是故事的结尾。按照这样一个故事的篇幅，这篇课文最多放在四年级上学期就可以，为什么人教版教材要把它放在五年级下学期？这就说明这篇课文的教学不能仅仅让学生学完后，知道晏子使楚这个故事，了解这样一个智者叫晏子。课文之所以放在五年级下册，是有编者的意图的，即指导学生学会说话的艺术。而汪老师的这堂课就紧紧扣住了这个教学的重点、难点，并且突破了这个重点、难点。通过这堂课的教学，学生认识了智者晏子，同时学习了说话的艺术。可以说，这堂课让我们感受到了学生在学习过程中进行的语言文字的运用能力。

第四，汪老师这堂课很好地尊重了学生，就像汪老师在介绍中所讲，他爱学生，喜欢学生，因此，他非常有亲和力，教学设计也充分尊重了学生的年龄特点和学习需求。汪老师的教学在激发学生的学习期待和拓展内容方面做得很好。首先，他开课讲故事，出示地图，通过这两个小小的细节，帮助学生了解故事发展的背景，同时激发学生的学习欲望和学习期待。其次，汪老师在课前收集了孔子、司马迁这两个历史上响当当的人物对晏子的评价语，同样激发了学生对晏子这个人物的探究。然后，在教学接近尾声时，汪老师指导学生理解晏子的"子"是什么意思，拓展了学生对古文中一些知识的理解、认识。在教学最后一个环节，汪老师为学生们推荐《晏子春秋》，激发了学生课后阅读的愿望。这些做法都很好地激发了学生学习的兴趣。语文学习由此从课内走向课外，这一点最为重要。

第五，这节课很好地体现了汪老师自己提出的"智慧、本真、清简"的教学风格。汪老师对这篇课文的教学应该说做到了化难为简，重点突出，体现了"智慧、本真、清简"的特点。这堂课的教学从教课文转为教语文,从板书可以看出,汪老师不仅是教课文,而且教给学生说话的艺术,教给学生说话的方法。这堂课,汪老师从教课文还转为教语言运用,不仅让学生在课堂上读懂一篇故事,而且学会了说话的艺术。汪老师这篇课文的教学还从教课文转化为教学生做人,教学生做事,即怎样做一个有气节的使者,怎样学会有策略地说话、做事。

二、品"外貌""语言" 悟慈母情深

——《慈母情深》课堂教学实录

(一) 交流导入,感知"情深"

师:请仔细看老师在黑板上写下了什么。

(板书:梁晓声。)

师:一起读。

(生齐读。)

师:知道他是谁吗?能猜一猜吗?

生:梁晓声应该是一位作家。

师:会说话!"应该"这个词用得很有水平。因为你是在猜测,又有点拿不准,所以用了"应该",对吧?

生:《慈母情深》一文的作者就是梁晓声。

师:你怎么这样肯定?

生:我之前在课外读过这篇文章。

师:哦,原来如此!我想再问问,大家知道梁晓声是在一个什么样的环境下成长的吗?

(生静默,师娓娓口述。)

师:梁晓声的父亲是一个文盲,母亲也是一个文盲。但是母亲与父亲不一样,父亲是个崇尚力气的文盲,母亲却是一个崇尚文化的文盲。什么意思呢?父亲希望孩子们将来都能靠力气吃饭，母亲希望孩子们将来都能成为靠文化自立于社会的人，成为读书人。

父亲的教育方式是严厉的训斥和惩罚，母亲对孩子们的教育则注意在人格、品德、礼貌和学习方面。庆幸的是，父亲常年在大西北做事，孩子们从小接受的是母亲的教育。正如梁晓声自己所说，只要是为了买书，母亲给孩子们钱时从未犹豫过。母亲没有钱就向邻居借。

（出示文字：只要是为了买书，母亲给孩子们钱时从未犹豫过。母亲没有钱就向邻居借。）

师：一起读。

生（齐读）：只要是为了买书，母亲给孩子们钱时从未犹豫过。母亲没有钱就向邻居借。

师：同学们，咱们今天要学习的这篇课文就是梁晓声写的一篇文章。请看老师板书课题。慈，"慈祥"的"慈"；母，"母亲"的"母"；情，"情感"的"情"；深，"深沉"的"深"。

（教师依次板书课题的四个字，边板书边讲述。）

师：请齐读课题。

（生齐读。）

师：读着这个课题，你能明白些什么？

生：这是一位慈祥的母亲。

生：这位母亲一定很爱她的孩了。

生：这位母亲对孩子们的爱很深沉。

师：刚刚的交流中，我们能初步感知到梁晓声的母亲对孩子的深情。那么，梁晓声笔下的《慈母情深》一文到底讲了一件什么事呢？

（二）初读课文，感受"情深"

（出示要求：请同学们自由地、完完整整整地把课文读一遍，读完后想一想，课文讲了一件什么事。）

（生自由读课文。）

师：谁来说说课文讲了一件什么事？

生：梁晓声想买本书，便向母亲要钱。母亲把钱给了梁晓声，可梁晓声用母亲给的钱买了一听水果罐头给母亲。母亲数落了梁晓声后，又凑够了钱给梁晓声买书。

师：大家听出来了吗？整件事发生在哪两个人身上？

生：梁晓声和母亲。

（板书：梁晓声、母亲。）

师：再想想，整件事如果只有这两个人是不够的，还得有两个最关键的东西，知道是哪两个最关键的东西吗？

生：书。

生：钱。

（板书：书、钱。）

（引导学生借助事件中的主要人物和主要事物再次概括课文内容。）

师：听了你们对课文内容的概括，我不仅明白了课文讲的是这样的一件事，还明白了这是一位愿意为儿子花钱买书的母亲，也正如前面老师在介绍梁晓声的母亲时说的。一起读！

生（齐读）：只要是为了买书，母亲给孩子们钱时从未犹豫过。母亲没有钱就向邻居借。

（三）细读课文，感悟"情深"

1. 品"外貌"，悟"情深"

师：作者梁晓声是如何借助文字让我们感悟到他的母亲对他的深深情感的呢？请同学们再次默读课文，把文中对母亲外貌、语言描写的句子找出来，并在旁边写上自己的理解。

（出示要求：默读课文，把文中对母亲外貌、语言描写的句子找出来，并在旁边写上自己的理解和感悟。）

师：你们平时经常这样读书吗？

（生摇头。）

师：老师给你们做一个示范。

（出示文字：我穿过一排排缝纫机，走到那个角落，看见一个极其瘦弱的脊背弯曲着，头和缝纫机挨得很近。）

　　师：当我读到这句话时，发现句子中"一个极其瘦弱的脊背弯曲着"是对母亲外貌描写的句子，于是把它画了出来。

　　（出示文字：我穿过一排排缝纫机，走到那个角落，看见<u>一个极其瘦弱的脊背弯曲着</u>，头和缝纫机挨得很近。）

　　师：细细读着对母亲外貌描写的句子，我写下了自己的理解——母亲极瘦。这种瘦弱完全是因为工作太劳累导致的。

　　（出示文字：我穿过一排排缝纫机，走到那个角落，看见<u>一个极其瘦弱的脊背弯曲着</u>，头和缝纫机挨得很近。我的理解：母亲极瘦。这种瘦弱完全是因为工作太劳累导致的。）

　　师：同学们，明白怎样做了吧？下面请同学们继续把文中其他处描写母亲外貌、语言的句子找出来，并在旁边写上自己的理解。

　　（生按要求进行自主学习。）

　　师：我们先来说说文中其他地方对母亲外貌描写的句子。

　　生（读）：褐色的口罩上方，一对眼神疲惫的眼睛吃惊地望着我。

　　师：嗯，说说你的理解。

　　生：母亲如此疲惫的眼神，能让我们感到母亲实在是劳累到了极点。

　　师：你来读读。

　　生（读）：褐色的口罩上方，一对眼神疲惫的眼睛吃惊地望着我。

　　师：还有吗？

　　生（读）：母亲掏衣兜，掏出一卷揉得皱皱的毛票，用龟裂的手指数着。

　　师：你怎么看出这是对母亲外貌的描写？

　　生："龟裂的手指"也是对母亲外貌的描写。

　　师：从这处描写，你能体会到什么？

　　生：从"用龟裂的手指数着"可以看出母亲一定是做的事太多，从而导致手指都龟裂了。

　　师："龟裂"是什么意思？

　　生：手指都裂开了口子。

　　师：是一道口子吗？

　　生：不是。

师：是裂开了几道口子吗？

生：不是，是指母亲的手指上布满了许许多多细微的裂痕。

师：手指上的裂痕不是一道、两道，而是许许多多，是布满了。这才叫……？

生：龟裂。

师：看着这"龟裂的手指"，你体会到了什么？

生：手指上布满了细微的裂纹，这再次说明母亲工作的劳累。

师：母亲所做的工作不仅累，还特别伤手。继续找找还有哪里是对母亲外貌的描写。

生（读）：那一天我第一次发现，母亲原来是那么瘦小！

师：说说你的理解。

生：母亲因忙碌而过于劳累，最终导致身体那么瘦小。

生：母亲的瘦小完全是因为她太辛苦太劳累了！

师：大家发现了没有？刚才大家在读着文中母亲一处处外貌描写的句子时，深深地体会到了母亲平日里的工作是多么的忙碌，母亲是多么的劳累。因为忙碌，因为劳累，所以身材显得那样的瘦小，眼神显得那样的疲惫，双手的手指全都龟裂着。这样的工作状态下，母亲挣来的每一分钱容易吗？可是，就是如此不容易挣到的钱，面对"我"要钱买书时，她是这样做的。

（出示文字：母亲却已将钱塞在我手心里了，大声对那个女人说："我挺高兴他爱看书的！"）

（生齐读。）

师：从这句话中，你读懂了什么？

生：母亲对我要钱买书毫不犹豫。

生：母亲非常喜欢我看书。

生：母亲很支持我看书。

生：母亲因为我爱看书而高兴。

师：对，母亲是一位崇尚文化的文盲，虽然自己是文盲，但她希望自己的孩子们将来能够靠文化立足于社会。那个女人说了什么话呢？

生（齐读）：大姐，别给他！你供他们吃，供他们穿，供他们上学，还供他们看闲书哇！

师：那个女人说的话，让你明白了什么？

生：母亲真的不容易！

生：母亲挣这一点钱太不容易了！

生：母亲为了几个孩子的生活和学习，实在是不容易！

2. 品"语言"，悟"情深"

师：刚刚我们主要是借助了文中对母亲外貌描写的语句，感悟母亲工作的忙碌、身体的瘦弱、挣钱的不容易，但对"我"要钱买书是毫不犹豫的。接下来，我们再看看文中对母亲语言的描写，能从中感悟到什么呢？

（生读出相关句子，并讲述自己的理解。）

（出示文字：

母亲大声问："你来干什么？"

"我……"

"有事快说，别耽误妈干活！"

"我……要钱……"

"要钱干什么？"

"买书……"

"多少钱？"

"一元五角……"）

师：这是文中母亲与"我"的一组对话。你们仔细读读，从这组对话中，能体会到什么呢？

生：母亲很忙。

生：母亲对拿钱给"我"买书没有半点迟疑。

师：同学们，这组对话的描写极其不简单！同学们可能会质疑，不就是一组对话吗？有什么不简单的？

师：请你来读读第一句。

生（读）：你来干什么？

师：母亲这是问什么？

生：来的目的。

师：你来读第三句。

生（读）：有事快说，别耽误妈干活！

师：母亲的这一处语言是说什么？

生：强调事忙。

师：母亲为什么这样说？

生：母亲争分夺秒地工作，只想多挣点钱。

师：从这第一、第三句，我们不仅读出了母亲问我来的目的，还看出母亲很忙。

师：你继续读第五句。

生（读）：要钱干什么？

师：母亲这是问什么？

生：要钱的目的。

师：你来读第七句。

生（读）：多少钱？

师：母亲这是问什么？

生：钱的数量。

师：发现了吗？母亲的这四次语言都是这么简单，但能让人从中体会到眼前的这位母亲……？

生：工作忙碌。

生：母亲为了多挣钱，无时间跟我闲谈。

生：母亲在我要钱买书上毫不犹豫，没有半个"不"字。

师：母亲的这四处语言，还有不简单的地方。发现了吗？

（学生半晌没有吱声，教师提示学生关注提示语。）

生：只有第一处有提示语，其他三处都没有提示语。

师：这确实是一大发现。我想问问同学们，第一处可以没有提示语吗？

生：不行。这里的"母亲大声问"与前文的"七八十台缝纫机发出的噪声震耳欲聋"是相照应的，可以看出母亲工作的地方环境差，缝纫机发出的噪声震耳欲聋，所以母亲必须大声问。

师：其他三处需要加提示语吗？

生：不需要。

师：说说你的理由。

生：后边三句没有提示语，可以让人感到母亲只想多干一点活，多挣一点钱，没有时间跟我闲聊。

师：发现了吧！这又是这组对话不简单的地方。

（引导男女学生分角色读，师生分角色读。）

师：的确如此，母亲问的话干脆利落，"我"的回答吞吞吐吐，每一处回答的话里都有省略号。这是为什么？

生：母亲问的话干脆利落，是因为母亲工作太忙，为了多挣钱，没时间跟"我"说话，母亲明白了"我"的来意就行。

生："我"的回答吞吞吐吐，是因为"我"看着母亲如此辛苦、忙碌地挣钱，太不容易了！真有一种开不了口的滋味，但又太想买到那本书了。

师：不简单吧！同学们，当我一天晚上坐在家里的沙发上，读着读着，发现这组对话不简单时，内心不知有多高兴！同学们，这就叫读书！读书是需要用心思考的。只有用心思考，才能读出不一样的味道来。

同学们今天借助文中对母亲的外貌、语言描写的语句的品读，感悟到了母亲对"我"的深深情感。这又让我们不得不想起课前跟同学们聊到的那句话。一起读！

（出示文字：只要是为了买书，母亲给孩子们钱时从未犹豫过。母亲没有钱就向邻居借。）

生（齐读）：只要是为了买书，母亲给孩子们钱时从未犹豫过。母亲没有钱就向邻居借。

师：母亲给了"我"钱，"我"就去买书了吗？

生：没有！

师："我"去干吗了？

生：那天，我用那一元五角钱给母亲买了一听水果罐头。

师：知道"我"为什么去买了水果罐头吗？

（教师介绍：就在几天前，母亲生了一场病，什么都不想吃，只想吃山楂罐头，却舍不得买。）

师：明白了"我"为什么在发现母亲原来是那么瘦小的那一刻，却把母亲给"我"买书的钱拿去买水果罐头了吧！按照常理来说，母亲生病时，只想吃山楂罐头，如今儿子买来了，母亲心里会很高兴的，但事实上，母亲的表现如何？

生（读）：你这孩子，谁叫你给我买水果罐头的！不是你说买书，妈才舍不得给你这么多钱呢！

师：母亲的话，你真能读懂吗？

生：并不是母亲不想吃水果罐头，而是母亲不舍得在自己身上多花一分钱。

师：母亲只是一味地数落吗？

生：母亲数落了"我"，而后又凑够了钱给"我"买书。

师：是的，梁晓声的母亲就是这样的一个人。这不正是我跟你们课前交流时，谈到的那样的母亲吗？

（出示文字：只要是为了买书，母亲给孩子们钱时从未犹豫过。母亲没有钱就向邻居借。）

（四）分享阅读，再续"情深"

师：同学们，在这之前，我特意认真阅读了梁晓声的《母亲，我不识字的文学导师》一文，其推荐语是这样评价这篇文章的。

汪智星应邀到九江市湖口县进行送教活动

（出示文字：母亲虽不识字，但她崇尚文化，生活再艰辛，也支持孩子们买书、读书。沐浴在这样伟大的母爱中的孩子，自然懂得珍惜来之不易的读书机会，如饥似渴地吸收一切有营养的知识，最终成为一位作家。）

（生个别读。）

师：当我读了这篇文章后，内心深有感触，写下了这样一段话。

（出示文字：梁晓声的母亲是一个伟大的女性，她在任何场合、任何地点、任何时期，都深深地爱着她的孩子们，给予他们鼓励，给予他们帮助，给予他们一个母亲对自己孩子的爱。）

（师读。）

师：同学们，要想进一步走近梁晓声，读懂梁晓声，读懂梁晓声的母亲，老师推荐大家课后去阅读"梁晓声文集"——《母亲》。

（出示文字："梁晓声文集"——《母亲》。）

三、以读为本，乃语文之道

——《自然之道》课堂教学实录

（一）交流课题，顺势导入

师：今天，汪老师将和同学们一起来学习美国作家伯罗蒙塞尔写的一篇文章——《自然之道》。请看老师书写课题。

（板书：自然之道。）

师：请齐读课题。

（生齐读。）

师：请你再读一读。

（生个别读。）

师：知道这里的"道"是什么意思吗？

生：规则。

生：规律。

师："道"是规则、规律的意思。那"自然之道"就是？

生：自然的规律。

生：大自然的规律。

师：这篇课文到底要让我们明白什么样的自然规律呢？

（二）初读课文，整体感知

师：请同学们自由地、完整地把课文朗读一遍，读完后想一想，文中讲了一件什么事，这件事让我们受到了什么启发。

（生自由读书，读后思考问题。）

（教师引导学生对文中的词语进行学习。）

［出示词语：加拉巴哥岛、幼龟、嘲（cháo）鸫（dōng）。］

师：请你来读读这三个词语。

（生个别读。）

师：请问加拉巴哥岛在哪里？

生：在南太平洋。

师：看来你刚才是认真读书的。请你把话表述完整。

生：加拉巴哥岛在南太平洋。

师：对，加拉巴哥岛是南太平洋上的一个小岛。请继续读。

（生个别读。）

师："嘲鸫"是什么？

生：嘲鸫是一种凶猛的海鸟。

生：嘲鸫是生活在海边的一种食肉鸟。

师：你也是认真读过书的。

［出示词语：欲出又止、踌（chóu）躇（chú）不前。］

师：谁来读？

（生个别读。）

师：注意，读词也是能读出感情的，关键在于读词时你脑子里是否能出现与词语相应的画面。

（生自由读第二组词。）

师：谁说说在你的脑海里出现了什么样的画面？

生：一只幼龟想从龟巢里爬出来又不敢出来的样子。

生：一只心情挺纠结的幼龟。

师：你再读读这两个词语。

（生个别读。）

师：谁来读第三组词语？

（出示词语：争先恐后、鱼贯而出、成百上千、结队而出。）

（生个别读、齐读。）

师：说说你的脑海里又出现了什么样的画面。

生：一只只幼龟从龟巢里迅速地爬向大海。

生：成群结队的幼龟快速地爬向大海。

生：成百上千的幼龟像游鱼一样从龟巢里爬向大海。

师：你再读读这组词语。

（生个别读。）

师：你来读第四组词。

［出示词语：愚（yú）不可及、蠢（chǔn）事。］

（生个别读。）

师：愚就是……？

生：蠢。

师：愚就是……？

生：笨。

师：愚就是……？

生：木。

师：愚就是……？

生：傻。

（生齐读。）

师：这些词语中有三个字是本课要求会写的字，先看老师在田字格里范写。

（教师指导对"幼""愚""蠢"三个生字的书写。）

（学生在本子上练写，教师巡视并评点。）

师：谁来说说课文讲了一件什么事，给我们带来了什么启发？

生："我"、同伴及向导到加拉巴哥岛上观察幼龟是怎样离巢进入大海的。

师：这是"我们"来加拉巴哥岛的目的。知道到了岛上，"我们"看到了什么？又做了什么？

生："我"、同伴及向导在加拉巴哥岛的沙滩上看到一只嘲鸫正在啄食一只小幼龟，就从嘲鸫的嘴下救下了幼龟，结果导致结伴而出的幼龟成了食肉鸟的口中之食。

师：这件事给我们带来了怎样的启发？

生：做事情不能违背自然的规律。

师：也就是说要怎样？

生：要尊重自然之道。

师：谁能把这两个问题连起来说一说？

生："我"、同伴及向导在加拉巴哥岛的沙滩上看到一只嘲鸫正在啄食一只小幼龟，就从嘲鸫的嘴下救下了幼龟，结果导致结伴而出的幼龟成了食肉鸟的口中之食。这件事让我们知道了做事情不能违背自然规律，要尊重自然之道。

师：发现了吗？这篇课文就是通过描写自己亲眼看到的一件具体的事情来揭示一个自然规律。

（板书：事——道。）

（三）细读课文，品悟语言

师：当"我"、同伴及向导刚刚来到岛上时，看到了什么？

生（读）：突然，一只幼龟把头探出巢穴，却欲出又止，似乎在侦察外面是否安全。正当幼龟踌躇不前时，一只嘲鸫突然飞来，它用尖嘴啄幼龟的头，企图把它拉到沙滩上去。

师：你读读第一个句子的后半句。

生（读）：似乎在侦察外面是否安全。

师：你再读。

生（读）：似乎在侦察外面是否安全。

师：从哪里可以看出幼龟是在侦察？

生：从"把头探出"可以看出来。

师：怎么看出的？说说你的理解。

生：一只幼龟把头探出，说明幼龟心里非常害怕、担心，表现出幼龟小心翼翼、十分谨慎的样子。

师：是爬出龟巢吗？

生：不是。

师：是把头全部伸出龟巢吗？

生：不是。

师：对，只是把头探出龟巢一点点而已。你再读读第一个句子。

生（读）：突然，一只幼龟把头探出巢穴，却欲出又止，似乎在侦察外面是否安全。

师：读书不仅要读得正确、流利，还要能够读得形象，读出画面感。只有这样，才能真正做到读得有感情。谁再来读读第一句？

生（读）：突然，一只幼龟把头探出巢穴，却欲出又止，似乎在侦察外面是否安全。

师：的确是小心翼翼的。还能从哪里看出它似乎在侦察外面是否安全？

生：从"欲出又止"可以看出来。

师：怎么说？

生："欲出又止"就是想要出来又停止脚步，心情挺纠结，挺害怕的。

师：出来吧，又怕有危险；不出来吧，又了解不到外面的情况。对吧？你再读读这个句子。

生（读）：突然，一只幼龟把头探出巢穴，却欲出又止，似乎在侦察外面是否安全。

师：我们看到的不仅是这一幕，还看到了什么？请继续读。

生（读）：正当幼龟踌躇不前时，一只嘲鸫突然飞来，它用尖嘴啄幼龟的头，企图把它拉到沙滩上去。

师：你知道"踌躇不前"是什么意思吗？

生：停下脚步，不敢前进。

师：知道幼龟为什么踌躇不前吗？

生：害怕。

生：担心。

生：迟疑。

生：纠结。

师：你再读读整个句子。

生（读）：正当幼龟踌躇不前时，一只嘲鸫突然飞来，它用尖嘴啄幼龟的头，企图把它拉到沙滩上去。

师：从整个句子，你看到了什么？

生：看到了一只凶猛的嘲鸫。

生：看到了一可爱的小幼龟。

生：看到了凶猛的嘲鸫正在啄食可爱的幼龟。

师：一个凶猛的强者，一个可爱的弱者，我想问问，若是你见到一个凶猛的强者正要啄食一个可爱的弱者，你心里一定会如何？

生：我会对强者产生气愤的心情。

生：我会路见不平，拔刀相助。

生：我会对弱者产生同情之心。

生：我会对弱者产生可怜之心。

生：我会主动上前帮助弱者。

生：我会驱赶强者，救下弱者。

师：的确如此。老师要是面对这一切，也会如大家一样，怀着同情、帮助弱者的心情。但是，面对眼前的一幕，"我"、同伴和向导各有着怎样的表现呢？

生（读）：我和同伴紧张地看着眼前的一幕，其中一位焦急地对向导说："你得想想办法啊！"

师："我"和同伴是这样的，向导又是怎样的呢？

生（读）：向导却若无其事地答道："叼就叼去吧，自然之道，就是这样的。"

师："我"和同伴的心情如何？

生：紧张。

生：焦急。

生：同情。

师：向导的心情又是如何？

生：若无其事。

生：无所谓的样子。

生：好像没有看到这一切。

师：请你来读读。

（该生在读描写"我"和同伴的句子时双手紧握成小拳，在读描写向导的句子时右手轻轻地挥摆。）

师：太了不起了！很好地读出"我"和同伴的紧张、焦急和向导的若无其事，尤其是你的手势做得特别自然、贴切。请男生、女生分别来读读这两个句子。

男生（读）：我和同伴紧张地看着眼前的一幕，其中一位焦急地对向导说："你得想想办法啊！"

女生（读）：向导却若无其事地答道："叼就叼去吧，自然之道，就是这样的。"

（互换角色进行对比读，让学生尝试配上手势进行对比读。）

师：然而，面对这一情景，向导最终是怎么做的？

生（读）：向导极不情愿地抱起那只小龟，朝大海走去。

（板书：救幼龟。）

师：是心甘情愿的吗？

生：不是。

师：那是怎样的呢？

生：极不情愿。

生：被逼无奈。

师：从哪看出来的？

生（读）：向导极不情愿地抱起那只小龟，朝大海走去。

师：什么人在逼向导这样去做呢？

生：是"我"和同伴。

师：又是从哪里看出来的？

生（读）：向导的冷淡，招来了同伴们一片"不能见死不救"的呼喊。

师：想象一下，假如你就是当时"我"和同伴中的一员，你会以一种怎样的心情和语气去逼向导?

生:向导呀,你不能见死不救呀!

生:向导呀,你怎么就这么心狠呀!

生:向导呀,眼前这般情景,你就看得下去吗?

生:向导呀,你怎么就这般铁石心肠呀!

生:向导呀,你真是一个铁石心肠的家伙!

师:请再读读"我们"的呼喊和向导的极不情愿。

生(读):向导的冷淡,招来了同伴们一片"不能见死不救"的呼喊。向导极不情愿地抱起那只小龟,朝大海走去。

师:然而,接着发生的事情让大家极为震惊。到底发生了什么事?请同学们在第5~第7自然段中找到描写所发生的事情的句子。

(学生默读第5~第7自然段,依次找出描写所发生的事情的句子。)

(教师巡视,相机指导学生依次找出文中描写所发生的事情的句子。)

生(读):向导抱走幼龟不久,成群的幼龟从巢口鱼贯而出。

生(读):从龟巢到海边的一大段沙滩,无遮无拦,成百上千的幼龟结队而出,很快引来许多食肉鸟,它们可以饱餐一顿了。

生(读):这时,数十只幼龟已成了嘲鸫、海鸥、鲣鸟的口中之食。

师:读了这三个句子,你明白了什么?

生:有许许多多的小幼龟从龟巢里爬向大海。

生:有许许多多的食肉鸟在啄食暴露在沙滩上的小海龟。

生:许许多多的小海龟成了食肉鸟的口中之食。

师:此时此刻,看到眼前的一切,你想对"我"和同伴说些什么?

生:这就是你们不尊重自然之道的后果。

生:你们的同情是导致无数小海龟死去的原因。

生:你们万万也没有想到自己成了"罪人"。

生:你们这叫好心办坏事呀!

师:面对这一切,"我"和同伴后悔了吗?从哪里可以看出来?

生(读):我们也学着他的样子,气喘吁吁地来回奔跑,算是对自己过错的一种补救吧。

师：向导后悔了吗？从哪看出来？

生（读）：这时，数十只幼龟已成了嘲鸫、海鸥、鲣鸟的口中之食，我们的向导赶紧摘下棒球帽，迅速抓起十多只幼龟，放进帽中，向海边奔去。

师：知道导致眼前这种事情发生的原因了吗？请从课文中找出相应的句子。

生（读）：那只先出来的幼龟，原来是龟群的"侦察兵"，一旦遇到危险，便会返回龟巢。那只幼龟被向导引向大海，巢中的幼龟得到错误信息，以为外面很安全，于是争先恐后地结伴而出。

师：看来，那只小幼龟真是不能救、救不得。救就是……？

生：害。

师：对，救就是……？

生：违背自然之规律。

师：不救就是……？

生：遵从了自然规律。

师：难怪课文中这样写道：我们很快明白：我们干了一件……？

生：愚不可及的蠢事。

（板书：愚不可及、蠢事。）

师："愚不可及"怎么理解？

生：愚蠢到了极点。

生：愚笨到不能再笨的地步。

生：再没有人像你这样蠢的。

师：对。此时，救下幼龟，此时，同情弱者，就是害，就是愚不可及，就是蠢事，就是愚蠢。知道为什么说这是一件愚不可及的蠢事了吗？

生：违背自然之道。

生：违背自然的规律。

（板书：违背。）

（四）回归板书，总结呼应

师：违背自然之道，就是……？

生：愚不可及的蠢事。

师：救幼龟，就是……？

生：违背自然之道。

师：就是干了一件……？

生：愚不可及的蠢事。

师：还记得课文讲了一件什么事吗？

生："我"、同伴及向导在加拉巴哥岛的沙滩上看到一只嘲鸫正在食一只小幼龟，就从嘲鸫的嘴里救下了幼龟，结果导致结伴而出的幼龟成了食肉鸟的口中之食。

汪智星应邀到宜春市上高县上示范课

师：通过这样一件事揭示了一个怎样的规律呢？

生：不能违背自然规律，要尊重自然规律。

师：请同学们注意了，今后我们在读这一类文章时，就得先读懂课文讲了一件什么事，再想想这件事向我们揭示了一个怎样的规律。如果我们要写这类文章，也得先写清楚、写具体一件事，同时思考将通过这样一件事向人们揭示一个怎样的自然之道。

[专家评论]

语文教学，理应"读"占鳌头

——听特级教师汪智星执教《自然之道》的思考

（江西省南昌市百花洲小学副校长　林　通）

张田若先生说过："阅读教学，第一是读，第二是读，第三还是读。"的确，阅读课上，"读"既是手段，也是目的。语文教学，理应"读"占鳌头。那么，读什么？怎么读？应该读到何种程度呢？这些问题非常值得思考，却并不容易回答，我们可以从汪智星老师的这节课上寻找答案。

1. 读什么

首先，要认真读课文题目。题目即文眼，读文先读题。就这篇课文而言，读懂了课文题目就等于初步把握了文章的中心。课堂开始，教师就让学生读课文题目《自然之道》，理解"道"即"规律"，进而理解整个题目的意思。这一教学过程简洁、明了，毫不拖泥带水，可谓课伊始，题已解。

其次，要读词。字词是整个小学阶段的教学重点，也是学生读懂课文的基础。教师巧妙地将词语分组出示，我们发现，教师精心安排的四组词语，或侧重字音字形，或侧重词义理解，或侧重画面勾连，或侧重书写指导。看似简单的读词活动，实则是夯实学生基础知识的系统工程，匠心独运，可见一斑。

最后，要读好重点句段。"理解关键词句表达情意的作用"是中年段阅读教学的重要目标。这节课，教师重点引导学生品读幼龟探出巢穴、"我"和同伴救助幼龟、成群幼龟被啄食的三处句子，这三处句子分别对应文章的起因、经过和结果。看似零落，其实也暗含教师的全盘考虑，学生在品读重点句段的过程中自然而然地把握了故事内容，理解了自然之道。

2. 怎么读

"从哪里可以看出幼龟是在侦察？""从整个句子，你看到了什么？""说说你的理解"，学生朗读之后，教师总是这样启发、追问学生。教师虽然没有直接告诉学生：你们要一边读一边想象啊！但很显然，学生在这样的师生对话的过程中，已经明白而且学会了：朗读是要和思考相结合的，这是真正的读书之道。

除了边读边思考，教师还教给学生一种读书策略，那就是比较着读。课文中，面对幼龟即将被嘲鸫叼走的情况，"我们"和向导的反应截然不同。对这一处句子，教师让学生比较着读，先读出嘲鸫的凶猛、幼龟的可爱，再读出"我们"的紧张焦急、向导的若无其事，最后通过男、女生带上手势和表情对比读，由表及里，层层推进。学生的朗读在比较中走向深处，读出了浓浓的语文味。

3. 读得怎样

朗读将无声的文字转化成有声的语言，但仅仅读出声音是远远不够的。听听教师在课堂上是怎么说的："注意，读词也是能读出感情的，关键在于读词时你脑子里是否能出现与词语相应的画面。""读书不仅要读得正确、流利，还要能够读得形象，读出画面感。只有这样，才能真正做到读得有感情。"教师的这些评价语让学生理解也让我们明白了：朗读是要读出画面的。读出画面才算真正读懂，才能读出感情。

读出画面是朗读的一个层次，大多用于读故事、读描写。我们从这节课上还能看出朗读的另一个较高层次——读出自己。"若是你见到一个凶猛的强者正要啄食一个可爱的弱者，你心里一定会如何？""假如你就是当时'我'和同伴中的一员，你会以一种怎样的心情和语气去逼向导？"教师用这样的引导语，让学生在朗读时置身课文之中，在文中找到自己。试想，当学生读书时，总能把自己放进去，还会有什么味品不到，还会有什么道悟不出？

四、抓课眼　品独特　悟迷人　知学法
——《乡下人家》课堂教学实录

（一）欣赏视频，导入新课

师：同学们，我们有缘相聚在这里，看汪老师给大家带来了一份怎样特殊的礼物？（播放《乡下人家》视频。）不要发出任何声音，学会静静地欣赏。

师：这份特殊的礼物美吗？

生：美。

生：真美！

生：太美了！

师：告诉大家，这就是"乡下人家"的美丽画卷。注意，看老师写字（板书：乡下人家），写字就是做人，每一个中国人都有责任写好方块汉字。请读课题。

生（读）：乡下人家。

（二）初读课文，感知独特、迷人

师：有位专家说："有一种更高的读书境界，就是能够把一篇课文读成一句话。"看看谁有这个能耐？请同学们自由地朗读课文，注意把字音读准，把句子读通顺。开始自由读课文！

（生自由读课文。）

师：谁知道可以读成哪句话？

生（读）：乡下人家，不论什么时候，不论什么季节，都有一道独特、迷人的风景。

（出示课文部分内容。）

> 乡下人家，不论什么时候，不论什么季节，都有一道独特、迷人的风景。

师：谁愿意再来读读？

（生读。）

师：读得真美！还有谁愿意再来读？

（生读。）

师：读得真投入，几乎达到了忘我的境界。同学们读得这样好，老师也忍不住想读一读，行吗？

（师故意读错，丢掉"迷人"一词。）

师：（自豪的神情）同学们，老师读得怎么样？

生：老师，你丢掉了"迷人"一词。

师：（故作迟疑）哦，少了"迷人"，这好像没什么关系嘛。

生：不行，因为"迷人"就是说景色非常美丽，有令人陶醉的感觉。

生：不行，"迷人"一词强调了美的程度深。

师："迷人"一词不能少，它可是把乡下人家美的程度写了出来！乡下人家的美不仅美得独特，还美得迷人，这二者是缺一不可的。

师：你知道"独特"是什么意思？

生："独特"是指独有的，特别的。

生："独特"说明这里的景色与众不同。

师：也就是说乡下人家有，其他地方……？

生：没有。

师：同学们，告诉所有前来听课的人，乡下人家的美，美得与众不同。

生（读）：乡下人家，不论什么时候，不论什么季节，都有一道独特、迷人的风景。

师：同学们，让自己永远记住它，乡下人家的美，美得叫人如痴如醉。

生（读）：乡下人家，不论什么时候，不论什么季节，都有一道独特、迷人的风景。

师：看老师写字！（板书：独特、迷人？）乡下人家风景的独特、迷人具体表现在哪些地方呢？

（三）借梦诱读，读出图画

师：说来也怪，昨晚在家，我反反复复地读了《乡下人家》这篇课文。也许是读多了遍数，"日有所思，夜有所梦"，昨晚，我竟然做了一个梦，梦见《乡下人家》这篇文章变成了六幅美丽的图画。想知道吗？

生：想！

师：不过，我有一点要求。

（出示要求。）

> 要求：当老师说出其中一幅图的名称时，大家就得迅速找准并有感情地读出文中与图画相应的段落。

（出示"瓜藤攀檐图"。）

师：找到了吗？注意，读书时要捧好书，注意自己的表情，做到字字入目，句句入心。一起读！

（出示"鲜花轮绽图"。）

师：一起读！

（出示"雨后春笋图"。）

（个别读。）

师：同学们注意，当别人读书时，要学会倾听。会听不仅是一种能力，而且是对读的人的一种尊重。

（出示"鸡鸭觅食图"。）

师：男生读！

（出示"院落晚餐图"。）

师：女生读！

（出示"月夜睡梦图"。）

师：一起读！

（四）细品文字，品悟独特、迷人

师：同学们，在这六幅图中，汪老师特别喜欢其中的两幅图——"雨后春笋图""院落晚餐图"。接下来，老师就带着大家一起细细地欣赏这两幅图。

（板书：特别喜欢！）

师：为什么特别喜欢这两幅图呢？因为这两幅图是我在读完整篇课文第十一遍后，留下印象最深刻的场景。

师：刚才我说了，老师特别喜欢这两幅图。你们能不能猜到老师喜欢这两幅图的真正原因？要想猜到老师喜欢的原因，关键是要真正学会读书。记住，读书是需要思考的。同学们，在读书时要学会用两只眼睛：一只眼睛看到文字，做到字字入目；另一只眼睛看到文字的背后，去体会文字的意思。

（请同学们默读课文中描写这两幅图的文字内容。）

师：谁来说说老师喜欢"雨后春笋图"的原因？

（生纷纷猜测老师喜欢"雨后春笋图"的原因。）

（出示课文内容。）

> 　　几场春雨过后，到那里走走，常常会看见许多鲜嫩的笋，<u>成群地从土里探出头来</u>。

师："成群"怎么理解？

（生举手欲发言。）

师：你先不要说"成群"是什么意思，我相信一定知道。我希望你通过自己的读书声告诉大家你对"成群"的理解，怎么样？

生（读）：几场春雨过后，到那里走走，常常会看见许多鲜嫩的笋，成群地从土里探出头来。

师：大家听出来他对"成群"的理解了吗？你说说。

生：是指许多的竹笋。

生：就是说竹笋许许多多，而不是一根两根。

师：是两三根吗？

生：不是。

师：是三五根吗？

生：不是。

师：你认为是？

生：许许多多根。

师：可以说是一根……？

生：根。

师：甚至可以说是一群……？

生：群。

师：你把刚才的意思完整地说一说。

生：竹笋非常的多，可以说是一根根，也可以说是一群群。

师：这么多竹笋从土里长出来，你平时在城里见过吗？

生：没有。

师：你平时在城里见过吗？

生：没有。

师：在城里要想见到竹笋，你一般只能在哪儿见到？

生：在公园里。

生：在餐桌上。

生：在菜市场。

师：正是因为如此，这成群的竹笋，乡下人家有，其他地方是没有的，才让我们感到乡下人家的美是……？

生：独特的。

生：迷人的。

生：既独特又迷人。

（齐读句子。）

师：再说说，你们是怎么理解作者在这里用"探出头"来形容竹笋的？

生：在这里，作者把笋当作顽皮的小孩来写。

生：作者表达了自己对笋的喜爱，对乡下人家的赞美。

生：写出了竹笋的顽皮。

生：写出了竹笋的欢快。

师：昨天来到这里，竹笋还在土里，今天一看，探出了许许多多的小脑袋。读！

生（读）：几场春雨过后，到那里走走，常常会看见许多鲜嫩的笋，成群地从土里探出头来。

师：昨天来到这里，竹笋还在土里，明天再来一看，那一群群的小脑袋全探出来了。再读！

生（读）：几场春雨过后，到那里走走，常常会看见许多鲜嫩的笋，成群地从土里探出头来。

师：读得真好，听着你们的读书声，老师仿佛看到了一幅独特而迷人的雨后春笋的画面。

师：谁来说说"院落晚餐图"，汪老师特别喜欢它的原因？

（生猜测着老师可能喜欢的原因。）

（出示课文内容。）

> 他们把桌椅饭菜搬到门前，天高地阔地吃起来。天边的红霞，向晚的微风，头上飞过的归巢的鸟儿，都是他们的好友。它们和乡下人家一起，绘成了一幅自然、和谐的田园风景画。

师：你们家是在哪里吃饭？

生：厨房。

生：厨房。

生：厨房。

师：在那里吃饭时，你看见的只能是……？

生：电视机。

生：饭桌。

生：沙发。

生：冰箱。

生：洗衣机。

师：乡下人家吃饭是在哪里呢？

生：门前的场地上。

师：噢，原来乡下人家是在门前的场地上吃饭的。假如你在这样的地方吃饭，请你抬头向天空看，你会看到什么？

生：天边的红霞。

生：归巢的鸟儿。

生：快要落山的太阳。

师：假如你在这样的地方吃饭，请你放眼向远处看，你会看到什么？

生：远处的青山。

生：山上郁郁葱葱的树木。

生：清澈的小河。

生：一块块平整的田地。

师：假如你在这样的地方吃饭，请你低头向地面看，你会看到什么？

生：地面上的小蚂蚁。

生：可爱的小鸡在追着跑。

生：桌底下躺着的大狗。

生：地面上小蚂蚁在抬小虫回家。

师：假如你在这样的地方吃饭，请你侧身向右看，你会看到什么？

生：墙下的鲜花。

生：房后的竹笋。

生：小河里有人在游泳。

生：小河边有人在钓鱼。

师：假如你在这样的地方吃饭，请你转身向左看，你会看到什么？

生：爬上屋檐的瓜藤。

生：爬上屋檐的喇叭花。

师：在这里吃饭，能吃出味道吗？

生：能。

师：在这里吃饭，能吃出心情吗？

生：能。

师：在这里吃饭，能吃出境界吗？

生：能。

师：在这里吃饭，就像在画卷里吃饭一样，这就叫天高地阔地吃。读。

生（齐读）：他们把桌椅饭菜搬到门前，天高地阔地吃起来。天边的红霞，向晚的微风，头上飞过的归巢的鸟儿，都是他们的好友。它们和乡下人家一起，绘成了一幅自然、和谐的田园风景画。

师：在这里吃饭，你还可能会边吃饭边做什么呢？

生：看看夕阳。

生：下桌去逗逗小鸡。

生：去小河边看看小鱼。

生：和一同吃饭的人一边吃一边讲着话。

生：和邻居家的伙伴一边吃一边聊天。

生：端着碗到另一家去夹菜吃。

师：在这里吃饭，自由自在，不受拘束，随心所欲，这就叫天高地阔地吃。读。

生（齐读）：他们把桌椅饭菜搬到门前，天高地阔地吃起来。天边的红霞，向晚的微风，头上飞过的归巢的鸟儿，都是他们的好友。它们和乡下人家一起，绘成了一幅自然、和谐的田园风景画。

师：在这里吃饭，你还可能会想起什么？

生：想起愉快的往事。

生：想起自己最敬重的人。

生：想起白天发生的一件件有趣的事。

师：在这里吃饭，没有限制，想怎么吃就怎么吃，爱怎么吃就怎么吃，这就叫天高地阔地吃。读。

生（个别读）：他们把桌椅饭菜搬到门前，天高地阔地吃起来。天边的红霞，向晚的微风，头上飞过的归巢的鸟儿，都是他们的好友。它们和乡下人家一起，绘成了一幅自然、和谐的田园风景画。

师：怎么样？这幅"院落晚餐图"独特、迷人吧！乡下人家的一切都如诗如画，与众不同，又分外迷人。

（五）故设疑难，总结学法

师：到了这个时候，汪老师心中有一个难题。我想问大家，又不敢问大家，因为我怕咱们班的学生回答不出来。（朝着左边的学生）问不问？

生：问。

师：（朝着右边的学生）问不问？

生：问。

师：那好，我问了。刚才，汪老师引导同学们用什么方法来体会乡下人家这两幅图的独特与迷人的？

（学生当中有了一会儿的静思与小议，之后讲述自己的思考。）

师：抓关键词，想象情境。

（板书：抓关键词，想象情境。）

师：读书是要讲究方法的。只有讲究方法的读书才是有效的。

（六）回归中心，再悟独特、迷人

师：同学们，让我们再来读读这句话，老师相信你们能读得更好。

（师出示课文内容。）

> 乡下人家，不论什么时候，不论什么季节，都有一道独特、迷人的风景。

（生齐读。）

师：乡下人家，不论是早晨、上午、中午、下午、傍晚，还是深夜……你读。

生（个别读）：乡下人家，不论什么时候，不论什么季节，都有一道独特、迷人的风景。

师：乡下人家，不论是鲜花盛开的春天、烈日炎炎的夏天、瓜果飘香的秋天，还是大雪纷飞的冬天……男生读。

生（男生读）：乡下人家，不论什么时候，不论什么季节，都有一道独特、迷人的风景。

师：乡下人家，不论是晴天、雨天、下雪，还是刮风……女生读。

生（女生读）：乡下人家，不论什么时候，不论什么季节，都有一道独特、迷人的风景。

师：乡下人家，不论是田野上、菜地里、小河边，还是山岗上……一起读。

生（齐读）：乡下人家，不论什么时候，不论什么季节，都有一道独特、迷人的风景。

汪智星和井冈山大学的听课教师合影

师：是呀，乡下人家，不论什么时候，不论什么季节，不论什么天气，不论什么地方，都有一道独特、迷人的风景。有人说，乡下人家是一首歌，一首扣人心弦的歌；有人说，乡下人家是一幅画，一幅清丽脱俗的画；也有人说，乡下人家是一首诗，一首韵味无穷的诗。下节课，让我们走进另外四幅图中，利用"抓关键词，想象情境"的方法，继续感受乡下人家的独特与迷人。

五、课文剧本化写作实践

　　以前我执教五年级下册第三单元中的《半截蜡烛》一文时，因为本篇文章是一个剧本，所以我只是引导学生在读懂剧本的内容后，了解并认识剧本这种文学形式，进而明白剧本主要通过人物对话或唱词来推进情节、刻画人物，最后让学生分角色演一演，但我从来没有想到让学生在此基础上也来编写一回剧本。

　　之所以未敢让学生尝试着写剧本，是因为担心五年级学生没有这样的能力与水平。然而，这次再次面对这篇文章时，我大胆地让学生进行了剧本的创作。当批阅着全班58份剧本时，我欣喜地发现，每一位学生的剧本都写得有模有样；更加惊喜的是，我清醒地明白了剧本的创作，可以是自己根据生活中的具体事件来创作——《爸爸的唠叨》《教室风波》等，也可以是自己根据读过的某篇文章或故事来改编——《晏子使楚》《将相和》《小兵张嘎》等。

　　没想到，因为自己给了学生一个施展才华的平台，他们竟给予我如此回馈与享受。改完58份剧本，我总觉得不过瘾。于是，我请了班里的高婧涵和江昊宇两位学生来，并试着让他们把本册第五单元中的《草船借箭》一文改写成剧本。他们到底能改到什么水平，我只是期待着。

　　次周一的中午，他们把各自编写的剧本送到我手中。当我细读之后，欣喜之情洋溢全身。江昊宇以白话文的形式创编剧本，而且课文中很多没有叙述到的情景都被他真切、形象地写到了剧本里。高婧涵的剧本更令我眼前一亮，她居然以文言文的形式创编了剧本。

　　相信学生，一切皆有可能。

草船借箭（文言文版）

[邮政路小学五（6）班　高婧涵]

时间：公元 208 年 7—12 月，赤壁之战前夕

地点：湖北赤壁长江主航道偏北水面，周瑜营帐

人物：诸葛亮（字孔明）、鲁肃（字子敬）、周瑜（字公瑾）、曹操（字孟德）等

[周瑜聚众将于帐下，教请孔明议事。孔明欣然而至，坐定。

周瑜：（合膝坐下）即日将与曹军交战，水路交兵，当以何兵器为先？

诸葛亮：（应声答曰）大江之上，以弓箭为先。

周瑜：（笑）先生之言，甚合愚意。但今军中正缺箭用，敢烦劳先生监造十万支箭，以为应敌之具，此系公事，先生请勿推却。

诸葛亮：（不紧不慢地说道）都督见委，理应照办。敢问这十万支箭何时要用？

周瑜：先生料几日即造好？

诸葛亮：（提起手中的扇子，在颊前轻轻扇动了几下）只需三日，便可拜纳十万支箭。

周瑜：军中无戏言。（他有些怀疑地看着身旁的孔明。）

诸葛亮：怎敢戏都督！愿纳军令状：三日不办，甘当重罚。

[周瑜大喜，唤军政司当面取了文书，置酒相待。

周瑜：待军事毕后，自有酬劳。（他拿起酒碗，大口吞了下去。）

诸葛亮：今日已不及，来日造起，至第三日。可差五百小军到江边搬箭。（他饮了数杯，辞去。）

鲁肃：此人莫非诈乎？

周瑜：他自送死，非我逼他。今明白对众要了文书，他便两肋生翅，也飞不出去。我只吩咐军匠人等，叫他们故意迟延，凡应用部件，都不与齐备。如此，必然误了日期。那时定罪，有何理说？（轻蔑一笑）公今可去探他虚实，却来回报。

[鲁肃奉命来见孔明，他们双手平摊，相互问好。

诸葛亮：吾曾告子敬，休对公瑾说，他必要害我。不想子敬不肯为我隐讳，今日果然又弄出事来。三日如何造得十万箭？子敬只得救我！

鲁肃：（他背对孔明，往前走去，随即又转过身）公自取其祸，我如何救你？（他用手捋了捋耳后的一缕头发。）

诸葛亮：（拿着扇子）望子敬借我二十只船，每船要军士三十人，船上皆以青布为幔，各束草把千余个，分别竖在船的两舷，我自有妙用。第三日保管有十万支箭。只不可又教公瑾而之，若彼知之，吾计败矣。

［鲁肃点头，允诺，但不解其意，回报周瑜，果不提及借船之事。

鲁肃：（望一眼天空，又看了一下周瑜）诸葛亮不用竹子、翎毛、胶漆等物，自有道理。

周瑜：且看他三日之后如何回我。

［却说鲁肃私自拨轻快船二十只，各船三十人，并布好青布幔子和草把子等物，尽皆齐备，候孔明调用。第一日却不见孔明动静，第二日亦只不动。至第三日四更时分，孔明密请鲁肃到船中。

鲁肃：（不解）公召我来何意？

诸葛亮：坐。（他示意子敬坐下，待子敬坐后，自己也坐了）特请子敬同往取箭。

鲁肃：何处取得？

诸葛亮：子敬休问，前去便见。（起身，走出帐外。）

诸葛亮：传话，将二十只船用长索相连，径望北岸进发。（他对门外的小卒说道。）

［大雾漫天，长江之中，雾气更甚，对而不相见，孔明促舟前进，当夜五更时候，船已近曹操水寨。孔明教把船只头西尾东，一带摆开，命士卒擂鼓呐喊，故意制造了一种击鼓进兵的声势。

鲁肃：（担忧）倘曹兵齐出，如之奈何？

诸葛亮：（笑）我料定，在这浓雾低垂的夜里，曹操绝不敢毅然出战。你我尽可放心地饮酒取乐，等到大雾散尽，我们便回。

［却说曹寨中听得擂鼓呐喊，毛玠、于禁二人慌忙飞报曹操。

曹操：（传令曰）重雾迷江，彼军忽至，必有埋伏，切不可轻动。可拨水军弓弩手乱箭射之。

［曹操又差人往旱寨内唤张辽、徐晃各带弓弩手三千，火速到江边助射。比及号令到来，毛玠、于禁怕南军抢入水寨，已差弓箭手在寨前放箭；少顷，旱寨内弓弩手亦到，约一万余人，皆向江中放箭。箭如雨发，孔明教把船调回，头东尾西，逼

近水寨受箭，一面擂鼓呐喊。待至日高雾散，孔明令收船急回，二十只船两边束草上排满箭支。

孔明、各船上小兵：（齐声）谢谢曹丞相的箭！

﹝比及，曹军寨内报知曹操时，这里船轻水急，已放回二十余里，追之不及，曹操懊悔不已。

诸葛亮：每船上箭五六千矣。不费江东半分之力，已得十万余箭，明日即将来射曹军，却不甚便。（他提高了语调。）

鲁肃：先生真神人也！（他称赞道，竖起大拇指）何以知今日如此大雾？

诸葛亮：为将而不懂天文，不识地理，不知奇门，不晓阴阳，不看阵图，不明兵势，是庸才也。（轻摇几下扇子）亮于三日前已算定今日有大雾，因此敢任三日之限。公瑾教我十日完办，工匠料物，都不应手，将这一件风流罪过，明白要杀我。我命系于天，公瑾岂能害我哉！

﹝鲁肃向诸葛亮鞠躬。

鲁肃：先生之举，吾佩服，佩服！

﹝船到岸时，周瑜已差五百军在江边等候搬箭。孔明教于船上取可，可得十余万支，都搬入中军帐交纳。鲁肃见周瑜，备说孔明取箭之事。

周瑜：（大惊，慨然叹曰）诸葛亮神机妙算，吾不如也！

﹝少顷，孔明入寨见周瑜，周瑜下帐迎之。

周瑜：先生神算，使人敬服。

诸葛亮：诡谲小计，何足为奇。

草船借箭（白话文版）

﹝邮政路小学五（6）班　江昊宇﹞

时间：三国时期

地点：周瑜帐中，曹操水寨旁

人物：周瑜、诸葛亮、鲁肃、曹操、毛玠、于禁

﹝周瑜看诸葛亮很有才干，心里非常嫉妒。

周瑜：很快要和曹军交战了，水上作战，先生觉得什么兵器最重要？

诸葛亮：最重要的兵器当然是弓箭了。

周瑜：先生想的和我一样。不过，现在军中缺少的就是这个，我想请先生监造十万支弓箭，希望先生不要推却。

诸葛亮：都督安排的事，我当然要效劳。不知道这十万支箭，都督什么时候要啊？

周瑜：（商量的语气）十天可以办好吗？

诸葛亮：（摇了摇羽扇）曹军马上就要进攻了，十天恐怕来不及吧？

周瑜：（疑惑地）那先生几天可以办到？

诸葛亮：（伸出三根手指头）三天，只要三天。

周瑜：先生可不能开玩笑，要知道军令如山！

诸葛亮：我怎敢和都督开这种玩笑呢？我愿意立下军令状，三天后，都督可派人到江边搬箭。

［周瑜大喜，立刻叫诸葛亮立下军令状。这时，鲁肃来到周瑜帐中。

鲁肃：三天怎么可能造出十万支箭呢？

周瑜：（心中狂喜）这是他自己送死，我没有逼他。我这就叫造箭的工匠拖延时间，材料也不给齐，看他到时候怎么交账。那时候再治他的罪，他就无话可说了。

［鲁肃来见诸葛亮，打探消息。

鲁肃：先生，造箭的事怎么样了？

诸葛亮：请子敬借我二十只船，每只船准备三十个士兵，船两边各扎一千个草人，用布盖住，我自有妙用。不过，这件事不能让都督知道。

鲁肃：（向周瑜汇报）诸葛亮造箭不用箭竹、翎毛、胶漆这些东西，他有别的办法。

周瑜：（哈哈大笑）好，看他三天后怎么向我交差。

［第一天，没动静。第二天，还没动静。第三天四更时分，诸葛亮将鲁肃请到了船上。

鲁肃：（疑惑不解）先生，叫我到这里来，有何用意？

诸葛亮：请子敬和我一起去搬箭。

鲁肃：（很奇怪）到哪里去搬箭？

诸葛亮：（神秘地笑笑）到时候你就知道了。

[四更时分，诸葛亮命人把二十只船用锁链连在一起，径直往曹营进发。这时，江面上大雾弥漫，对面看不见人。船队靠近曹营，诸葛亮命令船只横向曹营方向，一字排开，并叫船上的军士擂鼓呐喊。

鲁肃：（惊慌）先生，如果曹军杀出来，我们该怎么办呢？

诸葛亮：我料定这种大雾天气，敌情不明，曹军是不会出战的。放心吧，咱俩只管饮酒，等雾散了就回去。

[曹军大营。

毛玠、于禁：（慌忙地）报告大王，有敌军来犯，准备大举进攻了。

曹操：大雾迷江，敌军这时来攻，一定有埋伏。我军不要轻动，调集弓箭手，用乱箭射退他们就行了。

[一时间，江面上万箭齐飞，铺天盖地。不一会儿，船队的草人上就插满了箭。诸葛亮吩咐军士将船队掉一个儿，让另一面继续受箭。等到浓雾快要散去的时候，诸葛亮命令收船回去，二十只船的草人上密密麻麻插满了箭。

船上军士：（齐声）谢曹丞相借箭。

诸葛亮：每只船上有五六千支箭，不费吹灰之力就得了曹操十多万支箭，这下可以向都督交差了。

鲁肃：先生真乃神人也！你怎么知道今天有大雾呢？

诸葛亮：做大将的，如果不通天文，不识地理，怎么能打胜仗呢？我在三天前就算定今天有大雾，所以敢答应都督三天的期限啊。

周瑜：（阴沉着脸到帐外迎接诸葛亮）先生神机妙算，我不如你啊！

六、"切己体察"：儿童习作之本

——评特级教师汪智星的情境体验式习作教学探究

（全国著名特级教师　周一贯）

在浙江大学教育培训中心的"千课万人"观摩会上，我有机会听到江西特级教师汪智星的一堂习作课《吃鸡》。此后，我又读到他的一些研究文章，对这位在语文教学第一线积十余年之探索，逐步形成的情境体验式习作教学模式，备生敬意。"成如容易却艰辛"，对个中劳苦，作为同行中人，我无疑是感同身受的。

汪智星和全国著名特级教师周一贯先生合影留念

中国大教育家朱熹，一生竭力提倡教育之道在于"切己体察"，也就是要求学生"事事都自去理会，自去体察，自去涵养"，告诫学生"方其知之而行未及之，则知尚浅。既亲历其域，则知之益明，非前日之意味"（《性理精义》）。儿童为何怕习作，说白了习作是老师要学生做的，并非学生"亲历其域"且"知之益明"的东西。没有学生的"切己体察"，又何来表达的欲望和内容？汪智星的情境体验式习作，正是以"玩"（游戏）为载体，为"切己体察"创造了情境，从而使儿童从苦于习作中解脱出来，变成乐于习作。这正从一个方面实证了"切己体察"确乃儿童习作之本的理念。

综观汪老师的情境体验式习作，笔者认为有四个学理基点是很值得我们关注、借鉴的。

（一）以"体验"突破表达的困顿

习作的本质是生命的表达和交流。任何一个个体的"生命"都活在"生存"的状态，生命生存的轨迹便是"生活"。生活所具有的社会性，使表达和交流成为最基本、最必要，也是人人都会的手段（失去声音还可以拥有肢体语言）。正是从这样的角度说儿童的习作表达应该没有任何问题。然而，关键在于有生活是一回事，对生活的感受能力是另一回事。这也就是每个儿童都有丰富的生活，但不一定能表达好对生活的感受，并且有表达的欲望。这需要一个体验的过程。何谓体验？《辞海》解释为"通过实践来认识事物；亲身经历"①。战国末期的荀况早就指出"君子之学也，入乎耳，着乎心，布乎四体，形乎动静"。这就说明了体验是主体内在的、历时性的知、情、意、行的亲历、体认和验证，从而达到真知。它是一种活动，更是一个过程。儿童习作的笔下无话，原因也许是多方面的，但基本的一点在于缺失了有意识的亲历、体认的过程。汪智星的情境体验式习作，正是极具针对性地以游戏为学生提供现场有目的性的情境，从而在根本上解决了学生表达的困难，即表达的需求和内容的缺失。为了强化体验的刺激，他把一个简单的游戏，或以故弄玄虚的导入，或以人为设计的曲折，或以巧妙安排的过程，或以事后反思的交流，使学生在"玩"的体验中走向深入和细化，从而更刺激了学生的表达欲望，当然也同时丰富了习作内容。

（二）以"游戏"促进"体验"的快乐

哲学家伽达默尔认为："只要某些东西不仅仅被经历了，而且其所经历的存在获得了一个使自身具有永久性意义的铸造，那么这些东西就成了体验。"话说得很好，但也告诉我们真正的体验并不那么容易，其中也离不开艰辛的探究和思考。这对儿童来说，会有更多的不易，因此，我们必须找到一些能让儿童乐于体验的方式。汪智星以带着他们一起"玩"（游戏）去培育他们的体验能力，无疑是充满智慧的选择。因为他的这一招是深深扎根在"儿童文化"之中的。所谓"儿童文化"，是儿童

---

① 夏征农、陈至立：《辞海》（第六版缩印本），1856 页，上海，上海辞书出版社，2010。

在与同伴的交往中形成并相互认可的文化，是一种以儿童自己的思想和行为来决定其价值和标准的文化。它与成人文化相区别的根本点在于，儿童文化是一种自由的游戏精神。对儿童来说，游戏是一种重要的学习形式，是"认识世界的必需途径"（高尔基语）。爱因斯坦有一次和儿童心理学大师让·皮亚杰进行了关于儿童游戏的对话。在听完皮亚杰的介绍之后，爱因斯坦深深地为其中包含的那些隐蔽而深刻的生命内容和文化信息所震撼，他感慨地说："看来，认识原子同认识儿童游戏相比，不过是儿戏。"

汪老师深知"玩"是儿童的天性，游戏是儿童文化的精髓，才有了以"玩"来促进儿童享受、体验的快乐这一招。他归纳了这类课的五个基本流程：①聊"玩"入课，初知"玩"的内涵。②"情境"呈现，激起"玩"的向往。③现场游戏，体验"玩"的快乐。④真实习作，书写"玩"的情趣。⑤示范修改，赞赏"玩"的精彩。这里的核心环节便是"现场游戏，体验'玩'的快乐"。由此可见，正是"玩"（游戏）强化了儿童的"体验"意识，丰富了他们的"体验"内涵，使"体验"的过程不再枯燥，而是充满了快乐和幸福。

（三）以"童心"丰富"游戏"的因子

有人说过中华民族悠久的传统文化，缺失了一种至关重要的游戏心态。也许正是这样的原因，把游戏引进习作，并没有想象的那么容易。这里的关键是偶尔搞个游戏作为习作手段，当然比较简单，然而，系统地、连续地而且有效地开发成一种情境体验式的游戏习作模式，就并不容易了。对此，汪老师是深有体会的。当他在为这一问题纠结时，从一本杂志的一篇文章《语文老师要有素材意识》（作者于永正）中得到启发。显然，搞情境体验式的游戏作文，教师也要有"素材意识"，这种"素材意识"的本质是教师的"游戏意识"，而"游戏意识"又在于教师是否有一颗童心。汪老师的游戏习作题材是全方位的，有"品""猜""演""画""评""创"等，达到了"凡有生活的地方，就有游戏的宝藏"。由此推出的习作指导课《果冻课堂》《健美》《画老师》《吃鸡》《"康熙"神剪》《酒盒里的秘密》《图片大揭秘》《变味水》《掌心的秘密》《操场上的"快闪"》等，可谓琳琅满目、绚丽多姿。特别是"创"，他用各种符号（图形的、数字的、外文字母的……），让学生先组编成一幅画，再将这幅画的意思写成习作，充分发挥了儿童极富想象的潜能。

（四）把方法融入习作的实践

在情境体验式习作中，学生有了对游戏的快乐参与，确实解决了写作时"笔下无话"的痼疾，有了自由表达、畅所欲言的快慰。这个问题的解决虽具有根本性价值，但毕竟还不是习作教学的全部。有了自由表达的快乐，还得解决如何表达得更好的问题，即必须实现"自由表达"与"规则指导"的有机结合。对此，不仅是刊物的编辑向他提出了要求，同行的磋商也对其模式的单一表示了质疑。因此，他开始思索如何把必要的写作方法、结构技巧的指导，有机融入习作的过程之中，务求使游戏式作文能进一步"玩"出品位，"玩"出质量。当然，他没有走回头路，重新把写作方法、篇章技巧放在生命的"自由表达"之前，而是在儿童"玩"的自由表达和真性交流之中，有计划、有步骤地做因题而异的渗透。要求是不让学生感觉到方法、技巧制约了情境体验中的自由抒发，而只是在民主评议中讨论怎样让表达更明晰、更生动、更有情味。这显然使汪智星老师的情境体验式习作更完善了，进入了"柳暗花明又一村"的新境地。

情境体验式习作的立意是极其深远的，对学生而言是"习无止境"，对教师来说也是"研无止境"。从已经走过的行程，我们不难看出汪智星老师是一位谦恭求进、专致践行的特级教师，他会永远在前行的路上，而情境体验式习作也就永远会与他一起前行。那么，未来的路如何？"行到水穷处，坐看云起时！"在下愚见，情境体验式习作尚须在两个维度上有更大的突破。

一是"体验"。从教学论的角度说，体验是指学生充分调动所获得的生活经验，充分发挥"视""听""嗅""触"等感官功能的同时，用心灵的"触角"去感知人、事、物、境中所含的"知""意""行"等因素，以达到教学的目的。所以，在体验的过程中，学生的亲力亲为、实践固然十分重要，但更重要的还是在"体"之后能否真正获得"验"，即学生主体通过想象、移情、神思、感悟等多种心理活动的交融、碰撞、激活，从已有经验中产生出新的认识和经验。在游戏习作中要学生写出活动的过程和对过程的感受并不难，但这还只是"体"的状态，关键在于"体"的过程中有所"验"，即产生新的思想认识和审美情怀。当然，这要有一个过程，但它必须遵循表达真情实感的方向。这应该与学生的程度、年级关系不大。正如首届冰心作文大赛获奖的那篇低年级小学生写话，只有170字，但备受人们称赞的那句

"想妈妈的感觉是想哭的感觉",就以稚气和纯朴的天籁之音征服了所有评委。

二是"玩"。"玩"(游戏)的天地十分广阔,在情境体验式习作中,"玩"不可窄化于某一个具体的游戏活动。"玩"不只是"玩乐",还包括了"玩习"。在《辞海》里,"玩习"是指"玩味研习"。《三国志》中就有"官事小阕,辄玩习书传"一说。还有"玩味",那就是"反复地琢磨;仔细体味"。《朱子全书》有"诵《孟子》三二十遍,熟,复玩味讫"。所以,从这些意义上说,"探究""习练"也是一种"玩",可以有游戏情味,也可以属于游戏的范畴。

席勒有一句名言:只有当人充分是人的时候,他才游戏;只有当人游戏的时候,他才完全是人。企盼情境体验式习作在"玩"中"写",让孩子真正成为人格独立、思想自由、个性发展的新一代。

七、习作教学如此"有滋有味"

——《酒盒里的秘密》习作指导课堂教学实录

(一)聊入课

师:亲爱的太白小学五(1)班的同学们,一年前我到你们小学给你们上了一节阅读课,还记得我吗?

生:记得。

师:谁还记得应该怎样称呼我?

生:汪老师。

师:哟,好记性。都一年了,还记得这么清楚。一年前,我上的是一节阅读课,叫什么来着?

生:《乡下人家》。

师:对,记得那天一上课,我就说给大家带来了一样礼物,同学们应该没有忘记吧?

生:《乡下人家》。

师:汪老师的礼物是文章还是图画?记住,要把话讲明白。

生：是一幅美丽的乡下人家的图画。

师：说得太对了。看来，同学们喜欢汪老师，喜欢汪老师的课，要不怎么能够记得这样清楚？同学们，今天这节课，我再给大家带来一份礼物。

（老师小心翼翼地从讲台下拿出一个精致的酒盒。）

（二）悬中猜

师：同学们，汪老师今天给大家带来的这份礼物特别珍贵，可我把它放在了这个酒盒里。不急着看，想一想，再说说你猜是什么。同学们，记住，猜需要胆量，更需要智慧。

生：我猜是两瓶贵重的酒，可能是五粮液，也可能是茅台酒。

生：不可能，酒盒里如果只装了酒，猜就没有悬念了。再说，汪老师带来的是一份礼物，说不定，谁猜中就会给谁。真的是好酒，你猜中了，难不成要送两瓶五粮液或茅台酒给你？

生：我也认为不可能是酒。我想，里面是礼物，有可能是一本好书。因为汪老师是我们学校邀请来上课的好老师，学生猜中了，送上一本书，非常有意义。

生：我猜是两个空酒瓶。您希望让大家永远也猜不到真正的答案。

师：同学们的猜测是汪老师始料未及的。你们的猜测让我感受到了你们的胆量，更让我感受到了你们的智慧。到底是什么？请同学们看着我，我可要拿出来了。（老师的手在酒盒里左掏掏，右掏掏，横掏掏，竖掏掏）咦，到哪去了？找到了！哎，又掉下去了。

（教室里，同学们随着老师一次次故意制造出来的紧张氛围发出阵阵唏嘘声。）

（三）闻后说

师：（一个红色的小盒子出现在老师手中）同学们，见到"庐山真面目"了吗？

生：老师，我看到的只是一个精致的红色小盒。礼物就是这个吗？

师：当然不是，礼物在小盒子里面。同学们，会是五粮液吗？

生：不是。

师：会是茅台酒吗？

生：不是。

师：会是两个空酒瓶吗？

生：不是。

师：会是一本书吗？

生：不是。

（老师把盒子凑到自己的鼻子边认真闻了闻，似乎闻到了什么气味。）

师：同学们，任何事物都会有它独特的味道。要想知道里面的礼物究竟是什么，大家可以凑近这个盒子闻闻，保证答案八九不离十了。

生：（闻）嗯——

师：知道是什么了吗？

生：是汪老师老婆戴的玉镯。

（全班哄堂大笑。）

师：玉镯戴在我老婆的手上。常言道，玉养人。玉戴在手上是不能轻易拿下来的。

生：（闻）我猜是一块精致的手表。

汪智星应邀在全国第四届小学作文教学论坛上进行习作教学示范

师：怎么说呢？

生：这个盒子只能装下一块手表。关键是我发现你左手的手腕上有一条白色的印痕，可手表又不在手上。

师：了不起！能从自己看到的现象去推测事物。（老师指了指讲桌）看，老师的手表在讲桌上啦！

（全班同学再次哄堂大笑，老师依次让几位同学闻后说。）

生：是一小瓶香水。

生：是一面化妆镜。

生：是一支钢笔。

（四）掂后想

师：看来，闻这一招在这里是不起作用了。汪老师干脆将盒子打开，让你们一睹"庐山真面目"得了。（同学们一片欢喜）同学们，请看——（厚厚的一张餐巾纸将礼物严严实实地包住了，教室里又是一片唏嘘）同学们，有点失望了吧？别急，大家可以先用手掂量掂量再说，谁猜中了，就送给谁。

生：（掂量）呀！好轻呀！一定是一张对折起来的十元人民币。

生：（掂量）不是钱是什么呢？难不成是汪老师搞的一场"闹剧"？

生：（掂量）一张外国的货币。记得去年您跟大家说去过越南，还换了许多越南的货币。

生：（掂量）一张卡片。

师：为什么说是一张卡片？

生：从重量上，我感觉不可能是金属一类的东西，只有纸类的物品才有可能。刚才大家说十元钱，被您否定了；说外国货币，也被您否定了。我想，卡片，上面带有卡通人物的卡片，最有可能。

师：恭喜你，猜对了——一半。

（学生们面面相觑。）

生：（迫不及待）是相片。

师：怎么说？

生：相片上是你和家人的合影。谁猜中，当礼物留作纪念，多有意义呀！

师：不是卡片，也不是相片，究竟是什么？好吧！看把同学们都糊弄成什么样子了。汪老师也不卖关子了。

（小心、谨慎地打开包在外面的两层餐巾纸。）

（五）赞生情

师：看，这是汪老师自己的一张名片。汪老师为什么要放一张名片在里面？因为我为了跟更多的热爱教学的老师联系。看，名片的正面有我的地址、电话、邮编、邮箱和博客等信息，反面是我的人物简介。孩子们，想听听我的简介吗？

（教师读个人简介。）

汪智星，小学特高级教师（破格），《小学教学》杂志封面人物，江西省基础教育专家。师从全国著名特级教师于永正。曾荣获"教育部'十五'规划课题研究个人标兵""江西省首届中小学学科带头人""江西省师德先进个人""上饶市优秀班主任""上饶市关心下一代先进个人""婺源十大杰出青年"等称号。16 载①教学生涯，形成了"激情、务实、简约、求活"的课堂教学风格。2006 年 5 月，获江西省小学高年级阅读教学竞赛一等奖；2006 年 6 月，获江西省第六届青年教师阅读教学观摩活动一等奖；2008 年 10 月，获全国第七届青年教师阅读教学观摩活动一等奖；2008 年 12 月，获 2008 中国小学作文教学擂台赛"优秀挑战者"奖；在省市教学研讨中示范执教《乡下人家》《1037》等 20 余节阅读、习作指导课；40 余次应邀到省内外兄弟学校讲学；70 余篇论文在《江西教育》《小学教学》《小学语文》等全国核心刊物上发表。

师：同学们，听了我的个人简介，是不是对眼前的汪老师有了进一步了解，你们最佩服老师的哪个方面？

生：汪老师年纪轻轻的，就获得了那么多荣誉。

生：汪老师发表了 70 多篇论文，真够能耐的。

生：汪老师是一个不仅会教书更爱学生的好老师。

---

①　本教学案例发生于 2011 年。

生：汪老师上课比赛两次拿全国一等奖，在我们这一带可以说是前无古人，后无来者。

（全班大笑。）

师：不敢当，不敢当。同学们，学无止境呀！一个人取得成绩确实是一种无上的光荣，但任何人不能沉醉于过去的荣誉，要不懈努力，去争取日后更大的成功。其实，汪老师印制名片的目的，是为了跟全国更多的教育同人联系，多交上一些志同道合的朋友。好吧，刚才有人说汪老师是"前无古人，后无来者"，这话用来夸我，实在不敢当。这样吧。你会夸人，就冲这一点，汪老师把这张名片送给你了。请问你贵姓？

生：我姓洪，名依水。

师：洪依水同学，请起立。请接名片。

（孩子乐开了花，教室里响起了热烈的掌声。）

（六）拟后写

师：太白小学五（1）班的同学们，今天的课有意思吗？

生：有。

师：有意思的才是最值得写的。请大家把刚才那有意思的过程写下来，也可以选取其中一个最有意思的场面写下来。乐意写吗？

生：乐意。

师：同学们，写之前想一想，如何给自己的文章拟个响亮的题目。记住，题好文一半。选好题目这一点很重要哟。

生：《神秘的酒盒》。

生：《酒盒的玄机》。

生：《谜底》。

生：《"耍"得心甘情愿》。

生：《酒盒之谜》。

生：《谜》。

生：《酒盒·名片》。

（学生进行习作，20分钟后，大部分人完成了400字以上的习作。）

（七）读中改

师：不是亲眼所见，我绝不敢相信咱五（1）班学生写作水平之高。文章是写出来的，好文章是改出来的。下面，我们一起来听听这位同学的习作。请让他自己读，同时，大家边听，边思考，边帮他发现问题。

生：《酒盒里的秘密》。今天上课的原来是一年前给我们上《乡下人家》一课的汪老师。

（一生举手说："开头这一句我认为可以改成'谈笑间，我猛地回忆起今天上课的老师原来就是去年来学校给我们上课的汪老师'。"）

生：一上课，汪老师对我们说："今天，我带了一个酒盒来，你们不要认为里面装的是白酒，我不喜欢喝白酒，这只是我用来装东西的哦！现在请大家来猜一猜，当然，我是不会让你们看见的。"这时，"小博士"胡守正也十分仔细地望着酒盒。汪老师幽默地说："戴眼镜也是看不见的，哪怕是 800 度也没用。"

（一生举手说："我觉得这里对胡守正的描写及汪老师幽默的语言描写非常精彩，值得大家学习。"）

师：对，同学们，我们不但要善于发现别人的问题，更要善于寻找同学习作中的闪光之处。

生：汪老师一席话，逗得在场的人哈哈大笑。过了一会儿，大家的脑袋全部思考了起来。

（一生举手说："'大家的脑袋全部思考了起来'可改为'大家都在认真地琢磨着'，这样语言更精练。"）

生：这时，脑袋瓜想得最快的胡守正把手举了起来。

（一生举手说："我想，把这个'想'字改为'转'字，效果会更好。"）

生：汪老师说："好，你先来。"胡守正站起来说："里面可能是昨天您喝喜酒时发给您的一袋喜糖。""昨天我没有去喝喜酒。"汪老师说。"那就是您以前喝喜酒时得到的喜糖。"胡守正的脑袋瓜立马转了一个弯。汪老师说："很好，还有没有人来猜？"

生：大家先是一阵沉默。尔后，潘昱晨站起来，对汪老师说："可能是一本您喜欢的书，因为书籍是人类知识的源泉。"汪老师说："很好，但可以不用说什么'书籍是人类知识的源泉'，说一些猜测的理由就可以了。"汪老师的这些话，鼓舞了我们大家。

（一生举手说："'我们''大家'有重复的意思，删去其中之一。"）

生：我把手举了起来，结果汪少宇也把手举了起来。汪老师却说："黄鹤鸣，你来。"我兴奋地站了起来，心想，真是太好了。我说："汪老师的盒子里装的可能是一篇汪老师最近写的文章，因为您可能会时常把作文拿出来，看一看有什么地方可以修改修改。"

（一生举手说："'我说'之前加上'胸有成竹'，会更好吧？"）

生："理由很好。"

生："想见'庐山真面目'吗？"汪老师问。"想！"我们大家异口同声地说。

（一生举手说："此处也该删去'我们''大家'其中之一。"）

生：只见汪老师把手放入"神秘"的盒子摸了一会儿，拿起来，又假装掉了下去。

（一生举手说："这里的描写'拿起来，又假装掉了下去'，我认为非常精彩。我佩服黄鹤鸣同学的写作水平。"）

生：接着把东西拿了上来，我们一看，以为是什么珍贵的东西，原来是一张餐巾纸。我们本来以为这就是谜底，结果，汪老师说："继续猜。""啊？还猜？到底是何方神圣？"老师还让我们闻了闻。大家闻了后，觉得没什么味道。这时，我灵光一闪，把手举了起来说："可能是蚕子吧！因为您去年来上课时说养了许许多多的蚕，一定产下了很多蚕子。"汪老师笑呵呵地说："要是这样，我可要给你一点，否则我会因没桑叶把这些蚕活埋了。"哇，汪老师家估计桑叶不够才会这样的吧！

师：了不起！一年前上课聊到的事，你们都没有忘记，汪老师真高兴有你们这些学生。

生："想见'庐山真面目'吗？""想！"这次大家的声音比上一次更加响亮。汪老师神秘地把餐巾纸打开。大家一看，啊！还有一张餐巾纸。这次，汪老师让我们放在手里掂量一下，看看重量如何。许多人都掂了一下，我也掂了一下，感觉一点也不重，便把手举了起来。

生：这时，汪少宇迫不及待地喊着："可能是一张您和家人的照片。""为什么呢？"汪老师问。"我也说不上来。"汪少宇嬉皮笑脸地答道。

（一生举手说："我觉得这里的'迫不及待''嬉皮笑脸'两个词用得非常

恰当。")

　　生："想知道'庐山真面目'吗?""想!"这次大家的声音明显比前两次的声音小了一些。汪老师打开最后一张纸。大家一看,原来是一张名片,上面写着"汪智星"这三个字。"哦!"大家的兴奋劲立马又回来了。

　　师:这里说"兴奋劲立马又回来了","回来"这个词可以改为"起来"吗?

　　(一生举手说:"我觉得'回来'一词用得准确,因为一开始学生的兴奋劲是很大的,后来小了些,现在又大了,就叫'回来',如果用'起来'就不太准确。")

　　生:汪老师说:"知道我为什么包了一张名片吗?"这时,大家我看看你,你看看我,没有一个人举手,课堂上一片寂静。

　　(一生举手说:"我认为'我看看你,你看看我',可以用'面面相觑'这个词来代替。")

　　生:过了半晌,潘昱晨慢慢地把手举了起来,说:"可能是您为了和别人更好地联络。"汪少宇的手依旧举在那儿。汪老师再叫汪少宇。汪少宇一站起来就说:"是您要出差,把名片给他们,可以取得联系,反正就是您要出差。"

　　生:汪老师说:"这个月26日至28日这三天,我要去南京出差。到时,我会碰到一些老朋友,也会碰到一些新朋友。我就把这些名片给他们,到时候可以方便联络。"

　　生:哦,原来是这样啊。这时,汪老师说:"今天,我们要写的作文一点也不难,就是把猜的过程写下来。今天谁写的作文最好,我就奖励他一张名片做纪念。""哇。"大家一片欢呼。

　　生:教室里,同学们便"沙沙沙"地写起了作文,那声音就像春蚕在吃桑叶一样。

(八) 聊结课

　　师:同学们,这节课,我们一起修改了黄鹤鸣的一篇习作。也许大家没有发现,可我清楚地看到了黄鹤鸣在读自己的习作时,有的地方是当场做了适当的修改与调整,看来在出声地读中修改自己的习作,效果特别好。平时,我们要养成一遍又一遍地读自己的文章,一遍又一遍地改自己的文章,在读中修改,在读中推敲的习惯,文章的语言才会流畅,才会优美。另外,刚才大家不仅认真地听了,而且积极地思考着。有的同学听出了黄鹤鸣的习作中许多用得准确的词语，写得特别细腻、精彩的句段；有的同学听出了习作中的一些不足，并提出了很好的修改意见。这些，真令汪老师兴奋。

师：即将下课了，汪老师想送你们一句话，希望太白小学五（1）班的学生记住它，并努力去践行。"生活有多精彩，习作就会有多精彩。让我们用智慧的大脑和勤劳的双手去创造多姿多彩的生活。"

汪智星应邀在浙江大学"千课万人"观摩会上课示范

八、让习作指导如魔术般好玩

——《"变味"水》习作指导课堂教学实录

（一）谈话交流，趣味导入

师：同学们，今天老师想告诉大家一件别人都不知道的事。我的爸爸是老师，这大家都知道。（生笑）可我的爷爷是做什么的，你们想知道吗？

生（频频点头）：想。

师：我的爷爷是一位医技特别精湛的老中医，他凭借祖传的中医技术给人看病。他给人看病，一般都有望、闻、问、切四个环节。望，就是看，就是观察病人的脸、舌头、手脚等。闻，就是听，听病人的述说，听病人体内的一些声音。问，就是询问病人，了解病情。还有切，是最关键的一步，也是最能体现中医本领是否高明的一个环节，就是用他的食指、中指搭在病人手腕的脉门处。通过了解病人脉搏的强弱、快慢、虚实，他就能判断病人得的是什么病，病情严不严重。怎么样？不可思议吧？经过望、闻、问、切，我爷爷就能找到病症，然后对症下药，没有一次不是药到病除的。同学们，听了汪老师的讲述，你们觉得我爷爷怎么样？有什么话想对我爷爷说吗？

生：汪老师的爷爷，听您孙儿这样介绍您，我也特别佩服您。

师：汪老师的爷爷，你们可以直接称呼爷爷。

生：爷爷，祝您身体健康，医技更高明！

生：爷爷，您医术高明，病人就少一分痛苦。我想，在病人心中，您一定是那救苦救难的活菩萨。

汪智星应邀在四川省小学创新作文教学研讨会上进行示范教学

师：的确如此，我爷爷医技高明，老家的厅堂里全挂满了病人送来的锦旗，有"杏林春满"，有"妙手回春"，还有"再世华佗"等许许多多的锦旗。还有什么话想

对我爷爷说？

生：爷爷，您医术高超，你的好孙子教学高超，你们都是好样的。

生：爷爷，我以后长大了，如果能成为一位医生，也要像您一样做一位能够药到病除的神医。

师：谢谢同学们发自内心的赞美，我想我爷爷听了一定特别高兴。同学们，汪老师从爷爷看病的过程中悟出了一些习作的门道，想跟汪老师一起学吗？

生：想。

（二）引导观察，感受过程

师：我反复思考后，总结出了六个字。我想，今天的习作课上，如果同学们能够按老师讲的去做，也一定能写出精彩的习作来。想学吗？

生：想。

师：这六个字就是：看、摸、尝、闻、听、想。具体地讲，就是看其形，摸其形，尝其味，闻其味，认真听，大胆想。

（板书：看其形　摸其形　尝其味　闻其味　认真听　大胆想。）

（老师取出事先放在讲桌下的道具。）

师：同学们，不可思议的时候来了。请看，这是……？

生：碗。

师：真聪明，终于有人没有说错。（众笑）这两个又是什么？

生：碗。

师：第二次说碗，就没什么了，关键是看到这三个碗，你想到了什么？

生：这三个碗是老师从家里带来的。

生：这三个碗是老师从超市买来的。

生：我想到了一家三口。一个是爸爸吃饭用的，一个是妈妈吃饭用的，还有一个是他们的孩子拿来吃饭的。

师：原来是这样呀。看到三个碗，就想起了一家人。不简单！再看，这是什么？

生：一个装着矿泉水的瓶子。

师：下面，请大家看清楚我在干什么。

（老师将瓶子里的水倒入三个碗中，然后自己把瓶子里剩下的水喝掉了。）

生：老师把瓶子里的水均匀地倒入三个碗中。

师：仔细想想刚才老师倒水的过程，把话说具体。我欣赏说真话。

生：汪老师把瓶盖轻轻一拧，盖子就拧开了。然后，将瓶子里的水小心翼翼地倒入三个碗里。

生：汪老师把瓶盖轻轻一拧，就拧开了盖子。我想这瓶盖可能是早已拧开的。

师：不简单，不仅说了看到的，还说出了由看到而想到的。请继续说！

生：接着，只见汪老师右手拿着瓶子，然后用左手将右手的长袖卷了卷，可能是觉得袖子长了点，担心影响倒水。

师：掌声在哪？（全班掌声响起）我想一定是和我一样，都被这位同学的精彩描述感动的。你为什么给他掌声？

生：他观察得非常仔细。

生：他不仅把看到的说具体了，还把由看到动作想到的也说了出来。

生：我觉得他看得非常细，想得也很合理。真不简单！

师：请你继续说。

生：老师拿着瓶子，从左边第一个碗开始倒，倒到快 2/3 的位置时，迅速地将瓶子移到了第二个碗的上方。就这样，一会儿工夫，三个碗倒得非常均匀。瓶子里只剩下一大口水的样子。没想到，老师举起瓶，一仰脖，将瓶子里所剩的水全喝了。我们傻傻地望着，好像老师把什么灵丹妙药独自吃了似的。

师：掌声该响起来了。（也许是大家听得太入迷的原因，缓了片刻，掌声才猛烈响起。）同学们，请继续看老师在干什么。（手举一小袋白色的东西）同学们，这是一袋白糖。说起这白糖的来历，还真有点离奇。想听吗？

生：想。

师：昨天晚上我去超市买这白糖，当我抓了这一点点去称时，服务员竟不肯卖给我。知道后来她为什么又卖给我了吗？

生：您告诉她您是老师，她就给您了。

生：您后来趁她不注意，偷了这么一点来。

师：噢，我可不敢这么做，再说我也绝不会这么做。

生：您看到了另一位服务员，没想到她竟是您的学生家长。她跟经理说了说，就送了您这么一点。

生：您先告诉她您是老师，后来又告诉她您用这糖来干什么。那服务员一听原因，连忙送给您了，还为自己刚才的所作所为感到后悔。

师：又是你，你总是给大家创造惊喜。汪老师想和你郑重地握一次手，以表达我内心的感动。（握手，学生们也不约而同地鼓掌）对，这位服务员就是因为听了我要白糖的原因，就送给了我这么一点。虽然只有这一点，但已足够了。下面，我要把这白糖放入三个碗内。请认真地看，大胆地想，我又在干什么？

（老师将白糖放入碗内。）

生：老师打开用塑料袋包着的一点点白糖，大概只有一小勺。

师：你观察得非常仔细，请继续说。

生：老师小心翼翼地用手从袋子里抓了一小把，放入了左边的第一个碗。接着，又抓了一点，放入第二个碗中。

师：注意，是中间的这个碗。

生：最后把剩下的全倒入了右边的碗里。

生：我想这样改一改。

师：还想说得更好，是吧？请你说。

生：老师小心翼翼地从袋子里抓了一小把放入了最左边的碗里，接着，抓了第二把、第三把，依次放入另外两个碗里。

师：好呀。确实不简单。这样一改，意思明白了，语言也简洁了。请往下看，最不能走神的时候到了。请同学们睁大双眼，盯着我的演示。

（老师伸出中指搅拌左边碗里的水，然后迅速地把食指伸进嘴里吮吸，做出一副非常好吃、开心的样子。老师伸出中指搅拌中间碗里的水，然后迅速地把食指伸进嘴里吮吸，做出一副非常难吃、想吐、万分难受的样子。老师伸出中指搅拌右边碗里的水，然后迅速地把食指伸进嘴里吮吸，做出一副没有任何感觉的样子。）

师：同学们，老师依次品尝三碗放了糖的水，感觉完全不一样。下面我想请三位同学来替老师各品尝其中一碗放入糖的水。

（老师随意叫了三位学生来到讲台前，并附耳对他们低语，要求尝后用夸张的表情做出来，但绝对不能说出来。三位学生一一从老师的手里接过碗，认真地喝了一口，放下碗，并做出极其夸张的表情。为了让更多学生有切身的感受，老师先后把三碗水，让班里大多数学生用手指蘸着尝了尝。）

（老师来到台上的三位学生跟前。）

师：请问是什么味道？

生：咸的。

生：甜的。

生：没味道。

（老师再来到学生们面前，问刚才尝过水的学生水是什么味道。）

生：咸的。

生：甜的。

生：没有任何味道。

生：味道好极了，还想尝一尝。

师：请回答我是什么味道？

生：甜的。

生：一半是甜，一半是咸。

（全班学生哄堂大笑。）

师：同学们，刚才说的话里，有的说的是真话，有的说的是假话，还有的是乱说话。究竟是什么味道，还是来看看我刚才放入的白色物体究竟是什么。

（老师取出袋子里剩下的一点点颗粒，让其中一个学生舔了舔，并告诉大家。）

生：呀，好咸。

师：知道是什么吗？

生：盐。

师：对，是盐，不是糖。水是咸的，为什么有的同学会说是甜的，有的同学会说没味道，还有的同学会说一半是甜的，一半是咸的？还有汪老师尝了三碗都是放入盐的水，为什么会有三种不同的表情？

（全班学生一时间进入了思考状态。）

生：老师，您放入水中的手指是左手的中指，而拿起来伸入嘴里的却是左手的食指。

师：火眼金睛呀！对，就他一人发现了。这么一个小小的实验，其实让我们明白了，观察需要的是认真细致。只有认真细致地看，才能看得清，看得细，看得全，看得透。

（三）角度多样，引导拟题

师： 同学们，刚才的这次经历、这次体验非常有趣味。若写下来，就是习作。记住这样一句话："过程就是习作，过程具体就是好习作。"如果以今天这节课为内容来拟题，同学们觉得可以取一个怎样的题目？

生：《有趣的一节课》。

生：《可笑的一节课》。

生：《充满趣味的课》。

生：《难忘的体验》。

生：《有趣的经历》。

…………

师： 如果以这节课中看到的现象、主要事物、人物或感悟到什么来拟题，又可以怎样拟？

生：《会变魔术的汪老师》。

生：《"变味"水》。

生：《"糖水"变"盐水"》。

生：《碗中的奇妙》。

生：《奇怪的糖水》。

生：《咸的"糖水"》。

生：《神奇之水》。

…………

师： 有了自己拟定的好题目，相信同学们今天的习作更精彩。

（学生进行了近 30 分钟的习作，与此同时，老师也现场作文。）

（四）指导修改，读中推敲

师： 现在，老师手中有两篇习作，我身边的这两位同学就是小作者。接下来，老师想先后请他们读自己的文章。注意，请所有的同学停下自己手中的笔，听听老师是怎样替他们修改习作的。认真听，相信你也会从中学到修改的好方法。你们两位同学要记住了，我对你们读自己的习作有要求：第一，你们声音要响亮；第二，你们的语速要稍慢。目的在于让大家听得清楚，也便于我替你们修改习作。明白吗？请读！

生：《有趣的作文课》。

师：你是以这节课来拟题的，对吧？同学们，看看他的习作题目有什么不对的？

生：作文的题目不能打书名号。

师（对读作文的学生）：知道了吗？这里是不需要打书名号的。刚才我在来回走动的时候，就发现也有几位同学打了书名号，请你们改过来。请继续读！

生："丁零丁零——"上课铃响了。

师：这句话很有必要，这么一说，就知道这是发生在课堂上的一件事。

生：汪老师从讲台里拿出一个红袋子。"我今天带来了一些东西。"汪老师一边解开结，一边说："真后悔早上打了个死结。咦！解开了。"

师：听得出，这是汪老师在自言自语呀！同学们仔细看这句话中的每一个标点符号，发现问题了没有？

生："一边说"后面不能用冒号，要改成逗号。

师：哦，为什么？你能给大家说说理由吗？

生：这里前边的"我今天带来了一些东西。"和后边的"真后悔早上打了个死结。咦！解开了。"都是汪老师说的话，属于提示语在中间。提示语在中间，"说"的后面要打逗号。

师：你很聪明！（转身对读的学生）现在你明白了吗？请你自己现场改过来！继续读！

生：话音未落，全班一阵爆笑。汪老师又说："首先请'主角'出场！"

师：去掉"首"字，继续读。

生：拿出来一看，全班又笑了。

师：是谁拿出来看？同学们联系前文想想。

生：是汪老师。

师：对，应该说"汪老师拿出来一看，全班又笑了"。继续读。

生：为什么？因为他拿出来的是一瓶矿泉水。"这不是一瓶普通的水。"汪老师顿了顿说，"它是一瓶白色的矿泉水。"全班同学第三次笑疯了。汪老师从袋子里依次拿出三个碗和一袋"糖"。汪老师在碗里倒了水。

师："倒了水"改为"倒入水"。

生：倒完后，他说："这三个碗不是普通的碗，里面已装了不一般的水。"汪老师又把"糖"撒进水里，轻轻地晃了晃，尝了尝，说："全溶解在水里了。我请三个同学上来尝一尝。""我！""我！"同学们一个个高举着手喊。汪老师说："我让表现好的同学来尝尝。嗯，你来吧，何志成。你，谢沁源。还有你，史雪薇。"他们一一站在了讲台上。汪老师把三个碗给他们，让他们喝了一小口。

师：改为"把三个碗小心地递给他们"。作文要用真实的语言描写真实的情景。继续读！

生：他们喝后，老师又让胡开伦、张孝杰也尝了尝。

师：改为"老师也让胡开伦、张孝杰尝了尝"。他俩都只是第一次尝，如果用"又"，意思就变了。

生：汪老师又说："再让六七位同学尝尝。"全班沸腾了。

师：对，记得当时的情景确实如此，"全班沸腾了"。大家想想，当时的那种情景还可以怎样描述？

生：全班像炸了锅似的。

生：全班瞬间热闹起来。

师：同样的情景，同样的意思，可以用不同的语言来表述，语言就是这么有魅力。请继续读！

生：汪老师给我、胡梓阳等好多人一一尝后，问："味道怎么样？"史雪薇答道："味道不怎么样。"汪老师又问谢沁源、何志成。他们却说："没味道。"胡开伦、张孝杰点点头，意思是同前边说的一致。汪老师又问我，我说："好咸。"胡梓阳点了点头。张浩成叫起来："我知道！我知道！那不是糖而是盐！"

师：把"叫"改为"喊"更恰当些。请继续读！

生：汪老师说："没错，我吃的时候是中指蘸，食指吃，你们没发现吧？"

师：改为"汪老师笑着说"，同时把"吃的时候"去掉。

生：哦，原来汪老师是用这个小实验告诉我们做什么事都要仔细观察呀！

师：非常巧妙的结尾。小作者自然地写出了习作描述的事情告诉我们的一个道理。因为小作者观察得细致，才写出了这样精彩的习作。汪老师给他的习作评价等级是四颗星。下面请第二位小作者读自己的习作。

生：奇怪的水。

师：你是以这节课中看到的主要事物来拟题的。再看，他的题目上是没有书名号的。请读！

生：上课了，汪老师走进教室，手里竟提着一个塑料袋。汪老师一本正经地说："这个塑料袋里的东西不简单哦！"我们瞪大眼睛，伸长脖子，想看看老师葫芦里卖的是什么药。

师：停一会儿。这几个句子写得非常好。我想请大家各抒己见，评评好在哪里。

生：他用一个"一本正经"，真实地写出了汪老师说话时的神情。

生："瞪大""伸长"两个动词写得很逼真。

生：还有"想看看老师葫芦里卖的是什么药"，这是写出了我们的内心活动。

师：一个"一本正经"，一个"瞪大"，一个"伸长"，还有一个"想看看"，这里有神情的描写，有动作的描写，有心理的描写，非常精彩。就这一处，汪老师要给一颗星。请继续读！

生：接着，只见老师拿出三个碗，一瓶矿泉水和一小包糖。"那么简单的东西能藏什么秘密？"我正想着，老师把水倒进三个碗，又把糖撒进三碗水中。

师：不是"撒进"，是"小心地倒进"。

生：老师依次叫了我和另外四个同学尝了尝水的滋味。我尝了一小口，心里嘀咕着：奇怪！没味道。可老师用手指蘸了水尝后，说蛮有味道——很甜呀。这真是怪事！当我心里满是问号时，老师让我们说说味道怎么样。第一个说没味道，第二个说有些咸，我也说没味道。老师一个一个地问下去，大家不是说咸，就是说没味道。

师：听着你的习作，就好像回到了当时上课的情景。习作，就应该这样写。继续读！

生：正当同学们百思不得其解时，老师给我们揭晓了答案："其实我撒的不是糖，而是盐。每个碗里都放了盐，可能是有的碗中的盐已经溶解，有的碗中的盐还没有溶解，所以你们才说是咸的或没味道。另外，我蘸水的手指是中指，舔的却是食指。"

师：文中的"撒"改为"倒"。

生：老师这么一说，大家恍然大悟。原来是老师和我们玩了个小把戏。这次实验，我们之所以上了老师的"当"，是因为没有仔细观察。

师： 只有仔细观察，才会有许多发现。汪老师给你的习作评价是四颗星，再加上刚才的那颗，共五颗星。当然，写好习作，光观察是不够的，还得像前面所说的，要做到"看其形，摸其形，尝其味，闻其味，认真听，大胆想"。同学们，刚才两位同学的习作很成功，因为他们把过程写得很具体，还说了真话，表达了真情，大胆想象。这是最难能可贵的。

（五）欣赏文章，交流心得

师： 在你们进行习作的同时，老师现场写了一篇作文。在读之前，我要说说作文题目。我的题目是《"变味"水》，这个题目可不是我想到的，而是刚才一位同学说的，我觉得这个题目很新颖，就用了。请看屏幕上老师的作文。

"变味"水

（汪智星）

清脆的铃声响起，我迅速拎着一个装着东西的红色小袋来到教室。趁学生们还在小声嘀咕的时候，将小袋放进了讲桌的抽屉里。

一上课，我故作神秘地从小红袋里取出三个碗一字摆开。我边摆边说："这三个碗不简单。知道它们是怎么来的吗？"话音刚落，学生们不约而同地说："老师从家里带来的。""这么难的问题，你们都知道，不简单！"这时，教室里一片大笑。"同学们，三个碗不简单。我想问的是你由三个碗能想到什么吗？"同学们似乎听明白了我的话中话。思索片刻，有少数学生自信地举起小手。我来到一位学生跟前，亲切地说："老师想听听你的不简单。""老师，右边的碗是你吃饭用的，中间的碗是孩子吃饭用的，右边的碗是你老婆吃饭用的。由这三个碗，我想到了你们一家人甜蜜的生活。""掌声在哪里？不简单！不简单！"我一边称赞着，一边郑重地与学生握手。显然，眼前的他有些受宠若惊。

"同学们，请注意下面老师将拿出来的是什么。"我提醒道，"告诉你们，这是一小撮白糖。昨天晚上，我在商场里买白糖，因为太少了，服务员起初不卖给我，后来又卖给我了。知道中间发生了什么事吗？"学生们的猜想很丰富。有的说我跟经理进行了一番理论，有的说我碰到了店里的另一熟人——学生家长，有的说我跟服务员说了买白糖的原因后他便给了我。当学生有着许多猜测后，我也向他们讲述了事情真相。

"同学们，不可思议的时刻到了。请看。"话说完，我将袋子里的白糖各放入三个碗。搅拌一阵后，就用手指各伸入三个碗中，然后先后放入自己嘴里尝了尝。尝后，我分别做出不同的神情。之所以这样做，是想分散学生的注意力，让他们只关注我尝时的神情，而不注意蘸水的手指和伸入嘴里的手指不一样。没想到，我的表演结束后，竟没有一个学生对我的举止质疑。我心想，表演成功了一半。

为了让课堂出现更引人发笑的事，我请了三位学生上台来尝三个碗里的水。为了让课堂再一次呈现悬念，我附耳对三位学生低语："尝了水后，有什么味道或感觉，记住，要用自己的表情夸张地表现出来，千万不能说出来。"

三位学生一一尝后，各表现出让人难以捉摸的神情。看着这一幕，我在心里暗暗叫好。这时，下面的学生似乎有些不耐烦，课堂上有些躁动。我告诉大家："不要着急，我决定让大家也来尝尝这水的味道。"学生们乐了。他们尝后，竟偷偷地议论着、笑着。我来到讲台前，郑重地问三位学生是什么味道。第一位学生的回答是："甜的。"第二位学生的回答是："咸的。"第三位学生的回答是："一半是甜，一半是咸。"学生的话音刚落，教室里又一片哗然。我走到学生中间，问了许多位刚才也尝过水味道的学生。他们的每一次回答，都让教室里欢笑一片。

"同学们，老师放入的是糖水，为什么会出现各种味道？"听着我的质疑，学生们一个个陷入了思考。半晌，一位学生肯定地说："老师放入的不是糖，而是盐。""是盐，为什么我尝后却表现出很有滋味的样子？"我进一步问道。

这时，一位男生猛地站起来，说："你的表现是你故意装成的。我发现你放入碗里时是用中指，而伸入嘴里时是用食指。""不简单呀！我终于等到了这一刻。好眼力！"听男生这么一说，全班学生明白了。

"今天的课堂上，老师就是想通过这么一次小实验告诉大家，观察事物或生活一定要认真、细致。切不可被假象蒙蔽，或人云亦云，或凭感觉做出判断。"我语气铿锵地说着每一个字。学生们静静地听着，好像领悟到了什么。

师：同学们，汪老师每一次指导你们写作文，在你们写时，我也和你们一起写同题材作文。说句心里话,起初,我觉得有点难度。后来,一次又一次地这么坚持下来,这么练下来,我的写作信心更足了,我的写作速度也快了,我的写作水平也逐渐提高了。就因为这一次次的坚持练写,我总结出了自己的写作心得——"写作如做其他事一样,熟能生巧。只要你信心十足、持之以恒地练下去,就会喜欢上它,因为它能给你带来成功与快乐。"你们从三年级开始写作到现在,有什么心得吗?

生:平时多看课外书,多积累好词好句。

师:对,多读多积累,对提高自己的写作水平非常有效。

生:作文写完后,要一次又一次地修改、推敲。

师:正如老师平时对你们说的,好习作是改出来的。要一个字、一个词地推敲,连一个标点也不放过。

生:只要多看、多听、多想,一切事物在你的笔下,就会变得有声有色。

师:的确如此,要想写出好习作,首先得做生活中的有心人,做一个善于看、善于听、善于想的人。

生:作文要有自己的创意,才有存在的价值。

生:灵感是写作的火花,积累是写作的源泉。

汪智星应邀在南昌市"名师沙龙"第一次主题活动中进行交流发言

生：用心去体验生活，用心去寻找震撼心灵的东西，作文才会显得真实、自然、生动、感人。

生：我爱生活，我爱写作。生活是写作的源泉。

师：同学们的习作心得的确能让人受启发。我想，我和大家都会明白我们要多读书、多积累，我们要热爱生活，要用心去体验生活，同时，作文还得有自己的创意。愿大家在习作的天地里快乐地"玩"。

九、实现从"一般"到"多元"的提升

——读后感习作指导、赏评课堂教学实录

（一）指导：巧借"下水文"，领悟一般写法

1. 从交流自身爱好及习惯导入

师：同学们，从三年级起到现在，老师和你们相处了两年多。我想问问大家，知道老师有什么爱好吗？

（快步走、看书、写文章、打球、游泳……）

师：我的爱好是挺多的，谁知道我最大的爱好是什么吗？

生：读书。

生：写文章。

师：的确如此，我的日常生活中，最大的爱好要数读书和写作了。不过，我读书有着自己的阅读习惯。例如，常常用自己喜欢的符号在书上圈画（出示图片），凡是被我读过的书都会留下圈画的痕迹；常常把书里的精彩句子或片段摘抄在自己的读书笔记本里（出示图片），我的读书笔记每个学期都有厚厚的一本；常常在读到一些令自己印象深刻或感触特别大的文章后，就会写点自己的体会、感想（出示图片）。我工作了 20 年整①，写的读后感之类的文章就有 200 多篇。

---

① 本教学案例发生于 2015 年。

2. 感知读后感特点，领悟其一般写法

（1）感知读后感的特点

师：同学们，你们以前有没有像老师这样，当读到一篇好文章或读到文中的一些精彩句子和段落时，就写点自己的体会、感想呢？

（有的说有，有的说没有。）

师：知道这类文章叫什么吗？

生：读后感。

（板书：读后感。）

师：你们能尝试着说说什么叫读后感吗？

生：读了一篇文章或一本书后，写下自己的真实理解、感受。

生：读了一篇文章或一本书后，写出自己内心的体会、感想。

师：这些都是你们的理解，下面，请看看老师是如何描述读后感的。

（出示课件：读了一篇文章、一本书后，结合书里的内容，或文中的精彩句子、段落等，写出自己内心的真实体会、感想，就是读后感。）

（2）领悟读后感的一般写法

师：下面，我们就来看看汪老师在开学第一天读了《窃读记》一文后，写的这篇读后感。同学们，不要急着发表自己的任何见解与观点。请大家自由地、出声地读读老师写的这篇读后感。

让我们爱上阅读

——读《窃读记》有感

（汪智星）

明天，我得引导学生学习《窃读记》一文了。晚上，我又反复读了两遍课文。合上书，《窃读记》一文里讲作者小时候因为家里穷买不起书，就去书店"窃读"的事深深地印在了我的脑海里。

"急忙打开书，一页、两页，我像一只饿狼，贪婪地读着。"这是课文里的一句话，我读出了渴望读书的"我"如一只饿狼，一页页贪婪地读着，感受读书时的快乐和"狼吞虎咽"地吸收书中的知识，渴望读书的心情。

　　生活中，我发现有的同学的阅读是走马观花，简简单单地浏览；有的同学的阅读是只读头、不读尾，有始无终；有的同学是买书热情高，但买回后连翻也不翻就搁在书柜里了；还有的同学是在家长的逼迫下读书的，读书对他们而言，似乎是受罪。相比之下，这些同学与作者的差别太大了！

　　如今，虽然时时刻刻都可以读书，但我们的许多学生不怎么爱读书。我们应该珍惜现在来之不易的读书机会。要知道，要改变一个人，必须从阅读开始。

　　爱上阅读吧！正如课文的最后一句话所说："记住，你们是吃饭长大的，也是读书长大的！"粮食哺育的是身体，而书籍哺育的是人的灵魂。

　　（生自由、完整地读。）

　　师：从老师写的这篇读后感里发现写读后感有什么规律？

　　生：老师的读后感里有的段落是写了自己读到某一句话后，再写出自己的理解与感受的。

　　生：老师的读后感在第 1 自然段里用一句话概括了《窃读记》一文的主要内容。

　　生：老师的读后感里还有一些内容是直接写出了自己的感受、感想。

　　师：你们读了一遍，就有了这些发现，真不错！下面，我们一起来琢磨琢磨。请你读读这篇读后感的题目。

　　（展示文字：让我们爱上阅读——读《窃读记》有感。）

　　生（读）：让我们爱上阅读——读《窃读记》有感。

　　师：读了这个题目，你觉得这个题目有什么特别的吗？

　　生：我发现这个题目是由两个部分组成的。

　　生：我发现这个题目其实是由一个主标题和一个副标题组成的。

　　师：了不起，这个你也知道。那老师再问问你，你知道主标题和副标题各起到了什么作用吗？

　　生：主标题是直接写出作者写这篇读后感的目的。

　　师：的确如此，那副标题呢？

　　生：副标题是告诉我们作者读了哪篇文章。

　　师：明白了吧！这篇读后感的题目是以"主标题＋副标题"的形式呈现出来的。写读后感，首先题目要引人注目。

（板书：题目要引人注目。）

师：再看看这句话。

（展示文字：合上书，《窃读记》一文里讲作者小时候因为家里穷买不起书，就去书店"窃读"的事深深地印在了我的脑海里。）

师：你们发现这里写的是什么？

生：这里写的是课文的主要内容。

师：几句话？

生：一句。

师：一篇长长的文章，读者却用一句话将课文的内容写出来，这就叫概括。一句话概括课文的主要内容，这样，能很快地让读者了解到文章讲了什么。知道吗？写读后感，读懂课文内容是基础，写出自己的感受是重点。也就是说，读后感的精彩取决于作者读了文章后的感受。因此，课文内容的概括力求简洁、明了。

（板书：内容概括要简洁。）

（展示文字："急忙打开书，一页、两页，我像一只饿狼，贪婪地读着。"这是课文里的一句话，我读出了渴望读书的"我"如一只饿狼，一页页贪婪地读着，感受读书时的快乐和"狼吞虎咽"地吸收书中的知识，渴望读书的心情。）

师：仔细读读这段话，你们有什么发现吗？

生：读者先写下课文中的一句话，然后把自己对这句话的理解写了下来。

师：对，这是读者读到文中的某一句话后写下的真实理解与感受。像这样的文字在老师的读后感里还有吗？

生（读）：爱上阅读吧！正如课文的最后一句话所说："记住，你们是吃饭长大的，也是读书长大的！"粮食哺育的是身体，而书籍哺育的是人的灵魂。

（展示文字：爱上阅读吧！正如课文的最后一句话所说："记住，你们是吃饭长大的，也是读书长大的！"粮食哺育的是身体，而书籍哺育的是人的灵魂。）

师：你的发现是什么？

生：这段话也是读者在读到文中某一句话后，再写下自己的理解与感受。

师：这些都是你们的发现。我想再问问你们，你们读了这两段话，还有什么新发现吗？

生：都是读到一句话，再写下自己的理解与感受。

师：这可不是新发现了。

生：第一处是先写文中的话，再写自己的理解；第二处是先写自己的感受，再写文中的话，最后又写了自己的理解与感受。

师：这的确是新发现。再看看，还有什么不一样的发现呢？

（生沉默。）

师（提示）：你们思考这两句话在文中出现的地方了吗？

生：我发现老师写的这两处围绕着原文写理解的句子，是按文中的先后顺序出现的。

师：发现了吧！这一点是很重要的！否则，你东说一句，西说一句，让读者有点摸不着头脑。这两个句子都是文中的句子，是老师在先后读到时写下的理解与感受。记住，要写好读后感，针对原文写下自己的理解是一种行之有效的写法。

（展示文字：生活中，我发现有的同学的阅读是走马观花，简简单单地浏览；有的同学的阅读是只读头、不读尾，有始无终；有的同学是买书热情高，但买回后连翻也不翻就搁在书柜里了；还有的同学是在家长的逼迫下读书的，读书对他们而言，似乎是受罪。相比之下，这些同学与作者的差别太大了！

如今，虽然时时刻刻都可以读书，但我们的许多学生不怎么爱读书。我们应该珍惜现在来之不易的读书机会。要知道，要改变一个人，必须从阅读开始。）

师：谁来读一读这两段文字，看看又有什么发现？

（生读。）

生：我发现第一段是老师列举生活中同学读书的四种现状，巧妙地拿现实生活中同学们读书的现状与文中作者儿时读书的情况进行对比。

生：我发现第二段是老师想告诫同学们要珍惜读书机会，阅读能改变一个人。

师：这两段话都是老师结合自己的生活来谈自己的感想。看来，要写好读后感，结合生活谈感想也是一种很好的写法。同学们，结合老师写的这篇读后感看，要想写好读后感，可以从哪四个方面入手？

生（读）：题目要引人注目；内容概括要简洁；针对句子写理解；结合生活谈感想。

3. 尝试进行读后感练写

师：下面，请同学们按照从老师的读后感里了解到的读后感的特点，以及掌握、总结出的写好读后感的四种一般写法，进行读后感的现场写作。

写作要求：

第一，反复阅读课文《窃读记》，读熟、读懂课文内容。

第二，真实地写出自己读了《窃读记》之后的体会、感想。

（生念习作要求。）

（生进行现场练写。）

（二）赏评：实现从"一般"到"多元"的提升

1. 回顾读后感的特点及一般写法

师：同学们，上节课老师引导大家了解了读后感的特点及读后感的四种一般写法，我们先来回顾一下。

（屏幕出示：读了文章、书籍，把自己的体会、感想写下来，就是读后感。写读后感，"读懂课文内容"是基础；"写出自己的感受"是重点，不宜过多地重复作品内容。）

（生个别读。）

（屏幕出示：题目要引人注目；内容概括要简洁；针对句子写理解；结合生活谈感想。）

（生个别读。）

师：同学们，请试着把读后感的特点及四种一般写法记在自己的脑海里。

（生默记一分钟）。

2. 在赏评中，再次领悟一般写法的运用

师：上次习作中，老师认认真真地改完了全班学生的习作，有了许多的发现。下面，我们进行"题目"赏评环节。

（屏幕出示：最常见的题目——《窃读记》读后感，读《窃读记》有感。）

师：同学们，你们有多少人是用了这样的题目呢？看来，正如我所说，这是最常见的题目。告诉大家，以这样的形式拟题目是没有问题的。再看看下面这些有问题的题目。

[屏幕出示 现象（一）：有感。]

师：发现什么问题了吗？

生："有感"，到底是读了哪篇文章有感，没有交代清楚。

[屏幕出示　现象（二）：读后感。]

师：又发现问题了吗？

生：跟前面的题目一样，仅仅一个"读后感"，读者不能清楚地了解是读了什么文章有感。

[屏幕出示　现象（三）：窃读记读后感。]

生：《窃读记》是一篇文章，要打书名号。

[屏幕出示　现象（四）："窃读记"读后感。]

生：《窃读记》是一篇文章，不能打双引号，要打书名号。

[屏幕出示　现象（五）：窃读记之感。]

生：同样的，《窃读记》没有打书名号。

[屏幕出示　现象（六）：读《窃读记》读后感。]

师：这个题目又有什么问题呢？

生：题目中一前一后出现了两个"读"字，显得重复了，可以改成《读〈窃读记〉有感》或《〈窃读记〉读后感》。

师：下面，我们再来看看这两个题目。

最佳题目赏评：

《书籍是平凡生活中的一抹彩虹——读〈窃读记〉有感》（作者：江昊宇）。

师：读着这样的题目，你们有什么样的话想说吗？

生：我觉得江昊宇这题目就像老师的一样，采用了"主标题+副标题"的形式。

生：我发现江昊宇的主标题采用了比喻的修辞手法，把书籍比作一抹彩虹，是在告诉大家书籍的内容如彩虹一样丰富多彩。

师：你们是这样理解的，我再来问问作者本人当时拟题是出于什么想法？

生：我的主标题的确采用了比喻的手法，把书籍比作平凡生活中的一抹彩虹，就是想表达书籍的内容丰富，多姿多彩，读后能使人产生许多思考。

师：真不简单，从一个题目足以看出小作者的智慧。再来看看下面这个题目。

《感想与收获——读〈窃读记〉有感》（作者：陆瑜涵）。

师：读着这个题目，大家又有什么想说的呢？

生：这个题目，尤其是前面的主标题，一读就能让人明白陆瑜涵在写什么。

师：陆瑜涵，请问你拟这个题目时是出于这种思考吗？

生：对，因为我的读后感主要就是写自己读了《窃读记》这篇文章后的感想与收获这两个方面的内容。

师：发现了吗？读后感的主标题的拟定要有针对性，要学会用一个词组或短句点明读后感的内容或中心。"题好文一半。"拟题环节真的不可忽视。下面，我们进入"内容概括"赏评环节。请大家自由地轻声读读这段话。知道吗？这是我们班里的一位同学概括的课文主要内容。

[屏幕出示 现象（一）：

文章的作者是林海音。文中的"我"因小时候家里很穷，买不起书，所以每天放学后都急匆匆地从学校赶到紧邻着饭店的一家书店。这次，书店仍像往日一样挤满了顾客，令她安心。她跨进店门，暗喜没人注意。从大人的腋下挤到了里边，可在一排排花花绿绿的书里，作者林海音却找不到那本书，使她急切。当她再找一遍时，找到了，使她惊喜。她贪婪地读着，像匹饿狼……

——选自顾子怡的《〈窃读记〉读后感》]

师：我想问问，当你读完这段话，有什么最想说的话？

生：太长了。

生：太累了。

生：太啰唆了。

生：人称太乱了，读了半天，都没有读懂。

师：同学们此时的感受正如我第一次读到这段话时的感受一样。相比之下，我们再来看看另外两个学生在习作中对内容的概括。

[屏幕出示 现象（二）：

一开始读《窃读记》时，脑子里忽然冒出个问题：窃读是什么意思？经过几遍读后，慢慢地，问题便解决了。

本文讲述的是一个小女孩特别渴望读书，天天躲在书店的角落里看书，怕被老板发现。小女孩这种渴望读书的心情打动了我。

——选自许瀚萱的《〈窃读记〉读后感》]

师：我想请作者许瀚萱自己来读读。

（生读。）

师：你在概括时是怎么想的？

生：我就是想用一两句话、用最简洁的话把课文的内容概括出来。

师：这就是你的真实想法，对吧！再看看下面的。

[屏幕出示　现象（三）：

读《窃读记》一课的时候，我深深有感，因为我觉得文中那个小姑娘真的令我敬佩。文中讲述了作者小时候窃读的经历，并且表现出了作者非常渴望读书的心情。

——选自乐奕的《读〈窃读记〉有感》]

师：我再请作者乐奕来读读自己概括的内容。读完后，请你也说说，你当时写这些文字是怎么想的。

（生读。）

生：我当时就是想着如何用一句话把课文的内容概括出来，而且能让读者一读就明白。

师：内容概括要简洁，忌过长，忌啰唆。接下来，我们再进入"感想语段"的赏评环节。

（屏幕出示文字。

《窃读记》，顾名思义，窃，是指偷；记，是指经历。意思是偷偷读书的一次经历。

文中有一句"急忙打开书，一页、两页，我像一只饿狼，贪婪地读着"，这句话把"我"比作饿狼，体现出作者林海音儿时对书籍极为渴望的心态。我们也正处于相同的年龄段，这种爱读书的精神不是我们需要学习的吗？

还有一句话令我深有感触，就是老师对作者说的："记住，你们是吃饭长大的，也是读书长大的！"我认为这句话涵盖了读书的理由，以及读书的重要性。"饭"，一日三餐，必不可少；"读书长大的"，指增长知识，文中作者把"读书"比作"吃饭"，读书的重要性，可想而知。

——选自陆瑜涵的《感想与收获——读〈窃读记〉有感》）

师：从这篇读后感中，你有什么发现吗？

生：我发现陆瑜涵同学在他的读后感中，就是采用了我们上节课讲的"针对句子写理解"的方法。

师：哦，你们一看就发现了陆瑜涵运用了"针对句子写理解"的这种方法写下了读后感的这两段文字。再看看下面这篇，你们又有什么发现呢？

（屏幕出示文字。

《窃读记》这篇文章给我的感触甚是深刻。通过这篇文章，我看到了一个小女孩——林海音，对书的渴求与欲望。这个小女孩，竟冒着被骂、被赶的风险，来到书店，千辛万苦地找到一本令她满意的书看。

我被深深地打动了。现在的孩子，零花钱几乎全用在了买零食和玩具上，又有多少人会想到买书呢？20世纪初的一个小女孩，家境贫穷，都会绞尽脑汁，设法挤进书店看书，难道我们这些21世纪的孩子们不应该好好反思一下吗？

——选自江昊宇的《书籍是平凡生活中的一抹彩虹——读〈窃读记〉有感》

生：江昊宇同学写的这篇读后感的第二段内容就是结合了现实生活谈自己的感受、感想。

师：在同学们的文章里，我看到了大家能灵活地运用上节课老师指导的写读后感的四种一般写法。让我们再次回顾一下。

（屏幕出示文字。

题目要引人注目；内容概括要简洁；针对句子写理解；结合生活谈感想。）

3. 在"赏评"中，明白读后感多元写法的运用

师：同学们，老师在改你们的读后感时，还惊喜地发现了另外两篇读后感的内容。我们来看看。

（屏幕出示文字。

书籍是人类进步的阶梯。是呀，书籍是由诸位学者用智慧、知识和汗水凝聚出来的。它是平凡生活中的一抹鲜艳的彩虹，是让我们增长知识的老师，还是那些盲人了解世间万物的双眼。

读书，能让生活产生乐趣；读书，能让生活有滋有味；读书，能让生活充满阳光！

——选自江昊宇的《书籍是平凡生活中的一抹彩虹——读〈窃读记〉有感》》

师：从这篇读后感中，你有什么发现吗？

生：江昊宇的读后感里引用了高尔基说过的一句话：书籍是人类进步的阶梯。

生：江昊宇的读后感里再次出现了"它是平凡生活中的一抹鲜艳的彩虹"这句话，我认为这是与题目的一种呼应。

师：这你也发现了，了不起！仔细读读，还有什么新发现吗？

生：江昊宇的读后感中的句子"它是平凡生活中的一抹鲜艳的彩虹，是让我们增长知识的老师，还是那些盲人了解世间万物的双眼"，我觉得他运用了比喻的手法，分别把书籍比作彩虹、老师、盲人的双眼。

师：不简单，看来你真正做到了认真读，并仔细思考。看看，还有不一样的发现吗？

生：我觉得这两段话都是讲述了读者读了文章之后，结合文章中心谈的感受、感想。例如，"读书，能让生活产生乐趣；读书，能让生活有滋有味；读书，能让生活充满阳光！"这样的语言讲的就是读者读到文章后的写作目的！

师：你们的解读都很棒！知道吗？在这里，江昊宇同学就是结合了文章中心在谈感想。这可是读后感的一种特殊写法。下面，我们再来看看另外一位同学的精彩读后感。

（屏幕出示文字。

文中大多是优美的词句，将事情说得完美、完整、细致，用准确、优美的词句代替了唠唠叨叨的废话，读了真是令人赏心悦目。这也是本文的一大亮点。

作者在文中使用了不少比喻句，用比喻句写文章非常有味，因为比喻能使文章的语言简洁、形象、优美。我也很喜欢用比喻这种修辞手法，因此，我强烈推荐"文章比喻化"。

——选自赵羽翔的《读〈窃读记〉有感》）

师：有什么发现吗？

生：赵羽翔的这两段话，我发现它是在围绕文章的一些写作方法谈感受、感想的。

师：你是这么理解的，我想问问小作者，这是不是你这样写的真实目的？

生：正如郭佳玉同学所说，我在这两段读后感里，就是围绕整篇文章的一些写作方法来谈感受、感想的。

师：看来你们是英雄所见略同呀！结合写法谈感想也是写好读后感的一种特殊写法。我再问问赵羽翔，因为我在改到你的这篇文章时，读到"我强烈推荐'文章比喻化'"这个句子时有些不理解，你能告诉我这样表达的意图吗？

生：因为比喻手法的运用能让语言更加简洁、优美，所以我说"强烈推荐'文章比喻化'"。它是指在写作文时，能够运用比喻的写法进行表达语言时，就尽量运用比喻的写法，因为这样，文章才会更加精彩，更加吸引读者。

师：原来是这样，真不简单。老师要为你的这句"我强烈推荐'文章比喻化'"点赞。同学们，你们发现了没有？写读后感可以按一般的写法进行，也可以根据自己的需要采用其他多元的写法进行。这样，我们的读后感才会写得更加有滋有味。

（屏幕出示：结合中心谈感想；结合写法谈感想。）

师：读书，就得养成好习惯。读书的时候，可以随时用笔把书里的精彩处进行圈画，或写上简洁的批注。圈画是思考的痕迹，做批注是思考的结果。读完一篇文章后，要把书里的精彩语段进行摘抄，或像我们这样认真写一写读后感。如此，能更好地提升大家的阅读能力和写作能力。

汪智星被评为"江西省先进工作者"

读后感练写的四大法宝

（汪智星）

当我问自己所教的五年级学生："你们知道什么是读后感吗？"没想到学生的回答直截了当："读后感就是你读了一篇文章或一本书后，写下的理解与感受。"学生的回答令我兴奋，因为我对读后感的理解跟他们的近乎一致。可当我再问他们："你们能写出一篇篇好的读后感吗?"孩子们却不作声了。这让我想起了那句话——说起来容易，做起来难。

我在琢磨如何教自己的学生写读后感后，总结出了四大法宝，相信大家读懂了，在今后的读后感练写中就会觉得容易多了。

法宝一：题目要引人注目。常常看到同学们的读后感的题目一般是《读……有感》或《……读后感》。虽然没错，可是这样的读后感题目不能给读者留下深刻印象。可以怎么做呢? 例如，我读了五年级上册第一篇课文《窃读记》后，就写了一篇读后感，题目为《让我们爱上阅读——读〈窃读记〉有感》。发现我的题目妙在哪里了吗? 我的题目是以"主标题＋副标题"的形式呈现出来的。主标题主要是直接写出读者写这篇读后感的目的，副标题则是告诉我们读者是读了哪篇文章写的读后感。相比之下，我的题目能更好地吸引读者。

法宝二：内容概括要简洁。我们知道在写读后感时，一般都要于开头段中用简洁的语言对所读的文章内容进行概括。可是，当我读了许多学生的读后感后，发现大家在读后感里往往用很长的篇幅叙述课文内容，甚至是抄下文中大篇幅的内容，而"感"的内容很少。这跟"写读后感，读懂内容是基础，写出自己的感受是重点"这一要求完全相悖。为此，我向学生展示了自己写的《窃读记》的读后感里的内容。我是这样写的："合上书，《窃读记》一文里讲作者小时候因为家里穷买不起书，就去书店'窃读'的事深深地印在了我的脑海里。"学生欣喜地发现，老师居然把一篇长长的文章用一句话写出来。我告诉他们，这就叫"概括"。读后感里的课文内容概括力求简洁、明了。

法宝三：针对句子写理解。这一法宝，我们的学生也常用，遗憾的是，在针对什么句子写理解上，部分学生缺乏思考，有"拿来主义"之嫌。我以为，"针对句子写理解"中的"句子"一般为课文中的关键句子，或含义深刻，或引人深思的句子。例如，我读了《窃读记》一文后，就针对文中"急忙打开书，一页、两页，我像一只饿狼，贪婪地读着"和"记住，你们是吃饭长大的，也是读书长大的"两个关键句写下了自己的理解与感受。

法宝四：结合生活谈感想。读书是需要思考的。我们读书时往往会把书里的内容跟自己或生活联系在一起。基于此，我们要善于把书本里的内容跟自己或生活联系起来，然后讲述自己的感受、感想。这不正是读者读书后的感想与体会吗？例如，我读到《窃读记》里作者在儿时读书的情况，就想到了现在生活中学生们的各种不同的读书现状，就想不断地提醒自己或周围的人珍惜当下来之不易的读书机会和读书环境。

上述写好读后感的四大法宝是行之有效的，但不是唯一的。我在批改学生的读后感时欣喜地发现，有的学生运用了"结合中心谈感想"的方法，有的学生运用了"结合写法谈感想"的方法。看来，法宝的总结并不是教师的专利，只要学生会思考，敢实践，也是总结习作法宝的主人。

法宝是死的，有了法宝，关键得会灵活运用，而这灵活运用必须在大量的写作实践中习得。同学们，愿你们养成在读了一篇好文章后写写读后感的好习惯，并在写读后感的实践中总结出更多的习作法宝。

十、习作教学的秘妙：重"趣"讲"法"

——《大胃王吃烧鸡》情境体验式习作教学实录

（一）对比"情境"表述，寻问题之根因

师：同学们，这次来你们这里上课，老师其实是有些担心的。为什么呢？因为这节习作课我在自己的学校也上了一次，发现我们那里的大部分学生存在一个"致命"的问题——不善于观察，也不善于把看到的详细表述出来。

（出示："致命"问题——不善于观察，不善于表述。）

师：下面，我想先听听你们的理解，什么样的观察叫善于观察？什么的表述叫善于表述？

生：善于观察就是要看得认真，看得细致。

生：善于观察就是要能看到每一个细节，如人物的动作、神情等。

生：善于表述就是要把看到的、听到的都详细地写下来。

生：善于表述就是要把看到的、听到的都详细地、真实地表述出来，不随意忘记情节。

师：光说不练假把式。下面，请同学们认真地、细致地观察老师演示一个无声的情境（板书：无声演示），看完后想一想，看谁能把老师演示的情境用语言细致、真实地表述出来。

（"情境"呈现：老师正走着，忽然被地上的东西绊得滑了一下。老师停下脚步，抱怨一番，继续往前走。猛地，老师想到了什么，返身捡起地上的东西，丢进垃圾桶里。）

师：好，请同学们微闭双眼，静静回想，尝试着用语言表述出刚才看到的无声演示的情境。

生：汪老师走在路上，好像被什么东西绊了一下。老师停下脚步，抱怨了一番。老师继续往前走了几步，好像想起了什么。他返回，捡起地上的东西，放进了路旁的垃圾桶里。

生：汪老师走在路上，脚下一滑，大概是被脚下的香蕉皮滑了一下。老师停下脚步，冲着那香蕉皮抱怨了一阵。他继续往前走，过了一会儿，又返回来。他捡起地上的香蕉皮丢进了垃圾桶里。

师：这是一个无声的演示，所以在你们的表述中，跟我在自己的班上遇到的情况非常相似——看得不够认真、细致，把情境中的一些细节落掉了。最关键的是，只表述了自己看到的，而由看到的情境展开的联想几乎没有。当然，这也在我的意料之中，因为这是一个无声的情境演示，要用语言表述出来是有一定难度的。

师：我们来看看刚才整个无声情境的语言再现。我请一位同学来读一读！

（屏幕出示文字。

汪老师独自走在上班的路上，忽然，脚下一滑，差点摔倒在地。他站稳后，回头看到地上的香蕉皮，再望了望四周，愤愤地抱怨着："谁这么不讲文明呀？香蕉皮怎么能乱扔呢？"说完，他继续往前走。片刻，他好像意识到了什么，停下了脚步。他快速返身来到香蕉皮处，见香蕉皮依然懒懒地横躺在地上。他捡起地上的香蕉皮，扔进身旁的垃圾桶里，又继续走在上班的路上。）

师：同学们，刚才要是由你来表述，这个无声情境演示中有哪些情境是你没有看到或没有想到的？

生："汪老师独自走在上班的路上"，是我没有想到的。

生："回头看到地上的香蕉皮，再望了望四周"中的"望了望四周"这个动作描写是我没有注意到的。

生：老师抱怨的语言描写是我没想到的。

生："他好像意识到了什么"这一神情描写是我没有想到的。

生：对躺在地上的香蕉皮的样子的想象描写是我没有想到的。

师：什么样的观察才叫善于观察，什么样的表述才叫善于表述，对比刚才同学们的看后表述和老师的无声情境语言再现，请同学们静静阅读下面两段文字的描述。

（屏幕出示文字。

善于观察：要看得认真，看得细致，看到情境中的一处处细节，例如，人物的动作、神情等，还要由看到的情境展开联想，例如，人物可能说的话，人物可能有的内心活动等。

善于表述：要把看到的、联想到的详细地、真实地表述出来，不可随意忘记情节。）

师：要真正做到善于观察和善于表述，关键要注意些什么？

生：要看到情境中的一些细节。

生：要由看到的情境展开联想。

生：要把看到的详细地表达出来。

生：要把联想到的详细地表达出来。

生：不可随意忘记情节。

师：在对比与评议中，同学们对"善于观察""善于表述"应该有了更清楚的认识。

（二）无声"吃鸡"，让习作指导有情有趣

师：同学们，要是再给你们一次观察无声情境演示和用文字表述的机会，你们能做得更好吗？

生：能。

师：好，稍等片刻，有请大胃王！

[教师进行现场演示，依次向学生呈现出以下七个场景。

　　场景（1）：取烧鸡——大胃王自报家门（前胸和后背都标有"大胃王"的字眼）。衣服里揣着一个鼓鼓的东西，大胃王伸手从衣服里取出"大烧鸡"。

　　场景（2）：闻烧鸡——大胃王鼻贴烧鸡，双眼微闭。

　　场景（3）：吃鸡腿，吃鸡头——大胃王大口大口地吃鸡腿，一手一只，片刻就吃得只剩下鸡骨头，接着吃鸡头。吃鸡头时，连骨头都没吐。

　　场景（4）：借餐巾纸，赠鸡肉——大胃王嘴边沾满油，拿餐巾纸，发现忘带，向同学借。接着，大胃王赠鸡肉给同学，以表谢意。

　　场景（5）：骨头卡喉——大胃王将一块块鸡肉往嘴里塞。突然，鸡骨头卡喉咙，大胃王吐出满嘴的鸡肉，用水咽，没用，反复"哈"，也没用，用手指反复抠，终于取出，吓出满头大汗。

　　场景（6）：磕掉牙——大胃王禁不住烧鸡的诱惑，继续大口大口地吃着。一不小心被鸡骨头磕掉了牙，他表现出极其害怕的神情。

　　场景（7）：打饱嗝——大胃王继续吃着，直到大烧鸡全吃完，不停地打着饱嗝，还是不放过桌上一丁点儿肉丝。]

(三) "情境"回顾，依习作要求自由表达

　　师：大家刚看到的整个情境，就是大胃王吃烧鸡的情境。我们回顾一下，整个情境依次是由哪些小场景组成的。

　　（板书：大胃王吃烧鸡。）

　　（学生依次讲述：取烧鸡——闻烧鸡——吃鸡腿，吃鸡头——借餐巾纸，赠鸡块——骨头卡喉——磕掉牙——打饱嗝。）

　　师：发现了没有？要是同学们按照这一组组小场景的顺序用文字表述出来，绝对是一篇有意思的《大胃王吃烧鸡》的文章。但是，今天这节写作课，汪老师不需要你们把大胃王吃烧鸡的整个过程写下来，请大家细读要求。

　　[屏幕出示写作要求。

　　（1）从大胃王吃烧鸡的七个场景中选择紧相连的两个或三个场景写下来。

　　（2）静静回顾你所选的场景中的每一个细节，把场景写生动、写形象。

　　（3）写完后仔细读一读，让每一句话表述得清楚、明白。]

　　（学生按要求练笔，12分钟。）

师：同学们，12分钟后会有更大的惊喜：谁写的习作片段让大家感受到真正做到了善于观察、善于表述，我就将《大胃王吃烧鸡》的原创作品送给他。

（四）评议互动，借习作修改提升能力

（教师选两位学生拿着各自的习作来到讲台。）

师：（对台上的学生）请你们两位注意，读的时候，要做到两点：第一，声音要响亮；第二，读得慢一点。之所以要做到这两点，是因为你们是读给大家听的。先请王一帆同学来读。

生（读）：大胃王开始吃鸡了。他首先闻了闻，一脸称赞的表情。

师：嗯，我的眼前好像浮现出了大胃王闻烧鸡的场景。继续。

生（读）：接着，大胃王用力地拧了一个鸡腿咬在嘴里，然后又用力地拧下另一个鸡腿。最后，他一手拿着一个鸡腿狂啃起来，不一会儿，鸡腿就吃完了。

师：哇，不愧是大胃王！名副其实呀！请继续。

生（读）：只见大胃王又做出了一个"赞"的表情，好像在说："真是人间美味！"

师：别说是大胃王了，就连我听了都想吃。

生（读）：吃完了鸡腿，大胃王又开始消灭鸡头了。只见他一手按住鸡身，一手抓着鸡头，用力地扯了几下，竟扯不下来。

师：哈哈，可能是鸡头没有烂哟！

生（读）：于是，他换了一个姿势，用力反复地拧着，鸡头终于拧下来了。接着，大胃王像猪八戒吃西瓜似的狂啃起来。

师：又是一个"狂啃"，大胃王果真名副其实！

生（读）：不过，最让我震惊的是吃鸡头时，大胃王竟把鸡骨头都吞进了肚子里，而且做了一连串的表情，好像在说："真好吃！"我想：猪八戒也不至于这么贪吃吧！

师：这个"震惊"是什么意思？

生：不可思议。

师：你把"震惊"换成"不可思议"，再读读！

生（读）：不过，最让我不可思议的是吃鸡头时，大胃王竟把鸡骨头都吞进了肚子里，而且做出了一连串的表情，好像在说："真好吃！"我想：猪八戒也不至于这么贪吃吧！

师：一个贪吃的大胃王的形象逼真地展现在大家的面前！请结合习作要求，评评这篇习作。

生：他不是写大胃王吃烧鸡的整个场景，而是只写了"闻烧鸡""吃鸡腿，吃鸡头"两个场景。

生：他写得非常形象，好像大胃王真的在我们面前表演闻烧鸡、吃鸡腿和吃鸡头。

生：大胃王吃鸡头前，一手按鸡身，一手抓鸡头，用力扯了几次都扯不下来。他又换了一个姿势，用力将鸡头拧下来。这处动作描写非常细致，非常形象。

师：对，抓住这一连串的动作进行描写，能让文章更有真实感。下面，再请陶倩倩同学读读她的习作。

生（读）：大胃王取来一只又大又肥的烧鸡，双眼微闭，闻了闻，脸几乎都要贴到烧鸡上面去了。

师：听着这样的语言，眼前似乎就出现了大胃王闻烧鸡的样子。

生（读）："啊！香极了！"大胃王口水都流了有三尺，再也等不及，便津津有味地吃了起来，完全沉迷其中。

师：有点夸张，但让人感觉是多么的恰如其分。

生（读）：突然，大胃王感到不对头："哇！痛，痛，痛！骨头卡在了我的喉咙里。"大胃王大口大口地喝下了一杯水，便用手把骨头拿出来。

师：真是有惊无险呀！

生（读）：大胃王感觉好极了，心想：这么好吃的烧鸡千万不能浪费。他又津津有味地吃起来。吃着吃着，他用手伸进嘴里，取出一个带血的东西。可怜的大胃王露出一脸痛苦的表情，哭着说："我的牙掉了！"

师：大胃王，嘴太馋是要付出代价的！请同学们结合习作要求，对陶倩倩的习作进行自由评议。

生：习作中虽然只写了两个场景，但第一个场景与后面的场景不是紧相连的，

这一点与习作的第一点要求不吻合。

师：的确如此，开头写的是"闻烧鸡"，接着写的是"骨头卡喉"和"磕掉牙"，这中间还有"吃鸡腿，吃鸡头""借餐巾纸，赠鸡块"没有写呢。

生：每一个场景都写得非常形象、逼真。

师：你们再回想一下，习作中哪些细节描写给你们的印象特别深刻？

生：闻烧鸡时，整张脸几乎都贴到上面去了。

生：大胃王的喉咙被骨头卡住时说出的那番话给我的印象深刻。

生：大胃王一脸痛苦、哭丧的神情太令人难忘了。

师：多可怜呀！谁叫你那么贪吃呢！

（五）范文呈现，悟习作成功之秘诀

师：同学们，在对两位同学的习作进行评改的过程中，相信大家再次明白了一点：要想把一个情境写具体，写精彩，就必须做到善于观察，善于表述。刚才我说了，谁的习作写得精彩，我就要把《大胃王吃烧鸡》的原创作品送给他。请你们两位同学接受老师的赠送。同学们，想不想看看汪老师的《大胃王吃烧鸡》原创作品？

生：想。

师：我是有条件的哟！但是，条件很简单，就是要求边听边思考：文章写得精彩的秘诀是什么？再请王一帆来给大家读读。

大胃王吃烧鸡（片段）

大胃王把烧鸡放在了讲台上，眼睛直勾勾地盯着两个大大的鸡腿。二话不说，一只手抓住鸡身，另一只手用力扯下一个鸡腿。正当要去扯下另一个鸡腿时，他感觉拿鸡腿的手不好用力。于是，他把扯下来的那只鸡腿用嘴巴咬着，再用手把另一只鸡腿扯下来。接下来，只见大胃王一手一只鸡腿，大口大口地享受着。一会儿工夫，手里只剩下两根骨头。大胃王刚吃完鸡腿，眼光又落在烧鸡上。这一回，他好像是看到了诱人的鸡头。只见他一手按着鸡身，一手抓着鸡头，用力拉扯了一会儿，见没有办法扯下来，就换了一个姿势，一只手紧紧按住鸡身，一只手抓住鸡头，用力地拧着鸡脖子。这招挺管用的，没两下，鸡头连同长长的鸡脖

子都被大胃王握在手里。他大口大口地嚼着，片刻，整个鸡头和鸡脖子都被吃了个精光。不可思议的是，大胃王的嘴里好像没有吐出丁点儿鸡骨头来。我想，他可能是连肉带骨头一起吃了下去。

课堂上的汪智星是这样的风趣

这时，大胃王感觉自己的嘴边沾了许多油，就伸出一只手去口袋里摸了摸。摸了半天，他才发现自己没有带餐巾纸，只好向同学们要餐巾纸。一位同学见他那憨憨的模样，借给他一张餐巾纸。大胃王接过同学的餐巾纸擦了擦嘴巴，然后从烧鸡身上扯下一块肉递给那位借餐巾纸的同学。我想，应该是他想表示对别人的感谢吧！

大胃王回到讲台前，狼吞虎咽地吃着烧鸡。只见他一口没有咽下，另一口又咬在嘴里。瞬间，他的嘴里塞得满满的。猛然，大胃王脸上露出一丝痛苦的表情，只见他迅速把满嘴的鸡肉吐了出来，先是用水漱了漱，然后对着垃圾桶"哈"了好几回，好像是什么东西卡在喉咙里。没有办法，最后，他只好用食指伸进嘴巴里，费了好大力气，才见他把手指拿了出来。果然是鸡骨头卡在喉咙里了，幸好取了出来，真是有惊无险。看看大胃王，真是吓出了满头大汗。

大胃王望着剩下的烧鸡半天都没有动，但是，他终究敌不过香喷喷的烧鸡，只见他又开始吃了起来。"咔！"一个清脆的声音从大胃王的嘴里传出。大胃王双手捂着嘴巴，然后把嘴里一个带血的东西取出来。再看看大胃王，一副痛苦万分的表情，

几乎都要哭了，原来是牙齿被磕了下来。

师：这就是大胃王无声吃烧鸡的整个情境。大家听出来了吗？文章写得精彩的秘诀是什么？

生：观察得非常细致。

生：不仅把看到的、听到的表述出来，还把由看到的、听到的产生的想象真实地写了出来。

师：看来同学们已明白了写出好文章的秘诀：第一，要善于观察；第二，要善于表述。

[专家评点]

让习作教学充满生命活力

——听特级教师汪智星执教《大胃王吃烧鸡》的启思

（江西省南昌市百花洲小学副校长　林　通）

特级教师汪智星的情境体验式习作教学《大胃王吃烧鸡》，借助无声演示，让学生在趣味盎然中获得习作素材，通过对比、评议，让学生在不知不觉中悟得习作方法，有效地突破了两大难题，值得我们借鉴。

1. 基于儿童视角，变观察为体验

生活中从不缺乏美，而是缺乏发现美的眼睛。学生习作也是如此，儿童认知规律决定了他们在把自己的生活经历转化为体验的过程中存在一定的障碍。哲学家伽达默尔认为："只要某些东西不仅仅被经历了，而且其所经历的存在获得了一个使自身具有永久性意义的铸造，那么这些东西就成了体验。"汪老师深知这一点，在让学生观察之前，设计"对比情境表述"的环节，学生通过探寻问题根因，从"不善于观察"走向"善于观察"。这一教学效果的达成，显然和教师基于学情设计教学是分不开的。

"知之者不如好之者，好之者不如乐之者。"要让学生把观察转化为体验，创设孩子乐于接受的情境是关键。在"千课万人"现场听课的老师这样评价："非常佩服汪老师饰演'大胃王'的演技，活脱脱的一喜剧演员出现在大家面前。学生通过观察老师的无声演示，静静回顾所选镜头的每一个细节，把镜头写生动、写形象。"试想，在"喜剧演员"的课堂里，学生怎能不乐在其中？正是因为基于儿童的视角，深深扎根在"儿童文化"之中，汪老师的情境体验式习作教学才如此深受学生欢迎。

2. 基于习作视角，化知识为能力

新课程改革强调"减少对学生写作的束缚，鼓励自由表达和有创意的表达"，但不可否认的是，习作教学还是具备一定的"固定的、必学的知识内容"。对此，汪老师认为："在学生习作训练经历初始阶段后，要思考的更应是习作的方法、策略、技巧、技能等方面的有效指导。教师要引导学生明白怎样在习作指导中有意识地、巧妙地落实这些方法、策略、技巧、技能等。"

汪老师是这么说的，也是这么做的。在课堂上，"看清人物的动作神情，联想人物内心活动""把场景中的细节写生动、写形象"等习作知识巧妙地融在对比探因、评议互动、范文呈现等环节之中。这些习作方法不再是停在纸上的死知识，而是学生能够灵活运用的习作能力。正是基于习作教学的本质规律，注重学生习作能力的培养，汪老师的情境体验式习作教学才如此充满生命活力。

十一、习作教学因"真玩"而精彩

——《玩》情境体验式习作指导课堂教学实录

(一) 聊"玩"入课，初知"玩"的内涵

师：同学们，注意！请看汪老师写字。

（板书：玩。）

师：我想问问大家，你们平时都喜欢怎么玩？

生：体育课上，几个同伴一起打篮球。

生：课间，几个同学在走廊上跳绳。

生：双休日，和爸爸在池塘边钓鱼。

生：每天傍晚，跟着爷爷在游泳池里学游泳。

…………

师：听出来了。打球、跳绳、钓鱼、游泳，你们玩的这些事都是自己非常喜欢做的事。对吧？

（出示文字。）

> 玩就是做自己非常喜欢做的事。

（生个别读。）

师：再问问大家，玩能让你们的心情怎么样？

生：放松。

生：开心。

生：兴奋。

生：愉快。

师：除了会开心、会愉快，在玩的过程中，你还会有什么收获？

生：从玩中学到一些知识。

生：从玩中提高某种能力。

生：增进伙伴之间的感情。

（出示文字。）

> 玩是很快乐的，能使人的身心得到放松和愉悦，能让人在玩中增长见识、增进友谊。

（生齐读。）

（二）"情境"呈现，激起"玩"的向往

师：发现了吗？要是一个人想玩就能玩，爱怎么玩就怎么玩，那是多么开心的事呀！可是，现实生活中，我们的许多学生都成了"死读书""读死书"的"读书郎"。最可怕的是，一些父母觉得自己功名难就，便把一腔希望全放在了儿女身上，生了个女孩就盼她将来是居里夫人，生了个男孩就以为生了个小贝多芬。下面有这样一个情境，相信会引起大家的思考。

> 情境：
> 星期天，石难得在"超级英语班"补了半天课。中饭过后，石难得朝着妈妈问："妈妈，完成家庭作业，可以到楼下玩一会儿吗？"
> "哟，今天可不能，老妈刚帮你买了一本《经典奥数100题》，你得认真地完成1～5题。傍晚，我请了费老师来家里替你讲课。"妈妈认真地说着。
> "妈，就玩一下吧！"
> "不行！"
> "一下下而已。"
> "免谈！"

（学生个别读，老师要求其他学生用心听、仔细想。）

师： 从你们的眼神里、你们的表情中，我敢肯定，你们都不希望自己的父母像石难得的妈妈一样，更不希望自己成为像石难得一样的"读书郎"。你们渴望自己的父母尊重你们的兴趣和爱好，渴望自己有权利安排自己学与玩的时间，渴望整天开开心心地做自己喜欢做的每一件事。对吧？一句话，你们渴望自由，渴望玩，是吗？（生频频点头。）好，这节课，汪老师就满足大家的愿望，和大家尽情地疯玩上一回！

(三) 现场游戏，体验"玩"的快乐

> 游戏名称：玩转"东南西北"
> 游戏规则：由一位学生随便选择一个"方位"（东、南、西、北，任选其一），然后选一个数字（10以内）。老师根据学生的选择玩转"东南西北"。"东南西北"的每个面上都写有特别的要求，转到哪个面上，就要按上面的要求来完成。

（学生个别读，老师要求其他学生仔细听，听明白游戏规则。）

师： 都明白了游戏的规则吗？请大家稍等片刻，汪老师去幕后拿道具。

（老师头戴小毡帽，身挎迷你小背包出场。）

师： 有请"快乐之星"——汪智星闪亮登场。

（掌声响起。）

师： 掌声不够热烈呀！

（全场再次响起掌声。）

师：（老师边出场边介绍）帽子是爱人借给我的，小背包是女儿借给我的。我是——我自己的。我想请两位同学到台上来跟我一起玩。下面的同学仔细听、认真看，努力把一个个有趣的场面留在自己的脑海里。请男、女生各推荐一男一女。注意，选是有标准的。男同学必须是胆量最大的，女同学必须是能力最强的。

（由男、女生各推荐一男一女。）

师：（仔细打量眼前的一男一女）胆量到底有多大，能力到底有多强，我想请你们的同学告诉我。（来到教室里一男生前）请你在我耳边悄悄地说，除了我，不要让任何人听到。说他胆量最大，能告诉我他到底有多大？

（男生附耳低语。）

师：（一脸惊讶）哦，果然！到时候我说什么，你不要惊讶。一切看我的，注意配合我。

（来到一女生前。）

师：请你也在我耳边悄悄地说，不要让任何人听到。她的能力最强，能告诉我她到底有多强吗？

（女生附耳低语。）

师：（惊讶无比）哦，到时候我说什么，你不要惊讶。

（来到台上两位学生面前，上下打量。）

师：我再来采访你们两位。你——胆量最大的同学，俗话说，撑死胆大的，饿死胆小的，刚才你的同学向我介绍你，说你曾做过一件惊天动地的事。你还记得是什么事吗？

（生自己猜，支吾半天，摇头。）

师：大家想知道吗？他说你——

（板书：八只猛虎你斗过。）

（师书写完毕，全班哗然。）

师：能力最强的同学，刚才你的同学也告诉我，你曾经在全班同学面前夸下海口。还记得你说过什么大话吗？

（生自己猜。）

师：想不到吧，想知道吗？她说你——

（板书：一头鲸鱼你吞过。）

（全班哄堂大笑。）

师： 同学们，请看我先后和这两位不同凡响的学生进行的玩转"东南西北"的游戏。

（师从包里取出一个"东南西北"拿在手里。）

师： 这外面是东、南、西、北四个面，里面有 8 个小面，每个小面上都写着一个特别的要求。

（师边说边把里面的 8 个小面展示给台下的学生看。）

生： 老师，里面什么字都没有，是空的。

师：（惊讶状）呀，呀，我怎么竟忘了写要求呢？怎么办？（挠头，思索，拍脑门）还好，我这里还有一个，不过是个袖珍版的。

（师从包里取出个极小的"东南西北"。）

师： 大家仔细看。

（三两下，老师粗大的手指把袖珍版撑破了，掉在了地上。）

师： 哎呀！破了，没得玩了。（一副焦急、难过的神情）有了，我包里好像还有一个。

（师从包里取出个极大的"东南西北"。）

师： 看，这可是个"巨无霸"。

（全场一片哗然。）

师：（面对女生）女士优先。你选什么方位，几下？

生： 南，7 下。

（师进行游戏。）

师： 嗯，要求果然与众不同。请听要求：听老师口令完成动作，立正、挺胸、抬头、收腹、撅屁股、傻笑！

（女生按要求进行表演。）

师：（问女生）此时，你最想说的话是什么？

生： 汪老师太逗了！

师：（面对男生）你选什么方位，几下？

生： 东，4 下。

（师进行游戏。）

汪智星在江西省课程改革"走过十年"成果交流会上进行上课示范

师：不错，你比她幸运多了。请听要求：深吸一口气，然后高喊"啊"，直到老师喊停为止。明白了吗？准备好了吗？开始。

（学生高喊"啊"，直到无"气"，老师才喊停。）

师：你此时最想说什么？

生：同学们，喊"啊"也不容易呀！我感觉自己的大脑都差点缺氧了。

师：你们看了老师和这两位同学的表演，有什么话想说呢？

生：老师，您太像赵本山了。

师：我是赵本山，她就是宋丹丹。

生：老师，您简直就是一个忽悠高手。

师：老师的忽悠可没有一点恶意，只是为了让同学们开心而已。说真的，刚才整个游戏的前前后后，哪个场面给你留下的印象最深刻？回忆一下，简单地说说。

生：老师出场的情境特有意思。

生：老师采访两位同学的情境挺新奇的。

生：先后拿出三个不一样的"东南西北"的场面太惹人笑。

生：能力最强的同学的表演非常有趣。

生：喊"啊"的情境太不可思议了。

（四）真实习作，书写"玩"的情趣

师：过瘾吧？刺激吧？要是同学们能从刚才那一个个精彩、有趣的场面中选择两三个最令自己难忘的写下来，那该多好呀！大家愿意写吗？想写好今天的习作，汪老师还得提出具体要求。

（出示文字。）

> 习作要求：
> （1）可以在写之前拟好题目，也可以等写完后再给自己的文章拟题目。
> （2）抓住游戏过程中自己觉得最难忘的两三个场面来写，写出真情实感，写出游戏的趣味。
> （3）尝试在文章里谈谈自己对"玩"的认识。
> （4）静静地写。写完后，要养成一边读一边修改的习惯。
> 习作时间：
> 20分钟。

（生读习作要求。）

师：同学们，同是这节习作课，我来你们这里之前也在自己班里上过了。这不，我还带来了班里一位同学的习作。大家想不想看？

生：想。

师：这样吧，等你们写完了，我再把他的习作读给你们听，好吧？

（学生进行习作。）

（教师在巡视的过程中，把学生拟定的部分题目按一定规律板书在黑板上。

第一组：《玩转"东南西北"》。

第二组：《玩》《疯狂"玩"一回》。

第三组：《趣满课堂》《课堂"疯"了》《一节有趣的课》《难忘的一节课》。

第四组：《"疯"老师》《"大忽悠"汪本山》。

⋯⋯⋯⋯⋯）

师：同学们，请看黑板。黑板上的题目都是同学们拟定的，刚才我把这些题目

依次写在黑板上。仔细看，从这里我们可以发现并找到拟题的规律。《玩转"东南西北"》，是以游戏的名称为题的；《玩》《疯狂"玩"一回》，是以"玩"这一主题为题的；《趣满课堂》《课堂"疯"了》《一节有趣的课》《难忘的一节课》，是以这样的一节有意思的课为题的；《"疯"老师》《"大忽悠"汪本山》，是以游戏中的主要人物为题的。同学们，拟题的角度不同，就能拟出不一样的题目。希望同学们尝试从不同角度给自己的文章拟题。今天的文章，题目可以用自己想到的，也可以借用刚才别人想到的好题目。

师：下面是我兑现诺言的时候，请大家先来看看我班学生陶泽林写的习作。

趣满课堂

（陶泽林）

玩就是做自己喜欢做的事。玩是快乐的，能让人的身心得到放松和愉悦，能使人在玩中增长见识。这不，今天，汪老师就带着我们疯狂地玩了一回。

汪老师头上戴着"小矮人"帽，身上挎着"星星"包出现在大家的眼前。他刚出场，就逗得全班哈哈大笑。

大家都把好奇的目光投向汪老师的挎包。汪老师从包里掏出一个"东南西北"，说："这外面分别是'东、南、西、北'四个面，里面每个小面上都写着特殊的要求。下面，我请两位同学上台体验一下。"

人选已定，汪老师拿出一个"东南西北"给大家检查。我定睛一看，疑惑不解地说："里面什么字也没有呀？"听我这么一说，汪老师的神情有些惊讶。汪老师瞅了瞅，自言自语道："还好，我多准备了一个。"他又从包里掏出一个小虾米似的"东南西北"。当他拿给大家看时，竟被自己一不留神扯成了两半。掉在地上的"小虾米"好像发出痛苦的呻吟，汪老师见势，连忙从包里请出特大号的"东南西北"，一本正经地说："这是巨无霸。"看到汪老师手里的大家伙，大家特别吃惊。

随即，史雪薇开始"抽奖"。她可中了"大"奖，只见她用自己的左手用力扯自己的右耳，高高地抬起右腿，原地站立十秒。那姿势活像一个被惩罚的犯人。等到快"释放"时，汪老师故意拖着腔儿："0.9，0.8，0.7……"逗得我们的肚皮都差点笑破。史雪薇一脸无可奈何，差点晕倒在地。

师：大家觉得这篇习作怎么样？谁能具体评价一下？

生：听了汪老师读的这篇习作，好像刚才的事就在眼前。

生：写出了真情实感。

生：文中描写的几个场面非常有趣味。

生：写了自己对玩的认识和看法。

师：这篇习作正如大家所评价的，的确精彩。其实，这篇习作刚写出来时，语句上有很多小问题，后来，在我的指导下，他一句一句地读，一遍一遍地修改，才有了现在的精彩。同学们，好作文是改出来的。

（五）示范修改，赞赏"玩"的精彩

师：现在，老师手中有一篇习作，身边的这位同学就是小作者。接下来，老师想请他读自己的习作，其他同学认真听，仔细想，看汪老师是怎样帮他修改习作的。注意，认真听别人的习作，对自己的帮助也非常大，因为它就像一面镜子，能让你发现自己习作中的不足。请读。

生（读）：一次有趣的"玩"。

师：你这是以"玩"这一话题拟题目的。建议去掉"一次"，再读。

生（读）：有趣的"玩"。

师：对，题目要力求简练。

生（读）：玩，能让我们敞开心扉，放松心情，在自己的天地里自由嬉戏；玩，能锻炼我们的动手能力；玩，能让我们增长见识，增进伙伴间的友谊。今天，我就参与了一次有趣的"玩"。

师：请告诉我，你这第一段是写什么？

生：写我对"玩"的认识。

师：这是习作中提出的具体要求。你做到了，而且写得很有自己的见解。

生（读）：汪老师戴着一顶红黑相间的帽子，背着一个布满卡通图案的挎包走了出来。他笑容可掬地从包里拿出一个超大的"东南西北"，说明了游戏规则。汪老师刚说完，我和郭素就自告奋勇地走上了台。

　　师：听出来了，汪老师出场时那有趣的样子给你留下了很深的印象。

　　生（读）：开始时，我有些拘束，心里忐忑不安，双手紧张地抓着衣角。郭素兴冲冲地对汪老师说："我选南，七下。"汪老师神秘兮兮地打开"东南西北"，笑着说："要求是我说什么，你就得做什么。"刚刚还神气十足的郭素立刻像霜打的茄子——蔫了。汪老师大声说："立正！"郭素就立刻站得笔直，丝毫不敢马虎。汪老师说："挺胸！"郭素就像小松树一样，挺胸抬头，脸上却是一副不情愿的样子。汪老师说："撅屁股！"郭素只得撅起屁股。看到这个场面，大家顿时大笑起来。看着郭素言听计从的样子，我也情不自禁地笑了。

　　师：回顾刚才提出的习作要求，说说这篇习作精彩在什么地方？

　　生：他在开头段描写了自己对"玩"的认识。

　　生：汪老师出场的样子写得挺有趣的。

　　生：郭素同学进行游戏的场面写得特别有意思。

　　生：我觉得他选了两个最令自己难忘的场面来写。

　　生：他选了两个有趣味的场面来写，还体现了主次，第二个场面写得特别具体、真实。

　　师：早就有人说："爱玩是孩子们的天性。一个人长大了若不能怀念自己的童年，当是莫大的缺憾。"你们是学生，是孩子，你们的童年应该充满玩耍，充满快乐。记住上课前老师向大家说的这句话。

　　（出示文字。）

　　　　玩就是做自己非常喜欢做的事。

　　师：一起读！

　　（生读。）

　　师：轻轻地读。

　　（生读。）

　　师：很享受地读。

　　（生读。）

[专家评点]

习作教学要为学生提供支架

——听特级教师汪智星执教《玩》的启示

（江西省南昌市百花洲小学副校长　林　通）

习作教学值得研究的问题很多，但最根本的还是"写什么"和"怎么写"的问题。从学习语言文字运用的角度看，"写什么"指向语言内容，"怎么写"指向语言形式。然而，无论是语言内容还是语言形式，对年龄尚小、经验不足、语言积累和习作能力有限的小学生而言，都具有较大难度，因此，在习作教学中为学生提供支架显得尤为必要。

何谓习作教学的支架？就是学生在习作过程中来自教师的引导和帮助。这种引导和帮助是具体的、可操作的，能有效降低学生习作的难度。特级教师汪智星执教的六年级情境体验式习作指导课《玩》，习作前创设情境，让学生在游戏中获取习作素材，知道"写什么"；习作时指导写法，引导学生把思维活动转化为语言表达，解决"怎么写"。该课在巧设习作教学支架方面给我们颇多启示。

1. 情境体验，巧变游戏为素材

《义务教育语文课程标准（2011年版）》在"实施建议"部分强调："写作教学应贴近学生实际，让学生易于动笔，乐于表达。"也就是说，习作教学要从"要我写"走向"我要写"，这既是目标，也是策略。如何实现"我要写"？"我要写"的必要条件是学生有话想写，有话可写，正所谓"言为心声""情动而辞发"。

《玩》习作教学指导课给我们的首要启示就是教师引导学生凭借情境体验这个支架，将现场游戏转变为自己的习作素材，巧妙地解决"写什么"的问题。汪智星的课堂里，教师创设的第一个情境是为学生提供了一个在沉重的课业负担下没有丝毫时间去玩的同龄人的案例。案例贴近学生实际，让学生感同身受，学生读后自然而然产生对玩的强烈向往。教师提供的这个支架紧紧地牵动着学生的"心"，激起了学生的"情"。

更妙的是教师对游戏的设计："有'请快乐之星'——汪智星闪亮登场""八只

猛虎你斗过""一头鲸鱼你吞过""袖珍版亮相""巨无霸出现""立正、挺胸、抬头、收腹、撅屁股、傻笑"。从教师的"精彩亮相"到采访同学时的"故弄玄虚",从三个"东西南北"的巧妙安排到一连串搞笑动作的设计等,游戏过程妙趣横生,高潮迭起。学生的游戏体验层次分明、丰富多元。

需要指出的是,如果教师仅仅是带领学生完成游戏,那么此课情境体验的支架作用就大打折扣。《义务教育语文课程标准(2011年版)》在"课程目标与内容"部分指出了第三学段的习作教学目标:"能写简单的记实作文和想象作文,内容具体,感情真实。"习作教学实践告诉我们,要达到"内容具体"的目标,学生必须拥有具体的素材,而具体的素材需要靠具体的体验来获得。从这个角度再看《玩》习作教学指导课的游戏设计,更能体会教师的匠心独运。

2. 写法指导,妙化思维为表达

习作就是把抽象的思维语言转化为具体的语言文字的过程。尽管新课程改革强调"减少对学生写作的束缚,鼓励自由表达和有创意的表达",但不可否认的是,习作教学还是具备一定的"固定的、必学的知识内容"。"内容人人看得见,含义只有有心人得知,而形式对大多数人是一个秘密。"在习作教学中带领学生探寻这个秘密,给学生学习语言形式以支架,有计划、有步骤地对学生进行写法指导,教师责无旁贷。

再看看特级教师汪智星是怎么做的。习作开始前,教师提出了四个要求:①可以在写之前拟好题目,也可以等写完后再给自己的文章拟题目。②抓住游戏过程中自己觉得最难忘的两三个场面来写,写出真情实感,写出游戏的趣味。③尝试在文章里谈谈自己对"玩"的认识。④静静地写。写完后,要养成一边读一边修改的习惯。四个要求犹如四个支架,给学生顺利完成习作有力的支撑。

研读习作要求,会发现这里的支架设计绝非教师随意为之,而是按照课程标准的要求进行了充分考量,其中的"抓住游戏过程中自己觉得最难忘的两三个场面来写""写出真情实感""写出游戏的趣味"和"尝试在文章里谈谈自己对'玩'的认识"与课程标准要求的"内容具体""感情真实""珍视个人的独特感受"完全相符。

联系全课来理解这四条要求,你能看出这些支架绝不是空中楼阁,早在教师让学生进行情境体验时就已经润物无声般地逐条落实着。教师巧设游戏环节,为的就是给学生一个个难忘的场面;教师安排如此贴近学生生活实际的话题,就是为了激发学生的真情实感；教师在开课伊始和学生一起聊对"玩"的认识，就是为学生谈自己的认识做示范。

教师的高明之处远不止这些，将学生的作文题目板书归类，以及在学生修改前出示范文，都堪称神来之笔。先说将学生的作文题目归类。学生习作时悄然将学生拟写的题目进行板书，体现了教师信任学生，尊重学生在习作过程中的主体地位。而在学生完成习作后，教师对板书的题目进行梳理归类，如此设计，至少有三点好处：一是将拟题指导落到实处；二是对习作选材立意做逻辑梳理；三是保护了学生自由表达的权利和需要。再看本节课范文呈现的设计，首先，教师在学生写之前提到要和大家分享这篇自己班上同学写的作文，这唤起了学生习作交流和表达的需要。其次，把范文出示安排在修改之前而非习作开始之前，实际上为学生修改自己的习作提供了一个支架，同时避免了束缚学生，造成学生的思维定式。学生在自主对比、自主思考、自主发现中实现自主修改，令人拍案叫绝。

《玩》一课作为特级教师汪智星情境体验式习作指导教学的一个代表课例，给我们的启示远不止这些。其中的诸多做法、想法凝聚了汪智星多年来苦心孤诣、执着研究的心血和智慧，很多甚至已超越"技"的层面，属于"道"的范畴。

十二、教儿童需要的作文

——浅谈特级教师汪智星的情境体验式习作教学

（江西省婺源县紫阳第一小学教研处副主任　何晓明）

汪智星，人如其名，走进他的情境体验式作文教学世界，你总会看到处处闪耀着的作文教学智慧。

1. 生活作文化，作文生活化

时下的作文教学，作文和生活是割裂的。在许多教师和学生眼中，教作文、学作文只是因为考试要考。但汪智星不这么认为，在他眼中，作文就是学生生活的一部分，学生写作文是因为生活中有话要说。一个教师，所要做的就是帮助学生搭建起生活与作文的沟通之桥。在他的课堂中，很多作文素材就是取材于日常生活中一

些不起眼的小事物、小细节。同事给了两枚碧根果，一堂名为《碧根果》的作文指导课就应运而生；喉咙疼，母亲给了一个果冻，就有了一堂名为《果冻课堂》的作文课。这样的例子，在他的作文教学中俯拾皆是。对此，他曾说："我的眼里只要看见什么新鲜的玩意儿，就会思考一番：这个东西能不能用来指导学生进行习作？能不能成为学生进行习作训练的素材？"正是因为这样的不断琢磨，所以总是有许多令人眼前一亮的作文点子从他的脑海中汩汩冒出。谁说作文没内容可写？连一枚碧根果、一个小果冻都可以成为作文素材，还有什么不能写呢？学生长期处于他的熏陶下，自然会养成向生活找素材的习惯。学生的习作有了生活这个富矿，还愁没内容可写吗？

汪智星的作文教学与生活的牵手，不仅体现在向生活找素材上，更体现在他的课堂上。下面是他执教《果冻课堂》后，学生作文的一个片段。

就在大家做着吃果冻的梦时，汪老师撕开果冻，自己咬了一口，称赞道："人间美味！"然后又吃了一口。我急得小声嘀咕："还有我们的份呢，快别吃了！"最后，汪老师还是把果冻吃得一干二净，居然还用装果冻的盒子去装水喝。喝完后，他边用手摸嘴边说："一点余香我也不放过！"

看着我们眼巴巴地望着他，汪老师似乎明白了什么，猛地一拍脑门："看我这臭记性，都忘记和你们共同分享了。"

读着作文，再去还原当时的场景，我们会十分诧异：这是在上课吗？那贪吃像，那内疚地一拍脑门，与传统的教师形象极不相称，教师简直就是一个长大的儿童。其实，正是这长大的儿童形象，消解了师生的距离，消解了课堂的藩篱，儿童不再有一种压抑感，他们和教师一起共同创造了一份课堂生活。于是，作文教学走下了"高、大、上"的"神坛"，成了学生生活的一部分。

2. 作文体验化，内心丰盈化

面对同一事物，人们的体验是各不相同的，写出的文章自然也各不相同。体验越深，文章才会越真挚感人。可以这么说，丰富的内心体验是一切言语创作的前提，是一个言语者走向成功的重要标志。

汪智星深谙体验对学生习作的重要意义，因此，把情境体验式作文教学作为他研究的重要方向。下面是他在执教《画老师》一课时的片段。

（一个学生画老师，其余学生背对黑板。）

师：时间到。（全体学生欲转身）别急，先别转过身来，大家回想刚才程长轲作画的过程，猜猜他画的会是谁，说说理由。

生：他画的是洪一成，刚才我看到他嘴里念叨着，好像是洪一成的名字。

生：他画的是汪士琦，程长轲刚才站在前面，我虽没有抬头正视他，但余光中发现他好像正盯着我后排的汪士琦同学。

生：他画的是方洁，程长轲平时跟方洁是形影不离的好朋友，我想他画的应该是自己很熟悉的人，这样才能胸有成竹。

此时，学生是背对着画画的同学程长轲的，当程长轲画画时，他们内心一定充满了好奇：到底会画谁呢？这时，教师的"猜猜他画的会是谁，说说理由"，一下子把学生刚才的各种猜想引发了出来，把一种转瞬即逝的内心独语通过文字表达具象化、公开化。在这种具象化、公开化中，儿童与儿童之间的内心体验得以分享，心灵得以敞开，内心逐渐变得丰盈起来。

后来，他又让学生画一画创意版的老师，学生看到被恶搞的老师形象后，一个个笑得不行。这时，他又问学生："你刚才是怎么笑的？为什么会这么笑呢？"

笑其实就是内心体验的自然流露，如果没有教师的刻意追问，学生很容易把这种内心体验忽略掉。教师的及时追问就是"逼着"学生去反思、捕捉自己的内心体验，正因为如此，学生的分享交流才显得异彩纷呈。有的说："江绍茵怎么会这样去画汪老师呢！这不是'大变活人'吗？不，'大变男人'！"有的说："我差点把肚皮笑破，到现在肚皮还疼呢！汪老师的脖子上不正戴着一条女士项链吗？还有胸花和韩版裙子，简直成了'大长今'！"不是学生没有体验，而是很多时候，学生没有有意识地去捕捉自己的体验，让丰富多彩的内心体验白白流失。这是多么可惜的一笔习作财富啊！作为语文教师，我们要像汪智星一样去引导学生捕捉瞬间的内心体验，把它们定格成语言文字。

3. 作文指导策略化，策略指导有效化

强调作文要走进学生的生活，要珍视学生的体验，让学生写出童言童语，表

现童心童趣，并非不对学生进行写作技能的指导。对写作技能指导的放逐是教师对自身工作的一种不负责任。小学中、高段的作文名为"习作"，意味着小学生是在学习作文。既然是学习，必要的技能训练就是必不可少的。对此，汪智星曾这样说："在学生习作训练经历初始阶段后，更要思考的应是习作的方法、策略、技能、技巧等方面的有效指导。"这里要特别强调他提到的"有效指导"。何谓"有效指导"？他是这样说的："不能像过去的教师指导学生习作一样，只告诉学生要做到主次分明，要做到详略得当，要做到前后照应，要做到表达真实……"教师要引导学生明白"怎样做到这些，怎样在习作指导中有意识地、巧妙地落实这些写作方法、策略、技能、技巧等"。一句话，习作教学要教知识、教技能，只是教的不是挂在口头上的"死"的陈述性知识，而是能够让学生用得上的活的策略性知识。

下面是他的"自然景观"题材习作指导课的教学片段。

师：《鸟的天堂》一文为什么不以"神奇的大榕树"为题，而以"鸟的天堂"为题呢？

生：文中虽然重点写了大榕树，但并不是只写了大榕树。

生：作者还写了大榕树上众多的鸟。

生：没有鸟，这榕树成了鸟的天堂就名不副实。

师：作者写《鸟的天堂》一文，目的有三：其一，介绍榕树之奇，暗示枝繁叶茂的榕树适宜鸟儿栖息生活、繁衍后代；其二，描绘了一个众鸟纷飞的乐园；其三，这里的人们爱鸟、护鸟的意识强，不允许别人打鸟，体现了人与鸟和谐相处的画面。以"鸟的天堂"为题，实现了作者真正的写作意图，也就是为什么而写。

有了这样的分析、指导，学生就明白了：拟题的依据是自己的写作意图；这远非一句"给自己的习作拟一个引人注目的题目"的效果所能相比的。前者告诉了学生拟题的路径，学生循着这条路径就可以找到自己所需要的题目；后者只是一种要求，而如何达到这个要求，学生却是一头雾水。

汪智星在谈及情境体验式作文教学时曾这样说："我已经爱上了'玩'课。我愿将'玩'课进行到底。"其实，爱上的又何止他一个呢？

十三、领略景观之奇妙

——"自然景观"题材习作指导课堂教学实录

(一) 要求"大变身"，让其更直观、明了

师： 同学们，刚学完第一组四篇描写自然景观的文章，相信那一幅幅奇特的画面至今依然清晰地浮现在大家的脑海里。今天，我们也来选择一处自然景观写一写。请看习作要求。

（屏幕出示文字。）

> 习作要求：
> 围绕自己游览过或了解到的一处自然景观，写一篇习作。可以写著名的旅游景点，也可以写身边的景物。写之前要想想主要突出哪一个奇特之处，大体按怎样的顺序写。希望通过你的习作，读者能想象出画面，感受到大自然的奇妙。

师： 同学们，请自由地读读这次习作的要求，看看一共有几句话。

生： 四句。

师： 问题太简单，地球人都知道。（众笑。）

师： 请睁大你们的双眼。下面，不可思议的事情即将发生。变——

（屏幕出示文字。）

> ①围绕自己游览过或了解到的一处自然景观，写一篇习作。
> ②可以写著名的旅游景点，也可以写身边的景物。
> ③写之前要想想主要突出哪一个奇特之处，大体按怎样的顺序写。
> ④希望通过你的习作，读者能想象出画面，感受到大自然的奇妙。

师： 怎么样？这次习作的要求一目了然吧。

(二) 读懂要求①②，引导学生明白"写什么"

师： 第一点、第二点习作要求告诉我们本次习作写什么？

（生讲述，师板书：自然景观——旅游景点、身边景物。）

师：不急，先静静地坐着回想下你游览或了解到的一处自然景观。（近两分钟）咱们班哪些同学是写著名景点的？

（生纷纷举手。）

师：哟，还真不少。我先问问，你们都到过哪些著名景点？留给自己印象最深的是哪个？

（长城、三清山、黄山、庐山、龙虎山……）

师：嗬，到过的地方还真是些著名的景观呢。再看看哪些同学是写身边景物的？也不少呀。请你们说说身边哪一处景物是自己印象最深的？

（校园里的枫杨树、大樟树、院里的桂花树、牵牛花……）

（三）读懂要求②，结合《鸟的天堂》，引导学生明白"怎样写"

师：第三点习作要求告诉我们什么？

生：既要抓住奇特处写，也要按顺序来写。

师：对，要想写好自然景观的习作，就得努力做到这两点：第一，抓住特点；第二，按顺序写。在这方面，作家巴金写的《鸟的天堂》就是很好的范例。让我们一起回顾作者是如何做到这两点的。我们知道课文主要写了"大榕树"和"鸟儿"，还记得作者各抓住了哪些特点来写吗？

生：写出了大榕树的干粗、枝多、根奇和叶茂的特点。

生：写出了大榕树上鸟儿多，欢快的特点。

师：对。再来看看作者是按什么顺序写的？

生：按时间顺序来写的。第一次在傍晚，第二次在清晨。

师：作者巴金之所以能写出这样优美的文章，和他既抓住特点又按一定顺序来写是分不开的。同学们，今天的习作中，我们也得努力做到这两点。相信自己的习作一定精彩。

（四）引导拟题，明白"题好文一半"

师：写之前，先不急着动笔。我们来思考如何给自己的习作拟一个引人注目的题目。不急，我们一起来看看学过的课文《观潮》和《鸟的天堂》，体会作者拟题的巧妙。

师：《观潮》一课写什么？

生：作者观看钱塘江大潮。

师：作者为什么不以"钱塘江大潮"为题，而以"观潮"为题？

生：文章写的是作者观看钱塘江大潮的过程。

师：对，他写的是观看潮水的过程，而不是只介绍大潮的特点。作者以"观潮"为题，恰如其分。再看《鸟的天堂》一文，为什么不以"神奇的大榕树"为题，而以"鸟的天堂"为题呢？

生：文中虽然重点介绍了大榕树，但并不是只写了大榕树。

生：作者还写了大榕树上众多的鸟。

生：没有鸟，这榕树成了鸟的天堂就名不符实。

师：作者写《鸟的天堂》一文，目的有三：其一，介绍榕树之奇，暗示枝繁叶茂的榕树适宜鸟儿栖息生活、繁衍后代；其二，描绘了一个众鸟纷飞的乐园；其三，这里的人们爱鸟、护鸟的意识强，不允许别人打鸟，体现人与鸟和谐相处的画面。以"鸟的天堂"为题，实现了作者真正的写作意图，也就是为什么而写。当然，写自然景观的文章也可直接以景观的名称为题，如《雅鲁藏布大峡谷》《火烧云》。总之，选题需要思考、斟酌。

（五）范文欣赏，明白要求④，感受边听边想象画面

师：这是老师前不久参观南昌动物园后写下的一篇文章。大家仔细听，看看老师抓住了哪些特点来写，按什么顺序来写，你们听了，脑海里出现了哪些深刻的画面。

参观南昌动物园

（汪智星）

这次来南昌，是和女儿第一次来。南昌有名的景点很多，滕王阁、秋水广场、儿童游乐场……这些都令我们向往，但提起动物园，女儿异常兴奋。

一进动物园，女儿就远远地把我抛在后面。"大象！大象！"女儿像哥伦布发现新大陆似的欢呼着。平日里，她只在电视或书本上见过大象，如今目睹这样一个庞

然大物，怎不叫她惊喜呢？大象园在动物园的左侧。我们走近铁栏杆，一头贪吃的大象吸引了我。它把长长的鼻子伸出铁栏杆，一个小男孩拿了一小块蛋糕放在大象的鼻孔里，谁料大象迅速地把鼻子卷入嘴里。刚吞下小蛋糕，又把长长的鼻子伸到铁栏杆上。除了这象鼻子看上去有些灵巧，整头大象给我的感觉颇为笨拙。趁其不备，我从袋子里拿了一团揉皱的纸放入它的鼻孔。本想大象定会上当，没想到它迅速将鼻孔转过来，抖了抖，将纸团倒了出来。那动作轻巧、果断，丝毫没有思考、辨别的时间。刹那间，我似乎看到了这头大象的聪明与可爱。

正当我还想逗逗大象时，女儿早已跑在了前边的一排铁笼前。在这里，我们看到了非洲雄狮，看到了东北虎，看到了金钱豹……我一边走，一边忙着拿手机拍照。我们看到了过去从未亲眼见到的许多动物。

不知不觉，我们走到了一个人工湖边。女儿指着水面上的几只大鹅，朝我喊："爸，大白鹅。""宝贝，这可不是咱老家养的大白鹅，这是白天鹅！""哦——爸，鸳鸯！还有北京鸭！"鸳鸯她是见过的，因为我的家乡就有亚洲最大的鸳鸯栖息地——鸳鸯湖。一到冬天，鸳鸯湖里生活着几千只鸳鸯。哪来北京鸭，那分明是野鸭！一路看来，女儿总是闹笑话。这不，经过袋鼠场地时，硬把袋鼠说成梅花鹿；经过牦牛场地时，硬把牦牛说成大奶牛；经过狼笼时，硬喊它大狼狗。唉，时不时地把我，还有围观的人逗乐一片。

我们围着湖走了一圈。湖中心的小岛上树木茂密，我们不能清楚地看到湖心岛上的各种奇特的鸟，但我们平生第一次听到了鹤鸣。那声音清脆、高亢，回响在整个湖面上空。有时几只鹤一唱一和，听着声声鹤鸣，我的内心感到分外的惬意与安详。

"绿孔雀！"不知是哪位游人说了一声。声音不大，但我和女儿都清楚地听到了。我们循声走去，看到孔雀园里有一只昂首阔步的绿孔雀。曾听人说，孔雀爱美，见到游人衣服漂亮，就会展开自己的羽毛，欲与人一比高下。我们多么盼望看到孔雀开屏的一幕呀！突然，我想到包里有把小花伞。我索性取出伞，将花伞一会儿撑开，一会儿收拢。没想到，孔雀真的向我们走来，摆出了一副要开屏的架势。

正当我们等待欣赏时，这家伙竟撅起屁股，放了一堆大便，转身悠然离去。我和女儿面面相觑，然后抱着肚皮笑得都快贴到地上去了。

汪智星为备课组老师上示范课

　　太阳已偏西，我们已在公园里观赏了近三小时。当我们从大门的右侧出来时，意外地看到下午五点半有海狮表演。女儿执意要看，可我见时间已晚，只能答应下次一定陪她来看海狮表演，她才恋恋不舍地离开动物园。

　　师：大家听得很认真，想想刚才老师说的几个问题。
　　生：我认为老师抓住了大象聪明可爱的特点。
　　生：我认为老师写出了人工湖里鸟儿欢快的场面。
　　生：我认为老师写出了绿孔雀的十足架势。
　　生：我认为老师是按参观的顺序来写的。
　　师：对，你从哪里可以看出来？
　　生：文中前边写到"大象园在动物园的左侧"，结束时，文中又写到"当我们从大门的右侧出来时"，看得出，你参观的路径是从动物园的左边进去，最后从右边出来。
　　生：我听出了老师是按大象园、铁笼前、人工湖、湖心小岛、孔雀园，最后到海狮馆的顺序写的。

师：同学们听得非常认真。老师想问问你们，听着老师写的文章，你能想象出哪些画面来？

生：我看到了贪吃而聪明的大象的画面。

生：我看到了湖心岛那一对对白鹤齐鸣的画面。

生：我看到了天鹅戏水、野鸭觅食的画面。

生：我看到了湖心岛上树木茂密、百鸟飞舞的画面。

生：我看到了那只绿孔雀戏弄观众的画面。

生：我看到了老师的女儿一路搞笑的画面。

师：听同学们这么一说，我觉得自己的文章写得还挺成功的。下面是你们动笔习作的时候，老师送你们一句话："习作是写出来的。"记住，给自己的习作取一个好听的名字。

（六）现场习作，老师现场指导修改习作

（课堂习作进行了 25 分钟。）

师：题好文一半。好的题目一定是吸引读者的。我刚从同学们手中拿了一些习作，我们不着急看习作内容，先来看看习作题目怎么样。

（投影：《游江西三清山》。）

师：这个题目怎么样？大家都可发表自己的看法。

生：我认为可以去掉"江西"一词，改为《游三清山》。

师：为什么这样改？

生：这样简洁些。

师：对，题目要求简洁，这一点大家要牢记。这是全部的理由吗？

生：三清山全国闻名，谁都知道是江西的，因此，加上"江西"是多余的。

师：看，这就叫思考。

（投影：《参观庐山》。）

师：这个题目怎么样？

生：我想去掉"参"字，《观庐山》更简洁。

生：我觉得不妥，我认为《游庐山》比《观庐山》更妥当。

（接下来，学生将《枫杨树》改为《校园里的枫杨树》，将《美丽的黄山》改为《神奇的黄山》或《迷人的黄山》等。）

师：题目一推敲，就精彩了。文章也一样，需要经过别人或自己的反复修改。下面，我来请一位同学读自己的习作。同学们仔细听，听听老师是怎样替他修改习作的。

生：游洪崖丹景。

师：嗯？洪崖丹景是什么？

生：是南昌郊区的一处景点的名称。

师：哦，这景点不太有名，可不如庐山的名气大呀。加上"南昌"，读一读。

生：游南昌洪崖丹景。

师：真聪明！

生：星期天，我们一家四口坐汽车，来到了景点——洪崖丹景。

师：去掉"景点——"，改为"来到了洪崖丹景"。

生：进入景点，我们往下走，很快来到一座桥边。这座桥与其他桥不一样，它只有两根粗粗的铁丝供游人行走，好在旁边还围着一层铁丝网，保护游人安全。

师：这句话写得好，一读就知道这座桥的与众不同。同时，听者此时也能想象出画面。

生：一见到这座桥，我差点吓晕，

师：把"差点吓晕"改为"双腿直打战"，更恰如其分。

生：心想：这桥也能走吗？

师：这就是心理描写。

生：不过，我的脑海中猛地冒出一个想法：走这座桥一定好刺激！"妈妈，走这座桥吧！"我坚定地对妈妈说。"可是弟弟不敢走这座桥呀！"

师：改为"'可弟弟不敢走呀！'妈妈担心地说。"第一，说话要简洁。第二，恰当的提示语不能少。

生：弟弟歪着小脑袋，不服气地说："谁说我不敢走，我就要走！"

师：弟弟这个人物描写得惟妙惟肖，既有语言描写，又有神情描写。老师要把它圈出来，此处我得奖励你一颗红星。

生：妈妈和爸爸经不住我俩的"双面夹击"，最终"投降"了。

师：多巧的引号呀。"双面夹击"和"投降"加上双引号，则多了一份趣味与幽默。请把掌声送给他。

生：我和弟弟高高兴兴地走上桥，他们紧跟在后。这桥实在太难走了。突然，我听到"哎哟"一声，原来是妈妈摔跤了，幸好没有受伤，真是万幸！

师：去掉"真是万幸！"

生：幸好没有受伤。费了九牛二虎之力，我们才到了对岸。刚到桥头，我们高声喊："过桥了啰！我们过桥了啰！"

师：不是"喊"，是"欢呼"。

生：这天上午，我们在溪水里嬉戏过，在木桩上攀爬过，还看到了可爱的小山鸡在树下乘凉……

师：前文"过桥"写得详细，画面栩栩如生，这一段则写得简略，只一句话，将众多有趣的所见所闻概括了。这就是写作方法，这就叫技巧！

生：不知不觉中，时间悄然到了中午，我们恋恋不舍地离开了洪崖丹景。

师：多好的景呀。作者似乎刚玩，就到了中午，再看一个"恋恋不舍"，写出了作者对美景的想念与不舍。

师：同学们，刚才都看到老师是怎么给别人改习作的了吗？此时，老师想把刚才送给你们的"习作是写出来的"一句改一改。记住，"好习作是改出来的"。怎么改？按照叶圣陶先生的方法去做最有效，那就是"再读，再读，再读"。同学们，我们一定要在一遍又一遍的出声读中修改自己或别人的习作。

十四、漫画习作可以这样写①

同学们，总看到你们面对教材中安排的漫画习作不所如何下手，我也在想，漫画习作究竟难在哪里？作为老师的我，有什么巧妙的写作方法可以传授给你们？不瞒同学们，老师在某一段时间里指导学生进行漫画习作时，也是摸不着头脑，有时

---

① 本节原为作者面向六年级学生就"如何写好漫画习作"的一次演讲。

索性给出一幅漫画，让学生自由发挥。虽然最后同学们也能被"逼"出一篇篇漫画习作，但这是被"逼"出来的，没有什么写作方法可言。如此，下一次当学生再次遇到漫画习作时，又得被"逼"了。

不过，我对漫画习作的指导可没有一味地"逼"下去，而是一直思考：如何让学生不再畏惧漫画习作，并掌握巧妙的习作方法，最终喜欢上漫画习作？在六年级上册第四单元的漫画习作指导前，我做了许多思考，在习作教学指导中，收获了成功的滋味。在此，跟同学们讲讲自己的思考与实践，我相信，你们定会从中有所收获。

下面是这次漫画习作的要求与内容。

认真观察下面的漫画（图略），在看懂漫画内容的基础上，写出你的理解和感受，也可以借助漫画写一个故事。

要想写好这次漫画习作，同学们必须根据漫画习作的特点，更好地读懂漫画。我以为，需要思考三个方面的内容：第一，要区别漫画和一般的图画。一般的图画，同学们在观察时只要能读懂图画的内容即可，即图上画了什么，表达了什么意思。但是，观察漫画时除了要看懂画面的内容及意思，还要读懂漫画揭示的某一种现象，甚至是多种现象。第二，不能只停滞在"内容介绍＋揭示现象"的模式上。对习作刚起步的三年级学生，如果遇到漫画习作，采用"内容介绍＋揭示现象"的模式进行构思、习作，是可以的，但随着同学们习作能力的提高，以及对生活更广泛、更深入的认识，这种固定的漫画习作模式就会影响你们的想象力和创造力的发挥。第三，要善于把静态的单幅图想象成动态的、系列的连环图。这一点非常重要。如果同学们在漫画习作前能够大胆想象，在单幅图的基础上，合理地思"前"想"后"，最后呈现在自己眼前或者脑海里的不再是单一的漫画，而是一个动态的、系列的连环图，你们进行漫画习作就会水到渠成。

以上三个方面，同学们都进行了充分思考，我想，漫画习作就不难了。以六年级上册第四单元的漫画习作为例，我们一起来看看，漫画习作"三步曲"。

第一步：读懂内容及现象。

这样一幅漫画，同学们很快能读懂其内容：一个木头人挥着利斧在伐木，一只啄木鸟站在他的头上，心生疑惑——这段木头里一定生了虫子。然后，同学们得思考漫画所揭示的现象：可能是呼吁大家要保护环境，不要滥砍滥伐；可能是说人类过于贪婪，在自取灭亡；也可能是说此人和树一样生"虫"了，得治疗，否则，害"林"害己……如果你们能自己读懂漫画的内容和漫画所揭示的现象，你们的漫画习作就有了清晰的眉目。

第二步：读成动态连环图。

这一步，我把它称为"思'前'想'后'法"。具体做法：首先，根据漫画的内容，试着给它取一个名称——《伐木图》。接着，引导学生往"前"想，前面会是一幅怎样的图？要是我来想，我会想到《鸟木相依图》；再往"前"想，我会想到《人林和谐图》。往"后"想，后面又是一幅怎样的图？要是我来想，我会想到《荒山图》；再往"后"想，我会想到《灾难图》。当然，还可以继续思"前"想"后"。如此一来，《人林和谐图》《鸟木相依图》《伐木图》《荒山图》《灾难图》……呈现在同学们眼前的就是一幅动态的、系列的连环图。在漫画习作中，这一思"前"想"后"的环节至关重要。

第三步：串图想象创故事。

汪智星荣获江西省"五一劳动奖章"

有了前边动态的、系列的连环图，漫画习作可谓成功了一半。接着，同学们将其串起，创编故事，便是漫画习作成功的关键。我发现，要想故事创编得精彩，就得给每幅图拟出若干个关键词。例如，第一幅图《人林和谐图》，可以拟出"种树""山清水秀""啄木鸟"等关键词；第二幅图《鸟木相依图》，可以拟出"害虫""忙碌""啄虫"等关键词；第三幅图《伐木图》，可以拟出"伐木""别墅""只伐不种"等关键词；第四幅图《荒山图》，可以拟出"树桩""鸟儿飞走"等关键词；最后一幅图《灾难图》，可以拟出"狂风席卷""暴雨干旱"等关键词。在此基础上，同学们就可以根据自己拟定的若干关键词创造性地编写故事。例如，最后一幅图，我班学生当时是这样创编精彩的故事情节的："晚了，一切都太晚了！没有了森林的保护，土地沙漠化、山体滑坡、泥石流……各种灾难相继袭来，人们居住的家园陷入了无尽的危机。一个月里，几百人因各种灾难而失去了生命。这时，人们才流下悔恨的泪水。唉，人们辛辛苦苦造就的基业，终究还是毁在了自己的手上。"同学们，发现了没有？有图就有故事，借助关键词想象故事，故事情节就会更有针对性，更丰富多彩。

　　同学们，在一次次习作中，无论是漫画习作，还是其他类型的习作，它们看似难，其实也不难，关键在于我们静下心来去读要求了吗？去思考了吗？去推敲了吗？去琢磨了吗？我相信，习作因同学们的多思而生"花"，漫画习作亦如此。

本真的影响
——我的社会反响

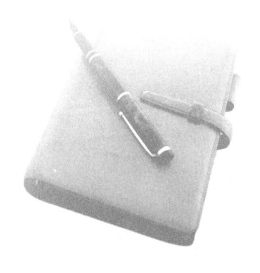

一、汪智星，希望之星①

（原江苏省徐州市鼓楼区教研室主任　于永正）

汪智星是我特别喜欢的徒弟之一。他在语文教学与研究道路上的成长、成功，我是一直关注着的。这些年来，他的勤奋不仅感动了我，也影响着他周围的许多教育同人、朋友。凡是见过他的人，都深深地被他的真诚、实在感动着；凡是听过他的课或讲座的教师，都深深地被他的智慧、幽默吸引着，被他对教育教学的挚爱与执着感染着。

三年前，智星准备出版自己的首本教学专著《过着语文的日子》时，我给他写了一篇序，题为《汪智星，智慧之星》。之所以以此为题，是因为我在他的诸多书稿里读出了他是一位有智慧的教师。无论是教学理念的运用、教学方法的选择，还是教学策略的实施，都能让我真真切切地感到他的智慧。因为他的智慧，他的课堂表现得特别扎实、有效、灵动；因为他的智慧，他的学生表现得特别阳光、可爱、大方；因为他的智慧，他的同事愿意跟随着他一起共同行走在教育教学的道路上。今天，当我再次捧读他的第二本书稿时，他的智慧不减，但让我更高兴的是，他对语文教学与研究完全是出自内心深处的一种真爱。正如他自己所说："玩就是做自己喜欢做的事。我现在从事的语文教学与研究就是在玩。我天天在'玩'阅读，天天在'玩'习作，因为喜欢。做自己喜欢做的事，所有的付出都是一种享受。"显然，智星把自己从事的语文教学与研究工作当成了人生的一种享受。智星这般享受着语文教学与研究，最终是让自己的学生享受着快乐。他的学生在他的教育下永远是快乐的，是幸福的。

智星说父辈给他取名智星的意思是"发挥聪明才智，培育希望之星"。这也让我更清晰地看到了智星作为一位语文教师，作为一位特级教师，作为一位党员教师，作为一位劳模教师，对教育的挚爱与对教育的担当。他把自己的所有心思都放在语

———————————

① 选自汪智星：《汪智星与你相约语文》，1～4页，南昌，江西高校出版社，2016。

文教学与研究中。因为如此，每一节语文教学课堂上，他的学生自由、开心、充实、灵动。每一篇教学论文、教学反思的撰写，都是为了自己的教学理念能够更灵活地运用，为了自己的每一堂课都能给学生带来乐趣。于智星而言，对语文教学的思考与研究就是为了让每一位受教育的学生爱上语文，享受语文。

　　近年来，智星在学校担任分管教学的副校长，并成立了"汪智星名师工作室"，如此一来，他手头上的事情变得更加繁杂，但他依然坚持完成一个班的语文教学工作。为此，他开始规划自己的工作时间。上午到校先完成班级语文教学工作，上午的剩余时间和下午的时间就完成自己分管的教学工作和工作室工作。改语文作业的时间全部安排在了每天中午休息的 1.5 小时里。长期以来，他没有休息过一个中午。白天，他根本没有时间静下心来阅读、反思、写作。于是，他把每天晚上 9：00 至12：00 这整整 3 小时的时间腾出来，进行阅读与写作。就是因为智星合理规划着时间，完成了自己的一切工作与任务，在教育教学道路上实现了一次又一次跨越。自2010 年评上特级教师后，他还先后获全国"百姓学习之星"、江西省先进工作者、江西省"五一劳动奖章"、南昌市"五一劳动奖章"、南昌市首批"十佳教师"等荣誉，入选为"江西省著名特级教师"重点培养对象。珍贵的荣誉背后是智星对教育的无私奉献与真诚付出。

　　智星的第二本书稿《汪智星与你相约语文》，我也是非常认真地阅读完的。他的文章是值得广大教师阅读与思考的。读了智星的这本专著，教师们能从中获取无穷的力量，能从中寻找到前进的方向，能从中读懂语文学科的规律，能从中掌握许多教学的策略。总之，这是一本好书，是一本既能让读者从中收获语文教学理念、方法与策略，也能让自己明确方向并励志的好书。当你完整地读完它，你会觉得不虚此读！

　　智星在《改变，从研究开始》一文中，让我们看到了他是如何阅读、如何研究的。我们看到他在阅读和研究上花了比一般教师多几倍，甚至十几倍的时间，还看到了他持之以恒的态度和真阅读、真研究的方法、策略。凡是被读过的书籍或文章，都会留下他密密麻麻的圈画或批注；他每个学期摘抄的读书笔记有厚厚的两三本；他读到令自己产生思考的观点时，就会及时动笔写下自己的心得或反思。阅读、反思、写作对智星而言，成了一种习惯，成了他生活中不可或缺的一部分。就是这样，智星在教学研究的道路上走得更快，更稳。

智星在《十年一剑：痴心情境体验式习作教学探索路》一文中，让我们看到了他是如何思考、如何研究的。当下，许多教师申报课题过于功利性，在他们心中，课题申报立项研究就是为了评职称。然而，智星的一个省级重点立项课题前前后后研究了三轮，近十年。一位一线教师能够如此，实属难得。智星最初师范毕业时是一位专职体育教师，后来改教语文学科，并提出了"玩作文"的理念。于是，他开始对情境体验式习作教学进行深入研究。正如智星所说："回想自己昔日当体育老师时对'玩'课的懵懂感知，到后来一次次对'玩'课的亲身实践，再到今天对'玩'课理念的进一步领悟，我已经爱上了'玩'课。因为在'玩'课中，我与学生的身心一同愉悦。喜欢做一件事，喜欢就是一种内在的动力，它不需要外界力量的推动。如果自己想做一件事，就定能成功地完成。对学生而言，'玩'课是愉悦的，是在快乐中收获成功；对教师而言，'玩'课更是一种追求与责任。"多年来，智星在情境体验式习作教学研究中，带领课题组团队研发出了近百个精品课例，尤其是智星自己研发并设计出的许多精品课例，十几次在全国各地示范，同时，《小学教学》《河南教育》《江西教育》还先后给他刊发了情境体验式习作教学专题研究成果文章。

在智星的书稿里，我们还能阅读到他研究的许多精品课例，如《自然之道》《燕子专列》《呼风唤雨的世纪》等阅读教学课例，《趣味汉字听写》《大胃王吃烧鸡》等习作教学课例。每一个课例的设计都让我们看到智星"智慧、本真、清简"的课堂教学风格的呈现。

正如上饶市教研室小学语文教研员郑初春在《有境界自成高格——兼谈汪智星和他的语文教学》中描述的：

他的教学智慧，是科学地设计、巧妙地安排、合理地运用教学资源；是智慧地感应、灵活地反映、机智地回应每个学生传递的信息，为学生创造极具教育内涵的学习氛围。他的教育智慧，就是在一个眼神、一个表情、一举手、一投足间让学生享受到教学的智慧，潜移默化地浸润在美好的情境和意境中。我喜欢他阅读课上的细腻和智慧，喜欢他作文课上的严谨和自由，喜欢他依托文本又超越文本，喜欢他善于在学生理解的基础去发现、提炼、深化、激发并提升。

他的教学本真，是坚守语文本色，追求课堂本真，遵循语言规律，把握语文教学规律，与学生一起读书，与文本一起对话，师生一道进行心灵远游。他的教学本真，是凭借自己深厚的语文素养和积淀，依托语文自身的独特魅力，培养学生听说读写能力和言语运用的能力，并在语文教学中培养学生做人的情怀，让语文教学对学生的人生之路影响得更深远，更有意义，更显价值。我喜欢他朗读训练扎实、形式多样，喜欢他引导学习视野独特、内容饱满，喜欢他读写结合设计精巧、链接无痕，喜欢他关注语言和情感同构、语言和精神共筑。

他的教学清简，是和谐相生、自然简朴的，追寻用最简约的方法和手段，引领学生轻松而又扎实地走近丰富繁杂的语文世界。他的教学清简，把课堂上错综复杂的关系处理得恰到好处，从而使学生学得从容，学得自由，学得实在；理解和处理文本内容相得相生，关注言语形式和学会表达的相得相生。我喜欢他的讲读课热情明快而不枝不蔓，我喜欢他的阅读课厚重而不繁不杂，喜欢他的略读课简略而不浮不浅，喜欢他的阅读与写作兼容贯通。

记得在昔日的《汪智星，智慧之星》一文的结尾处，我是这样写的。

汪智星是智慧之星。愿智星这样一位爱读、爱写、爱思考、能吃苦、有毅力的青年教师能在语文之路上走得更远，走得更好。

如果我们的语文老师都能像智星一样，边读、边写、边做、边总结，那该多

于永正给弟子汪智星题写的"龙"字

好哇!

我寄希望于年青的一代。愿中国小语教坛群星璀璨，智星耀眼!

如今，距我写此文已 3 年整。智星依然在语文教学与研究的道路上坚持着，努力着，挚爱着。3 年后的今天，当智星再次让我为他的第二本专著作序，我非常高兴，因为这三年来，智星没有忘记我作为师傅对他的谆谆教诲。他勤奋地工作着，不懈地阅读着，默默地撰写着。日日如此，年年如此。他收获着一次又一次的成功与快乐! 所以，当我再次为他的新著作序时，我以《汪智星，希望之星》为题。在他的文章中，我除了再次读到他的智慧，更读到了希望。这希望是我对他的希望，更是我对小学语文教学的希望!

愿智星珍爱身体，生活幸福，享受语文!

二、汪智星印象记

（全国著名特级教师　江苏省徐州市鼓楼区教育局原副局长　高林生）

认识汪智星是在 2006 年上饶市举办的一次小学语文教学研讨会上。我清楚地记得，那一天他上的是《乡下人家》一课。淳朴的衣着，清晰的教学思路，睿智的教学设计，略带家乡口音而又不失韵味的课堂语言给我留下了很深的印象。后来听主办会议的郑老师说，上课的老师叫汪智星，来自离上饶不远的婺源。那时，我对婺源的了解不多，只知道那里是儒学大师朱熹的老家。也许是他的课上得不错的原因，会议期间，我们俩曾有过一些接触，也有过拉家常式的交谈。我知道，他的父亲也是老师，一位优秀的农村语文老师;我还知道，直到现在，他的父亲在课余时间还坚持干些农活。大概是子承父业吧，当你走近汪智星的时候，纵然他已经是特级教师了，你依然可以感觉到他从父辈那里继承来的淳朴，那种来自大山深处的老师特有的清纯、透亮。我们当时的谈话海阔天空，并没有固定话题，但我清晰地记得，每当他谈到在家乡如何采茶、制茶的时候，往往是兴奋异常的，常常会扳着手指头如数家珍般地侃侃而谈。此时的他仿佛就是鲁迅先生笔下的少年闰土，心中充满了无穷无尽的智慧。那一次，我和于永正老师一起去了婺源，参观了汪智星供职的学校，对汪智星生活、工作的环境有了更多的了解，又一次领略了"一方水土养一方人"的道理。

从那次以后，我与汪智星保持了一些交往，但终因相距甚远，见面的机会十分有限，又兼汪智星已经拜在于永正的门下，所以深层次的交谈并不多。直到前几天，他忽然来信告诉我，南昌市东湖区教科体局要为他举办一个"特级教师汪智星'智慧、本真、清简'教育思想研讨会"，而且要他出版一本关于语文教学方面的书。得知此事，我首先是从心眼里为他高兴，另外我也为南昌市东湖区教科体局叫好。特别是他要我为他的这本书写一点文字，我着实开心，因为又有了一次与汪智星心灵对话的机会，又有了一个近距离了解汪智星的可能。

接到汪智星寄来的书稿，我是一口气读完的。我觉得这些文字就像是从山涧中流淌出来的涓涓溪水，清冽、甘甜；又像是婺源清泉冲泡出来的绿茶，让人神清气爽。在文艺界，人们常用"德艺双馨"评价那些出色的演员，现在透过汪智星的文字，我觉得可以用"德才双馨"来概述他的品德与才干。

学高为师，身正为范。那么，汪智星的身上究竟有哪些看点呢？换句话说，汪智星究竟有哪些地方可以为师、为范呢？先来说说他的"德"。我个人以为，要说师德，在他的身上最值得称道的有两条。

第一是他对教师工作的那份喜欢、热爱。记得孔夫子曾说过："知之者不如好之者，好之者不如乐之者。"意思是说，拥有知识的人不如爱好知识的人，喜爱知识的人不如以学习知识为乐趣的人。人们不是常说"兴趣是学习的动力""兴趣是最好的老师"吗？如果把这种认识用到汪智星的身上，他的成功正说明了喜欢教育、钟情教书对一位教师的成长是多么重要。你看，他从大山深处一路走到了婺源县城，又从婺源县城一路走到了南昌，他从一位普普通通的语文老师成为小有名气的特级教师，靠的是什么？靠的不就是内心的喜爱和来自心底的快乐吗？他因内心的喜爱而追求，因追求而能动，因能动而走向成功。按孔子之说，学习可分为三层境界：一层是知，二层是好，三层是乐。汪智星不就是一步一个台阶走过来的吗？其实，不光做教师如此，我们做任何一项工作，假如都能做到"乐在其中"的话，那自然会产生无穷无尽的动力。

第二是他对教育教学的那份执着，那份坚持。看了汪智星的成长档案，他从初登职场的"被边缘化"，到后期的自我否定，一路走来，一路艰辛。看着汪智星的人生之路，我突然想到了《周易》的大壮卦。《周易》有云："羝羊触藩，不能退，不能遂，无攸利，艰则吉。"这一爻的意思是说，公羊因为用角顶触篱笆而被卡在篱笆中，不能退，也不能进，非常尴尬，但是坚持挺过了眼前的难关，就会获得吉祥。人的一生总会遇到坎坷与不平，即便是身处不得屈伸之境，也应当以一种积极的心态面对。这种进退维谷的状况不会维持多久，只要你能够在艰难中自守，自然会否极泰来。人们常说，一个人的成功往往是多种因素共同作用的结果，但只要坚守那些最基本的信念，成功便会青睐于你。汪智星历经了挫折、困难而最终成为一位优秀小学语文教师的经历，揭示了这样一个公式：成功＝喜欢＋坚持。

接下来说说汪智星的"才"。所谓"才"，最重要的一条是拥有"智慧"。因为"智慧"是"才"的第一标志，正如汪智星的名字一样，汪氏家族的最大期盼就是他做一个有"智"之人。

其实智慧并不神秘，汪智星用他的实践给"智慧"做了很好的诠释。何为"智"？汪智星用实践告诉我们：智就是一个人对接触到的问题能够迅速、灵活、正确地理解和解决的能力。按照思维科学的说法，人的智慧的高低，首先是其脑神经细胞的组织结构合理与否，其次是其思维方式（精神场的波动属性）优良与否，最后是由精神场引导的行为结果功耗比的大小。即人的智慧是内精神场与外精神场相互作用，内精神场优良性波浪式上升的结果。也就是说，在外精神场及时空的共同作用下，人的智慧的高低是可以改变的。如果把这段话说得通俗一点，它的基本要义是说，人的智慧（聪明）一是与先天遗传有关，也就是上文所说的"脑神经细胞的组织结构合理"程度。关于此，汪智星的先天条件不错，可以说，他占尽了"天时"和"地利"——生活在灵秀的大山怀抱，再加上上辈人的遗传和影响（爷爷是有名气的中医，父亲是优秀的小学教师），让他拥有了一个聪明的脑袋。二是后天的努力修炼，也就是上文所说的"内精神场与外精神场相互作用"。孔子就曾经说过："学而不思则罔，思而不学则殆。"他同时还说过："吾尝终日不食，终夜不寝，以思，无益，不如学也。"由此可见，孔子倡导的修炼智慧的方法，归根到底是两条：一是学习；二是思考。此二者要协调互动。两相对照，思维科学上所说的"内精神场"与"外精神场"之间的相互作用，不就是汪智星已经实践了的学习与思考相互促进的做法吗？

从汪智星的文章，我们可以清晰地看到，他对思考与学习不但同等重视，而且十分关注它们的协调、互动。汪智星发展、提升智慧的实践再次告诉我们：只重视学习而不注重思考，就有可能遭到蒙蔽，陷于迷惑；只重视思考而不注重学习，就有可能因误入歧途而导致疲乏及危险。专靠学习取法前人，而不加上自己的分辨、判断，就容易遭到前人的思想蒙蔽及限制。但如果专靠自行思索而不知取法前人，则有可能像前人一样误入歧途，导致虚掷精力的危险。应该说，汪智星这本书中大量的、很有创意的教学设计都是他潜心读书、深入思考的结晶，都是一个人提升智慧的经验之谈，值得我们细细品读和借鉴。

汪智星向时任南昌市人民政府副市长姚燕平
汇报"汪智星名师工作室"的工作开展情况

汪智星有"才"，还表现在课堂教学过程中他展现的精湛操作技能。走进汪智星的课堂，扑面而来的是浓浓的师生情，感受到的是他用心营造的宽松、和谐、平等、自由的对话氛围，目睹的是他举手投足都有"戏"的行为举止，耳闻的是他带有江西口音的话语。如果你沉下心来听一听，会发现他的课堂教学操作至少在以下几个方面值得关注。

第一，简约、明了，不乏睿智的教学语言。《学记》曾对教师的语言提出过这样的观点："善歌者，使人继其声；善教者，使人继其志。其言也，约而达，微而臧，罕譬而喻，可谓继志矣。"这段话明白无误地告诉我们：善于唱歌的人，能使人乐于仿效、接续他的歌声；善于教学的，能使人继承他的志向。教师的言语，简洁而通

达，精微而完美，比喻少而意思明了，可以称得上能让人继承他的志向了。我以为，教师，尤其是语文教师，他的第一专业技能便是语言修炼，而教师语言最重要的是尽力做到"约而达，微而臧，罕譬而喻"。我相信，当你读了汪智星的精彩的课堂实录，欣赏了汪智星的教学语言，自然会认同我的观点。

第二，富有吸引力的课堂组织、调控本领。课堂教学是一个动态的过程，而作为参与课堂教学对话的重要角色之一的教师，最重要的能力就表现在以组织、引领、评价为主要内容的调控本领上。从汪智星的课堂实录看，他的课堂组织、引领、评价并不单单表现在对教材的理解如何深透（当然，没有对教材的深入理解是万万不行的），以及对学生的情况如何熟悉上。课堂上，汪智星像是一支交响乐队的指挥，一方面，发挥着超强的凝聚力；另一方面，发挥着金针度人的点化作用。他的话语不仅告诉学生应该怎样，而且创造条件让学生自己去感悟、去探究，让学生根据自己的已有经验，发挥主观能动性，去寻觅、去追求，师生共同奏响和谐的交响曲。而要做到这一点，它首先要求教师十分投入，其次要求教师拥有的知识底盘非常大。一句话，教师应当有很高的综合素养，才能带领学生们登上金碧辉煌的精神殿堂。

第三，准确把握教材，精心安排教学流程的能力。多年以来，"耗时多、效率差"始终是笼罩在语文教学头上的一团挥之不去的浓云。之所以如此，原因是多方面的，但其中教学目标不明、教学内容错位、教学流程低效是最突出的三个问题。令人高兴的是，汪智星在实践中已形成的"智慧、本真、清简"的教学风格、教学追求，恰恰是针对这三个问题而进行的有益探索。毫不夸张地说，汪智星所追求的"智慧、本真、清简"更深的是对语文教学规律的哲学层面的思考与认识。我国著名战略科学家钱学森先生就认为：哲学是一切科学技术的最高层次，而辩证唯物主义则是哲学的核心。

唯物辩证法认为，在事物或过程的多种矛盾中，在事物发展的任何阶段，必有而且只有一种矛盾居于支配的地位，起着规定或影响其他矛盾的作用。这种矛盾就是主要矛盾。其他矛盾则是非主要矛盾。事物的性质是由主要矛盾的主要方面决定的。矛盾的主要方面与次要方面既互相排斥，又相互依赖，并在一定条件下相互转换。汪智星追求的"智慧、本真、清简"，就是要抓住语文教学的主要矛盾的主要方面，即语文教学应该干或者首先要干好的事，收获语文教学最应该收获的成果，从根本上突破"高耗低效"的被动局面。

　　光阴荏苒，日月如梭。我与汪智星结识六年多了。六年后的今天，眼看着他煞费苦心写就的文字，回想起与他相关的件件往事，猜想他现在的生活与学习状况，欣赏他无限精彩的内心世界，说道他教育教学操作的短长，谈论他的人品与才干……汪智星留给我的印象越来越清晰了。

三、是团火，就得映红一片天

——汪智星其人其事

（《南昌日报》记者　吴　浣）

　　"发挥聪明才智，培育希望之星。"这是父辈对汪智星老师给予的厚望。如今，从教 20 余年的他，俨然成长为南昌市、江西省，乃至在全国都享有一定声望的小学语文学科名师。之所以有着这样的成就，是因为他对教书育人这一工作的执着与追求，是因为他对教书育人这一事业的挚爱与信仰。有人问他："汪老师，您如此废寝忘食、不辞辛苦、如痴如醉地工作，难道不累吗？"他莞尔一笑，答道："累并快乐着！因为喜欢，所以快乐！做自己喜欢做的事，所有的付出都是一种享受！"凡是了解他的人都知道，他身上所拥有的那种无形、强大的魅力，既能助推自己不断提升，也能影响、感染着身边的每一位教师。

1. 竭力助推团队幸福前行

　　他是东湖区人民政府于 2010 年暑期作为教育人才，从上饶市婺源县直接引进的。在南昌市邮政路小学前两年的时间里，他的人格魅力和专业能力一次次得到彰显。2012 年 1 月，东湖区教科体局为他举办了"特级教师汪智星'智慧、本真、清简'教育思想研讨会"。他的教育教学思想、理论、理念深深触动、影响着所有参会的领导、专家与教师。2012 年 6 月，他的个人教育教学专著《过着语文的日子》由江西人民出版社正式出版发行。2012 年 2 月，东湖区教科体局决定为他成立"汪智星名师工作室"。一周后，来自东湖区各学校的 17 位青年教师成为他的工作室的首批成员。为了让所有成员能快速脱颖而出，他开始了思考与实践。很快，他探索并总结出工作室有效推进的四大策略，即心态改变人、人格影响人、活动历练人、书籍提升人。几年来，他带领工作室全体成员先后在全国信息技术网络视频教学研讨会、江西省义务教育均衡教育现场交流会等重大活动中主动承担教学研讨任务。一次次的活动，成员们总感觉很累，但每每看到他身先士卒、无怨无悔的样子，大家都默默地、用心地紧随其后。每一次活动结束后，成员们都欣喜地看到自己专业能力在迅速提升。如今，成员熊婷已是江西省骨干教师、南昌市学科带头人。她常常说："看着汪老师工作的状态，就觉得一切困难都不再是困难。"成员吴志萍比较特殊，她是学校的信息技术老师，因为听了汪智星在学校里上的一节示范课，竟向学校提出改教语文，并主动申请加入他的工作室团队。几年来，在汪智星的影响和指导下，吴志萍老师已成长为一位优秀的语文教师，深受家长的称赞和学生的喜欢。

澳门代表团来"汪智星名师工作室"参观学习

　　功夫不负有心人。他带领下的工作室团队屡创住绩。他和部分工作室成员先后应邀在武汉、成都、杭州、深圳、澳门等全国各地讲学，或赴奉新、吉安、丰城等各地"送教下乡"近百场。几年来，江西省总工会副主席陈文明、原江西省教育厅总督学汤赛南、原南昌市人民政府副市长姚燕平、原东湖区委书记戴晓明、原南昌市总工会常务副主席宋亮生等领导先后莅临工作室视察指导；澳门劳工子弟学校校长郑杰钊一行8人，原南昌市教科文卫体工会主席陈水平带领南昌市市属中小学书记、工会主席、学科名师一行 14 人，抚州市教育工会主席董立伟带领临川一中名师一行 6 人，南昌市第 16 期校长培训班一行 70 余人等，来工作室取经学习。

他和他的工作室团队不断地影响着身边更多的教育人，同时，也取得了越来越多的教学教研成果。基于此，他确定了工作室团队的发展愿景——一棵树，一片林。2012 年 8 月，工作室被南昌市教育局评为全市教育系统窗口单位和服务行业"为民服务十佳品牌"；2014 年 8 月，工作室被南昌市总工会评为首批"市级劳模创新工作室"；2014 年 12 月，工作室被江西省总工会评为"省级劳模创新工作室"，成为全市，乃至全省教育系统唯一的一个市级、省级劳模创新工作室；2015 年 2 月，工作室被南昌市教育科学研究所评为首批"市级名师工作室"。如今，工作室随着自身的不断发展与壮大，又确定了自己更高更远的前行目标：弘扬劳模精神，发挥名师效能，助推学科骨干幸福前行，竭力打造江西省基础教育新品牌。而他和他的工作室团队也在教育教学的道路上一路高歌，豪迈前行。

2. 感情有时比金钱更重要

近年来，他因自己潜心教学研究，善于实践总结，在全国小语（小学语文）界也享有声望。他 7 次获省级教学竞赛一等奖，6 次获国家级教学竞赛一等奖，其中，2008 年代表江西省参加全国第七届青年教师阅读教学观摩活动获一等奖；300 余篇论文在《小学教学》《小学语文》《江西教育》等十余种核心刊物上发表，或获国家级、省级、市级一等奖；主持或参与国家级、省级重点课题立项或结项共 9 个；个人典型事迹在《小学教学》《江西教育》《江西工人报》《江西晨报》《南昌日报》和江西教育电视台、南昌电视台等媒体宣传。先后成为《小学教学》《成功密码》杂志封面人物，并入选《语文教学通讯》杂志评选的"青年名师"，以及《江西教育》杂志评选的"赣鄱名师"；获江西省师德先进个人、江西省首批语文学科带头人、江西省特级教师、江西省"五一劳动奖章"、南昌市"五一劳动奖章"等荣誉，入选为"江西省著名特级教师"重点培养对象。

2012 年暑期，杭州市某区人民政府向他伸出"橄榄枝"，面对百万的安家费和近二十万的年薪，他欣然接受了。这一刻，他的父母笑了，爱人笑了，女儿也笑了，因为眼前将拥有的一切，是能彻底改变他及家人的命运的。这一刻，校长急了，局长急了，区长也急了。正当他一家人在西湖泛舟时，东湖区教科体局党委书记舒小红打来了电话，电话里，舒书记话语有情，句句叩心。舒书记即将挂断电话时，轻

轻地说了一句："智星，我是含着眼泪跟你说这番话的。"放下电话，他沉默了。傍晚，他在家人面前说出了自己的决定——返回南昌，返回东湖。这一刻，爱人无语，女儿不解，就连素来最理解、最疼爱他的父母都开始在电话里责备他。面对这一切，他知道自己所有的解释都显得多余，只是保持着一种素来没有过的沉默。

事业上，他从来不止步，正是这股子拼劲、闯劲，他先后 80 余次应邀在浙江、广东、澳门等地讲学，为全国各地教师近 20 万人次传播教育教学的理念与成果。每到一处，他的教学理念、教学成果总能引起广大专家、教师的共鸣。在浙江，听课老师曾这样评价："汪老师的课才听了一半，我就知道这是一位有智慧的老师。妙趣横生的课堂能让学生欲罢不能，做他的学生一定会很幸福！"在深圳，听课专家曾这样评价："听了汪老师执教的《草船借箭》后，我想说的是，要说三国时期的诸葛亮敢创新，那么，21 世纪的汪智星老师更具有创新精神。"正因如此，自杭州市某区要"挖走"他后，多地区均向他伸出热情的"橄榄枝"。然而，当他再次面对这些热情的邀请时，他都一一婉言推却着。因为在他的心中，南昌东湖教育的热土上，更有一种令他无法割舍的深厚情感——他牢记自己是一位江西教育人，他深信江西这片红土地更需要像他这样敬业、执着的名师。

3. 自古忠孝难两全

打小在小山村里，他的顽皮是出了名的，但他受家庭的影响，对长辈的孝顺也是人人皆知的。当初离开婺源到南昌时，爷爷身体健朗，他就把爷爷接到南昌来玩。白天，他忙着学校里的繁杂工作；晚上，他就陪着爷爷散步、拉家常。2016 年，爷爷已 86 岁，因一场重病住院，出院后就不能自如行走了。寒假里，他整天陪在爷爷的身边，或端茶喂药，或捶背揉腿，或洗脸洗脚。开学的头一天——正月十三，爷爷拉着他的手说："星，明天就要去南昌上班了。"他能感受到，爷爷是多么的不舍呀！他亲吻着爷爷的手说："我一有空就会回来看您。"然而，开学了，学校整个教学板块的工作压在他的肩上，一个班的语文教学任务占用了他许多时间，还有学校承担的各种教研活动、检查工作，几乎占去了他上班的所有时间。上班时间不够，下班时间用上了，周一至周五的时间不够，周六、周日的时间也被他用上了。年富力强的他面对工作真不觉得累，但是想腾出时间回家看望爷爷是多么难以实现！半年来，他只能一次次地在电话里跟母亲交谈，从母亲那里了解爷爷的健康状况。

自古忠孝难两全。他的内心时刻惦记着爷爷，也时刻思考着自己的班级教学，时刻琢磨着如何让自己的工作室团队走得更远，时刻全心完成着手中的每项工作。

4. 永做"疯狂"的学习者

从教第三年，也是他从教体育学科改教语文学科的时候。那之前，他很少阅读，很少写作。改教语文对他来说是极大的挑战。傍晚，他的第一任校长拿了一本关于语言文字训练方面的专著给他看。在即将离开时，校长说书是自己刚从别人那里借来的，先借汪老师阅读，一周后必须还给校长。刚改教语文，他翻阅着这本关于语言文字训练的书，如获至宝。一周里，他几乎每时每刻都沉浸在这本书里。这一天，校长来到他身边，向他取回书。他却恳求校长再借他一周，当时，校长脸色瞬间严肃起来，校长以为他这一周根本没有去读这本书，但见他一再恳求，就答应他再借一周。接来下的一周，他一有空，就回到自己的房间，将书一字一句地抄下来。整整一周，他用了 11 个学生作业本，将一本近 25 万字的书完完整整地抄了一遍。当他把书还到校长的手里，校长看到他抄下来的这本书，非常感动。之后，校长在很多场合都把他抄书的事作为一个典型案例去激励更多的年轻教师。

因为自己把这本书认认真真地阅读了一遍，又认认真真地抄了一遍，书里的很多内容他都有着深刻的印象，从此，他很快地行走在语文学科教学的道路上。在 20 世纪 90 年代末至 21 世纪初，学校很少有经典教育专著，因此，他开始向县城的一些名师借书阅读。一次，他从县教研室副主任那里一次性借了 3 本教育专著。回去以后，他贪婪地阅读着。3 本厚厚的专著花了近 3 个月时间，每一本被他都认真地读了两遍。他有一种阅读习惯——边阅读，边圈画，边摘抄，或在书上写批注。当他准备把 3 本书送还教研室副主任时，却迟疑了，因为 3 本书被他用各种符号进行了圈画，并写了密密麻麻的批注。他担心这样子把书还回去，副主任会抱怨他太不爱惜书。于是，他从书本的扉页里找到了出版社地址，并写信分别从 3 个出版社买回了 3 本书。那日，当他把 3 本新书送还教研室副主任时，副主任先是满脸的不愉快，高声吼着："什么？你一点都没有看？"这时，他向主任讲明了缘由，并把主任昔日借他看的那 3 本书从袋子里拿出来。这一刻，主任几乎惊呆了。片刻，主任迅速转过身，从身后的柜子里取出 7 本中外教育专著，一边递到他手里，一边说："智星，这 7 本书是我赠送给你的，不用还！"

从此，他深爱着阅读与写作，几乎达到了一种痴迷的状态。有人说他是"书痴"，有人说他缺少生活情趣，简直就是"书呆子"。然而，在他的世界里，阅读和写作之于他，犹如阳光和雨露之于大地。也因为长期阅读，坚持写作，勤于思考，一篇篇文章在他的笔下自由流泻，一节节精品课在全国各地示范，一个个教育专题在全国各地演讲。

近些年来，由于学校事务性工作过多，为了让自己能够有一定的时间进行阅读与写作，他对自己的时间进行了合理安排。白天，除了上好自己所带班的课和改好学生的作业外，就紧锣密鼓地完成着自己分管的教育教学工作。他把阅读和写作的时间安排在了晚上，每天晚上9点至12点3小时整，雷打不动。就这样，每当夜深人静时，他就静静地享受阅读和自由写作的时间。在书籍的世界里，在文字的天地里，他感到自己完全进入了一种充实、自信、快乐、享受的状态。二十年如一日，旁人总以为他选择了孤独，选择了寂寞，其实，在他学习的世界里，他特别的充实、快乐、享受。生命不息，学习不止。他把学习看作自己生活中不可或缺的一部分。他曾说，如果有一天没有静下心来阅读点书籍或涂抹点文字，就会觉得心里空落落的。即使躺在了床上，也会辗转反侧，难以入眠。

四、邂逅汪智星

（江西省赣州市于都县城关小学副校长　特级教师　黄　胜）

2013年赴南昌市参加江西省中小学网络工作室教育培训者研修活动，我最大的收获就是结识了南昌市东湖区邮政路小学的青年名师汪智星。

说实在的，由于我的孤陋寡闻，之前，我还不知道汪老师是位了不起的名师。这并不是由于汪老师的名气不够大，也不是由于我不关注语文名师，而是由于这些年我的目光不由自主地被江浙、北京和上海区域的著名特级教师吸引，一直叹息赣派名师为何总停留在昔日的辉煌上，"今朝"怎不能数出几个。遇上汪智星老师是个巧合。

2013年，接到去省城参训的通知，我暗自发愁：培训报到时间是11月2日，

汪智星和特级教师黄胜合影留念

而我的职称计算机考试却在 11 月 3 日上午,我只能请假,等在赣州考完计算机后孤身一人去南昌(本来是可以和本县的五六个同事一起去的)。最让我心里不踏实的是在南昌的住宿问题。还没去南昌的那几天,我老想着:我不能跟熟悉的伙伴同住一室了,会跟外地的谁住一起?会不会遇上个性格古怪的人?后到的我住宿的地方和本县同事住的地方会不会太远?自己是不是将要孤单一周了?

后来发生的事却让我喜出望外。我在去南昌的路上,先到的同事告诉我,住宿不紧张,都安排在地矿局培训中心的山水大厦。11 月 3 日晚上,我赶到山水大厦,服务员告诉我,422 房间才住了一人,是南昌市邮政路小学的老师,问我是否愿意和他同住一室。为了不浪费床位,我不说二话答应了。我瞥了一眼住宿登记表,看到上面写着我室友的信息:"汪智星""37 岁""特级教师"。我顿生钦佩和惊喜之情:我这次的室友是个出类拔萃、年轻有为的同行,自己如今已 44 岁了,都还只是个省级学科带头人,成为特级教师还是个梦,看来自己这回遇上年轻的才俊了,有一次和能人面对面学习的机会了!

可当我欣欣然打开房门准备一睹汪老师的"尊容"时,却发现人去房空!除了小圆桌上的半杯凉开水和靠窗床上掀开的被角显示着这里确实有客人入住外，并不见半件行李。到南昌的第一晚，我带着对汪老师的种种猜想孑然入睡，并没有见着汪老师。

见汪老师第一面是在 11 月 4 日午后，当我从餐厅回到宿舍，推开半掩的房门，我们几乎异口同声："你也住这儿啊。"出现在我眼前的汪老师身材微胖，身穿蓝色西装、米黄色衬衣，留着很显精神的平头，红润的国字脸，眼睛不大不圆却炯炯有神，给人朴实而富有活力的感觉。

坐下后，我真诚地称赞他："汪老师好厉害呀，三十多一点就摘下了特级教师的桂冠！"汪老师却谦虚地说："哪里哪里，大家都一样，当老师都很艰辛，都不容易。"接着，我们互相问了问对方的情况，我这才得知汪老师并不是南昌籍人，而是三年前被南昌市东湖区政府通过绿色通道从婺源引进过来的。当时我并不清楚绿色通道的含义，也还不知道汪老师的高明究竟到了哪一层次，只觉得汪老师很幸运，能从小县城走到省城来立足。打心眼里对汪老师顶礼膜拜还是在接下来的交往与了解之后。

11 月 4 日傍晚，汪老师像往日一样，在培训中心学习完课程就坐公交车回家忙业务去了。在回宿舍的路上，一起来培训的宁都同事温小莉老师问我和谁住一房，我说室友是南昌市邮政路小学的汪老师。她一听，脱口而出："汪智星吗？他很有名气呢！我看过他的博客和关于他的报道，在网上搜索一下就有，他很让人羡慕的。"经温老师这一说，我对汪老师的钦佩陡增。当晚，我在网上搜索"汪智星"，果真，一条条有关汪老师的报道、公开课和汪老师发布的文字作品呈现在眼前。我带着感动的心情细读了《南昌日报》上的一篇《汪智星，助燃东湖区教育的一团火》，很是感慨：和自己同住一室的原来真是一位出类拔萃的教坛才俊！看来，自己之前对本省教坛名师太小瞧了，原来本省也有能和江浙一带相提并论的名师啊！而且这次他就在自己身边，这真让人兴奋！

接下来的几日，我抓住和汪老师在一起午休的机会，和他攀谈起来，不失时机地向他请教一些语文教育及专业成长的问题，他都热心而真诚地与我交谈，不吝赐教。记得我问过他平时怎样引导学生积累精彩语言，他说小学生不过于强调坚持做摘抄，重在多阅读，读得多了，很多类似的，甚至同样的经典语言会反复进入孩子的视角，自然会积累一些东西，加上平时他会在班级板报上抄点古诗和名言让学生诵读，这就差不多了。我还问过他教作文的经验，他告诉我，他既重视作前指导，也重视作后讲评；既要让学生能轻松地写出作文来，也要引导学生学会把习作改好，正所谓"作文是写出来的，好作文是改出来的"。印象最深的是，当我问到他的教学风格里汲取谁的特色更多一些，他微笑着说："我没有刻意去学谁，我的教学蕴含着我自己的思想，当我经历大大小小 40 多次赛课之后，我有了自己的教学主张和特色。"他这一说，验证了一些专家反复强调的观点：优秀教师一定要有自己的教学风格。后来读汪老师的课例时，我也确实见到了他那与众不同的"智慧、本真、清简"的教学风格。四五个中午休息前聊天的时间是极有限的，但我们的交谈是融洽、愉快的，我的虔诚换来的是他的谦逊和亲近。相处到第四天中午，他毫无保留地告诉了我他的成长经历和业余爱好。他说他来自偏僻的婺源乡村，凭着自己的努力，从乡村小学走到乡镇中心小学再走到县城学校，并于 2010 年作为特殊人才被南昌市东湖区教科体局引进到省城来任教，2012 年由于一些原因还被杭州一所名校聘请过去，诱人的待遇让他在那里驻足了近半个月。最后，他被南昌市东湖区政府和教育系统领导的盛情挽留和真诚召唤所感动，还是回到了邮政路小学，从此以更高的热情投身东湖区乃至全省的语文教育振兴之中。他的热情和智慧没有白费，他的业绩屡屡得到省市各级领导的高度评价。他还不断应邀到外省市上课、做学术报告，在培训那周的周末，他就在准备下周赴北京拍摄全国优质录像课的事宜。

当我好奇地打听他的师傅于永正老师是怎么引领他时，他自豪地声称师傅对他的影响很大，最大的还是人品的影响。他说："他老人家的品格是无可挑剔的，我们晚辈不得不敬佩！"

真是"名师出高徒"，汪老师的学品让我敬佩，人品更让我敬佩。我这么说，从他为我们送书一事就足以体现。

随着我们交往的深入，11 月 5 日，汪老师答应赠一本他 2012 年出版的著作《过着语文的日子》予我。第二天，他果然带来了一本，亲手交给了我，还在上面工工整整地写了一句共勉的话——"大教无痕"。我喜不自胜，顾不上午休就捧读起来，还把它带到培训的教室里去"窃读"。这一来，被和我一起来培训的于都同事，以及和我熟悉的宁都同事、赣县同事等六七个老师发现了，他们争相传阅不说，一下课，竟一窝蜂似的围到汪老师身边，都说要汪老师给他们每人寄一本著作。汪老师呢，热心地在培训名册上一一勾画这些陌生同人的名字。眼见我的这些同事并未付给汪老师半分书款和邮寄费（当然，我也没付书款，那是因为汪老师不让付），我不禁为自己给汪老师带来的麻烦而感到内疚。可我的担心是多余的。当天中午，汪老师顾不上午休，特意坐出租车回家，提来一袋子他的著作，叫我发短信给那六七位老师，在下午上课前到我们房间来取书。这让我大为感动。我知道，在前几天，汪老师每次往返家里都是坐公交车的，这次为了不迟到，为了同人学友，竟破费坐出租车回去取书过来，多么热忱啊！下午2点左右，他们陆续来了，汪老师一一给他们写了共勉的话，把书一一交到他们手中，谦虚地说着："共勉，共勉！"当他们说要给汪老师书款时，汪老师摆摆手说："不客气，不收钱，拿钱就没意思了！"看，多么博爱多么高洁的一位名师啊！

回家再细细拜读汪老师著作时，我读到了汪老师热忱对待我们这些无名之辈的行为之源——回报社会的感恩真言："我将用我的一切能力和火热的心去关爱那些更需要关爱的人。"

遇上汪老师，是我的荣幸，是我人生的一大机缘。汪老师，将是我此生追随的榜样，也是所有热爱教育的江西省一线语文教师的楷模！

五、与语文同行

——读特级教师汪智星《过着语文的日子》有感

（安徽省池州市东至县胜利镇章村小学　檀鑫超）

近日收到江西省著名特级教师汪智星寄来的专著《过着语文的日子》，我迫不及待地捧着书读了起来。全书分为六个板块：风格解读、成长故事、经验凝结、精品课堂、教学反思、散文空间。最令我感动的是他的成长故事。

1. 成长的步伐

汪智星老师是一位成长速度极快的小学语文老师，他是青年教师学习的典范。

他先后被评为江西省特级教师、江西省劳动模范，先后两次荣获全省优质课比赛一等奖，并在全国第七届青年教师阅读教学观摩活动中荣获一等奖。2016年，他又被评为正高级教师。

汪老师所取得的成就令绝大多数教师难以望其项背，但是我们不能只慨叹他的成就，而忽略了他在工作时间之外所付出的汗水与艰辛。他一年四季没有午睡过，回到家里，不是看书，就是写作，这正如《成功源于八小时之外——如何利用好下班后的时间》里的核心观点："成功的人总是会利用各种机会，总是会利用各种时间来发展自己，成就自己。"

汪老师与大多数名师一样，最初的起点是大山里的农村小学——江西省婺源县鄣山乡车田小学。时光回到 1995 年，大家想一想，大山里的小学，交通极其不便，教学条件、生活环境都与现在有着极大的差距。用汪老师自己的话说："在这样一所学校，我无心教书。同学去当兵，我也去，却被赶到的爷爷和爸爸从卫生院拉了回来。同学下海经商，我也想去，爸爸力阻，如果去了，就要和我断绝父子关系。"无奈，他只好坚持下来。

鲁迅曾说过："沉默啊，沉默，不在沉默中爆发，就在沉默中灭亡。"汪老师选择了"爆发"。在鄣山乡车田小学，他逐渐认识到了要改变自我，脚踏实地地做一个好老师。

汪智星向南昌市教育科学研究所所长黄志远
汇报"汪智星名师工作室"的工作开展情况

　　两年后，他调到家乡的中心小学。在那里，老师多了，学生多了，工作更加规范了，每天忙于备课、上课、听课，他觉得走上了一个年轻教师必须走的正常轨道。因为一次外出学习，他有机会听到了后来成为其恩师的于永正执教的《草》一课，他猛然如醍醐灌顶，原来语文课还可以这样上，可以上得有声有色、有情有趣，原来"语文教学是一门艺术"。

　　于永正老师的魅力就在于此，他能激发更多的老师爱上教语文；语文的魅力也在于此，只要肯学习、肯钻研，一定会打开语文教学之门。从此，汪老师迷上了语文书，迷上了语文课，迷上了一切与语文有关的东西。

　　又两年，汪老师以优异的成绩考到婺源县城的紫阳第一小学。这里不仅有两位特级教师，而且云集了全县相当多的教学精英。教研的氛围更加浓厚，教育的视野更加开阔。一扇阅览室的木门为他静静地敞开着，他如饥似渴地阅读着教育专著和教学期刊，沉浸在充满乐趣的阅读世界里。

　　他也开始写些自己的教育故事、教学心得，一篇一篇地寄出，又一篇一篇地石沉大海，但他依然没有放弃，直到工作的第七个年头，他的第一篇教学论文《我教学生写童话》才发表在《江西教育》杂志上，终于是"守得云开见日出"。接下来，他写作的信心大增，也逐渐悟出了写作的诀窍：好文章是改出来的。他的每一篇文章都是字斟句酌，经过反复修改后才寄出去。十年来，他有百余篇教学论文发表在《小学语文教学》《小学语文》《小学教学》等专业期刊上，还撰写了散文、诗歌300多篇。那些羡慕他的人是很难体会到"胸藏万卷凭吞吐，笔有千钧任翕张"的道理。

2. 机遇的垂青

　　没有阅读与写作，汪智星老师是不会成长得这么快的；没有机遇的垂青，汪老师是不会成长得这么好的。

　　我们每个人都会碰到或大或小的机遇，当更好的机遇摆在我们面前，又有多少人能够把握住它呢？因为机遇只会垂青有准备的头脑。

　　有人说汪老师是一课成名，有人说汪老师遇到了许多提携他的贵人。这些说法都有道理，但不全对。离2008年的全国第七届青年教师阅读教学观摩活动过去已经10年了，汪老师依然在教学上能够取得累累硕果，在全国小学语文教育界影响力越来越大，这不能不说他能抓住机遇，但更重要的是他的执着与勤奋。

　　2002年，汪老师参与了全国小学语文"发展与创新教育"课题研究，总课题组将要在深圳召开一次研讨会，上饶市可以选派一名教师在会上上课。汪老师凭着自己的努力与实力，在全市十几位教学精英中成功突围，后来取得了一等奖的好成绩。这样的机会不是每个人都能得到的，这个机会是慧眼识英才的上饶市教研室教研员郑初春老师给予他的。

汪老师从此在市级、省级、国家级的教学比赛上大放异彩，都取得了令人艳羡的成绩。

2006 年，在郑初春老师的推荐下，汪老师成为全国著名特级教师于永正的徒弟。能够成为于永正大师的徒弟，是教坛多少青年翘楚的梦想呀！

于永正老师之所以收汪智星老师为徒弟，用他自己的话更具说服力——如果用一句话来概括汪智星，那就是：他对语文教学太执着了。正是因为执着，他才取得了令人瞩目的教学成绩；正是因为执着，他才感动了上饶市教育局教研室的郑初春老师；正是因为执着，他才感动了我，在郑初春老师的大力推荐下，收他为徒。

正是因为汪老师对语文教学的执着，对教学研究的执着，他才能抓住一个个机遇，不断地发展自己、成就自己；他才会在三十出头就获得了"江西省特级教师"的光荣称号；他才会被破格评为高级教师，乃至如今的正高级教师。

3. 风格的形成

法国博物学家、作家布封说："风格是关于人本身的。"

作为有梦想的名师，谁都希望有自己鲜明的教学风格。

汪老师一直认为：要形成自己的风格，必须认识自己，分析自己，能认识自己是伟大的。要认识、分析自己，进而寻找自己"内在的灵魂"，推动精神层面的展开，塑造自己的人格，由此去认识、追求并努力形成自己的风格。

23 载教学生涯，汪老师日渐形成了"智慧、本真、清简"的教学风格。在此，我还是借用郑初春老师为其教学风格进行解读的精妙语句分享给大家。

他的教学智慧，是科学地设计、巧妙地安排、合理地运用教学资源；是智慧地感应、灵活地反映、机智地回应每个学生传递的信息，为学生创造极具教育内涵的学习氛围……

他的教学本真，是坚守语文本色，追求课堂本真，遵循语言规律，把握语文教学规律，与学生一起读书，与文本一起对话，师生一道进行心灵远游……

　　他的教学清简，是和谐相生、自然简朴的，追寻用最简约的方法和手段，引领学生轻松而又扎实地走进丰富繁杂的语文世界……

　　我亦从他执教的《詹天佑》一课中感受到了他的教学风格。

　　汪老师在教学中设置了这样一个环节：请同学们猜猜老师要提的问题，猜中有奖——汪老师的鞠躬。这一下子激发了学生浓厚的兴趣，学生自然会认真思考老师将提什么问题，以期得到老师的奖赏。学贵有疑。提出一个问题，比解决一个问题有价值得多，汪老师是在培养学生勤于思考的能力。学生当即提出了许多问题，汪老师随后也出示了自己的问题："读了课文第2、第3自然段以后，喜、怒、忧、乐，你是哪一种心情？"

　　于永正老师就此问题评价道："这个问题设计得很妙。对教材不熟悉，没有读进去的人，是不会设计出这样的问题的。这个问题一下子把学生带进了文本，带进了作者的情感世界。"

　　学生分别说出自己心中认为的喜、怒、忧、乐的原因，汪老师引导学生读出"怒火"，读出"气愤"，通过两位学生的朗读，以及其他学生的评价，最后学生齐读，愤慨之情在朗读声中淋漓尽致地展现出来了。

　　汪老师对"喜""忧""乐"的处理同样采取以朗读为主的方式，从朗读中感悟，从朗读中体会，学生的情感从朗读中油然而生，一下子就拉近了学生与詹天佑本人及那个时代的距离。

　　再如，在课堂上他把教室里的学生假设成曾经跟着詹天佑一起修筑铁路的工人、学生，进行即兴采访。教室里学生的角色转换成工人和詹天佑的学生，老师的角色转换成记者。这个采访环节设置得非常巧妙，既让学生表达出自己内心的想法，也为课堂教学增添了几分乐趣，使语文课充满了情趣、智慧，学生在轻松、快乐的学习氛围中不知不觉地提高了语言表达能力和概括能力，从而对课文、对人物有了更深刻的认识。学生的赞美是真切的，学生的崇敬是真诚的。没有真正地领悟，表达怎么会如此动情？

　　师：你们都是曾经跟着詹天佑一起修筑铁路的工人、学生，我知道你们心里有很多很多话想对大家说。谁愿意主动接受我的采访？

师：请问，你敬重你们的总工程师詹天佑吗？

生：敬重！

师：能具体说说原因吗？

生：我们的总工程师做事一丝不苟，计算周密，我从他身上体会到了工程技术人员不能有一点儿马虎。

生：我们的总工程师亲自扛着标杆，背着经纬仪，在峭壁上定点、测绘，这种身先士卒的精神鼓舞着我们每一个人。

生：我们的总工程师谦虚好学，为了找到一条合适的线路，常常请教当地的农民，从来没有那种高高在上的样子，我为有这样的良师益友而自豪！

…………

师：原来你们的总工程师有着这么多的好品质。是呀！这样的人怎么不叫人敬重呢？

从以上两个教学片段可以看出汪智星老师的高明与巧妙之处，就是找准了学生情感的切入点，找准了文章情感的切入点，找准了语言训练的切入点，使学生在短短的一节课时间里感悟到詹天佑杰出的才能和爱国的情怀，又不断训练和提高了学生朗读与表达的能力。学生的核心素养在课堂上逐渐得到提升，这便是语文教学的成功之处。

汪老师的语文课堂逐渐形成了"智慧、本真、清简"的教学风格，这也是语文课堂追求高效率且达到了较高境界的一种教学风格。汪老师能够深入解读文本，结合学生实际，科学地设计，巧妙地安排，始终抓住语言这根缰绳不放松，始终把语文的本体放在教学第一位，认认真真地指导学生读课文，扎扎实实地对学生进行语言文字训练。这正是我们的语文课堂所需求的。

汪智星老师从刚刚开始不愿教书到爱上教书，源于与语文结下的不解之缘；从兼职体育老师到"爱玩"的语文老师，源于与语文结下的深情厚谊；从山村小学老师到江西省特级教师、正高级教师，源于与语文结下的"生死之交"。汪老师热爱学生、热爱语文、热爱研究、热爱阅读、热爱写作，热爱着与语文相关的一切，他与语文一路同行。

"行者，不惧沧桑，志在千里；寻者，不闻得失，但求光大。"汪智星老师就是语文教育战线上的行者，努力前行，勤奋而执着。

六、痴

——读特级教师汪智星《汪智星与你相约语文》有感

（江西省南昌市邮政路小学　"汪智星名师工作室"核心成员　彭　岚）

"痴"的释义之一为"入迷，极度迷恋"。

古今中外，那些在某一领域取得卓越成就的人，往往是"痴人"。如东晋时痴迷于书法的王羲之，南北朝时痴迷于数学的祖冲之，唐朝时痴迷于诗文写作的李白，现代痴迷于围棋的聂卫平，在路边停放的马车车厢上痴迷研究的英国物理学家培根，双目失明却凭着记忆和心算进行研究的数学家欧拉……他们无一不是"痴迷"的典范。

而汪智星老师，就是我身边"痴"的榜样。记得当日汪老师把我们的工作室被评为"江西省劳模创新工作室"的喜讯告诉我们时，我曾问过他，像他这样的工作室并不算稀少，为何他主持的工作室独获殊荣？汪老师说是领导的关心、大家的努力。我现在明白了，那不过是谦辞，真正的原因是他几十年如一日的"痴"。

"汪智星名师工作室"被授予"江西省劳模创新工作室"称号

　　"痴"缘于爱。每一个对某种事物达到痴迷的人，骨子里都是深深地爱。汪老师爱教育、爱学生，平等待之，悉心教之；汪老师爱教学、爱研究，二十年间俯首案上，穷尽心力，从一个体育老师成功转型为一个优秀的语文名师，参加的赛课和主持的课题研究频频获省级、国家级奖项；汪老师爱读书、爱写作，在你我沉迷于上网、游戏、追肥皂剧的时间里，他静坐于书桌前，读书、写作，自得其乐，且乐此不疲。所以，汪老师在书中说："做党和人民满意的好教师，就得对教育工作从内心深处深爱着它。""做着教书育人的事，乐在其中，因为自己喜欢，劳累着、忙碌着、反复着、创新着，所有的执着，一切的付出，都是一种享受。"

　　"痴"的表现一为醉。只有醉心于事业，醉心于研究，努力到极致，才有可能收获成功。前几日，我在看湖南卫视的《神奇的孩子》时大有感触。受邀而来的每个孩子都身怀绝技，让我感叹现在的孩子太厉害了！但更让我感触良多的是，这些孩子都不是凭过人的天赋取得的骄人的成绩，而是经过刻苦的练习才有今日的表现。其中一个孩子，小小年纪已是国家轮滑队的正式运动员，他最多的时候一天要练习10小时，而且感冒不适的时候也不休息。唯有爱到骨子里，痴到沉醉，才能把一件件简单或不简单的事情做好。就如汪老师，醉心于读书，拼命地读，常常读至夜里一两点仍不知疲倦；就如汪老师，在教育教学遭遇问题时会执着思考："当你时刻去思考一个问题时，日日夜夜，白天思，夜里想，行时思，坐时想，饭时思，睡觉时想，也许在某一刻，灵魂深处能得到顿悟。"

　　"痴"的表现二为真。举凡痴迷事业、醉心研究的人，也是一个纯真的人，在工作上不玩表面浮夸，对他人也真诚质朴。汪老师是一个真诚的人，对同事、同人友好诚恳，没有领导的架子，更不摆专家的派头。他的教学追求"智慧、本真、清简"，保持着一颗如稚子般的初心，带领着孩子们在语文学习的园地里"玩"，"玩"课堂，"玩"阅读，"玩"写作。当老师的都希望在学生面前保持威严，甚至是圣洁的样子，在学生面前扮丑、自黑，还真是不容易做到，但汪老师做到了。我还记得有一次他执教一节情境作文指导课。创设情境的环节，他打扮成圣诞老人，戴着一顶小红帽就出来了。一看到他帽子歪戴的滑稽模样，学生和底下听课的老师乐开了花，全都不由自主地笑出了声。可汪老师不以为意，泰然自若地上着课。为了教学效果，汪老师什么都可以做。此乃真性情也。

　　"痴"的表现三为勇。勇的第一要务是坚持自己。汪老师的书中提到二十年潜心于"童话作文"的青年教师吴勇，不追赶教改潮流，终于有所建树，"一个人，一件事，一辈子"。而我们太多的人，受周围和潮流的影响，缺失明确目标，在教改的洪流中飘来荡去，最终一事无成。因此，我们要敢于坚持自己的理想，哪怕它暂时显得和周围的环境格格不入。什么事情，坚持做了，做到极致，自然就会成功。勇的第二要务是挑战自我。年轻时的我也如初生牛犊，上各种赛课、公开课甘之如饴，从不畏难。可是年岁渐长，听到要我参加比赛之类的消息，我的自然反应是退缩。汪老师显然相反。我记得他说过："谁要是叫我上公开课、展示课、比赛课，我会很高兴，一定是应承下来，精心准备。"人们常说，态度影响结果。勇敢无畏、披荆斩棘的，最终达到目的；而畏畏缩缩、裹足不前的，始终在原地踏步。汪老师今日的成就绝不是浪得虚名，是他从来无惧挑战、不畏失败的回馈。勇的第三要务是永不止步。正如汪老师在书中所言，不少教师在取得了原小学高级教师职称后都喟叹"我到顶了"，剩下来的几十年无外乎按部就班地教教课，改改作业，在教师这个岗位上等退休，"缺失了继续进取、提升的内在动力"。但汪老师告诫自己，"忘掉自己是特级""我依然是一位小学语文教师，依然是一位对教育充满热情的教师，依然是一位对教育有着信仰的教师"。看到汪老师的自省，你我怎能不汗颜？在加入汪老师的工作室的这几年间，我不断地从他身上汲取到进步的动力，感受到工作的热情。在这样一位老师身边学习，真好！

　　写到这里，我忽然想起了"痴"这个字的本义："癡，不慧也。字俗作痴。——《说文》。"这大概就是人们常说的"大智若愚"吧。我也由衷感叹："人生路上应砥砺，吾辈当学智星痴。"

七、有境界自成高格

——兼谈汪智星和他的语文教学

（原江西省上饶市教学研究室小学语文教研员　郑初春）

　　我眼中的汪智星，勤勉努力，踌躇满志，是不但有着教学心得和教育心智，更有着教育前景的教师。

他的课堂，不乏亲和力、感染力和震撼力，是以教师自身的机智或拙朴激发学生探究欲望的智慧课堂。

他的教学，不乏激趣、启智和严谨，是以教师自身的厚重引导学生探求知识的智慧教学。

他的风格，不乏智慧、本真和清简，是以教师的情感和教学技巧，针对学生的实际，合理运用教学方法，并在对知识重、难点准确把握的基础上形成的风格。

我作为汪智星工作了十多年的婺源县所辖市的一名教研员，陪伴他一路走来，目睹他的好学上进，感慨他的刻苦用功，领略他的风采和精彩，分享他的点滴进步。如今，青出于蓝而胜于蓝，他荣调南昌，成长为一名特级教师，成绩和成果显赫，我由衷地为他高兴，也备感自豪与骄傲！

那历历往事跃然眼前，值得回味！

1. "小荷才露尖尖角"

2002年，随着小学新课程在上饶市的实施与推进，基层呼唤高水平的教研，教研渴望打开封闭之门。于是我牵头成立了上饶协作组，团结了十几所实验学校，参加全国小学语文"发展与创新教育"课题研究。我们从此走上了大众科研的平台，融入了全国教育科研的洪流之中。

是年底，总课题组决定在深圳召开一次课题研讨会，我们不但可以派出老师前去参与研讨，而且可委派一名老师到深圳上课。于是我通知各实验学校推荐一名老师参与选拔。

能到深圳去上课，那是莫大的鼓舞。实验学校老师奔走相告，大家跃跃欲试，认真备课，校内选拔，做足了有关准备。

那次，汪智星独自一人第一次到上饶，面对这座城市和这些人，他似有陌生和孤独之感。眼前的他，微胖的身材显出他特有的精气神，忐忑的神情透出些许自信。从他期望的眼神里，我看出他急盼与我沟通，希望得到认可。

选拔活动很简单，由我逐一看课，做出点评指导，回去等候通知。由于各校功课都做得很好，参赛的老师多数实力很强，课也上得比较完美，这给我的定夺提升了难度。我思忖：是讲究完美、追求四平八稳的课好呢，还是不求全要求，讲究创新亮点的课好呢？

那时，汪智星老师上的是阅读课《草船借箭》，包括他的普通话和他的课，都不尽完美，不很埋想，似有挂一漏万的感觉，我着实很犹豫。但是面对这块急待雕琢的璞玉，我知道他需要历练，需要平台。他的课，我欣赏多于责备。我欣赏他课堂上的技法自由、心灵自由；欣赏他课堂上的激情演绎、清新简朴；还欣赏他在课堂上对新课程的理念体会深刻，自主、合作、探究的学习方式体现得较好；欣赏他对课文的宗旨把握较准确，在理解和处理教材、板书设计方面不落俗套，有所创新。不然，他对教材的解读不可能有此独到之处，他对教学的处理不可能有此亮点，他组织的教学也不可能如此有章法……我相信，他是天边刮来的一阵清风，让人赏心悦目；他是大山里刚被找寻到的一块璞玉，值得珍惜。我还感到，他在课堂上的那份洒脱，他对学生的那份真诚，不正是我在努力寻找，我所苦苦追寻的吗？这点点亮光，虽然微小，虽然原始，却足以让我爱不释手。我扪心，男老师尤其珍贵，汪智星可以雕琢；我自问，舍他其谁？于是毅然决定舍弃那些近乎完美的课，果断派出汪智星闯深圳。

在深圳，汪智星是好样的。他不负众望，力挫群雄，取得一等奖第一名的好成绩。这是我初识汪智星，这是我第一次大胆启用新人的经历。如今想来，我很佩服自己的眼光，更庆幸自己的果断。

2. "最是橙黄橘绿时"

于永正，驰骋在小学语文教坛的一代大师。2004年开始，他年年接受邀请前来上饶市上课讲座，深得上饶的老师们爱戴和尊敬，与我们结下了深厚的友谊。

2006年下半年，我又一次邀请于老师，并试探着表达我的一个心愿："于老师，您的徒弟遍天下，江西却没有，上饶来填补这个空白，怎样？"于老师倒是爽快，他不但满口答应，而且很信任地把确定人选的权力交给我。

于是，汪智星成了我的首选。在活动开幕式上，我安排了一个激动人心的拜师环节，以此来鼓励青年教师。首先，师徒郑重其事地在写有"艺成不骄，困难不妥；教育技艺，光大为任"的证书上签字，然后师傅将证书交到徒弟手中，亲切握手，说了一段鼓励的话；徒弟向师傅鞠躬献花，表达了对师傅的敬意和自己的决心。把汪智星交给名师于永正指导，我同样感到荣幸，我相信这块璞玉一定能成为好的美玉，从此我安心了。

最精彩的要算师徒同台上课了。师傅上的是《秋天的怀念》一课，于老师很深沉地在课堂上讲了许多关于母亲的话题，分析了母爱就是生活中那不经意的一堆堆细节、一句句话语，最后于老师动情地说："老师们，孩子们，母爱是无私的，母爱是博大的，爱你们的母亲吧！"于是教者、学者、听者，台上台下产生共鸣，情感得到升华，孩子们哭了，女老师哭了，男老师也哭了，我那发烫的心也在震颤……

南昌市总工会党组副书记、常务副主席宋亮生一行来校视察工作室

徒弟上的是《乡下人家》一课，城里的孩子对乡下生活不够熟悉了解，智星步步为营，带领孩子们徜徉在乡下人家那美好的意境之中，使学生不断憧憬那诗意般的"乡下人家"。在憧憬中读书，在憧憬中思考，在憧憬中交流，心却早已飞去那美好的向往已久的乡下人家。此时的汪智星，精于教学的技巧，充满着智慧和机智，对各种教学方法和技巧信手拈来、运用自如，整个教学结构就像是设计好的程序，组织严密，过渡自然，搭配合理，有条不紊，丝毫不带雕琢的痕迹。他还能针对学情，照顾到学生的心理特点和接受能力，使教学达到了高效率。最后以一首自编的小诗《乡下人家赞》结课，很有创意，给听课者意犹未尽的感觉。看到汪智星的教学走向成熟，我的心得到了满足。

如果说送汪智星到深圳去上课是他教学生涯的一次风光、一次偶然的话，那么，能成为大师于永正的徒弟，能够把课上得如此美好，这绝非偶然。在这期间，汪智星如何认真读书、勤奋努力，如何甘于寂寞、潜心研究，如何虚心学习、用心付出，他的执着、他的追求，我是最清楚不过的。

3. "映日荷花别样红"

从此，汪智星一发不可收拾。

他越走越远：走上饶，到南昌，奔武汉，闯广州；他越飞越高：市里，省里，全国；他越来越荣光：一等奖，一等奖，还是一等奖。无论是阅读课还是作文课，无论是《乡下人家》《詹天佑》还是《畅想图书馆》《字母组图》，都储存了他的精彩与经典，彰显出他的才气和智慧。

从此，汪智星的教学日趋成熟，风格日渐形成。

由情感型"激情、务实、求活"到如今的情感加技巧型"智慧、本真、清简"，是其语文课堂追求高效率且达到了较高境界的一种教学风格的反映。

他的教学智慧，是科学地设计、巧妙地安排、合理地运用教学资源；是智慧地感应、灵活地反映、机智地回应每个学生传递的信息，为学生创造极具教育内涵的学习氛围。他的教育智慧，就是在一个眼神、一个表情、一举手、一投足间让学生享受到教学的智慧，潜移默化地浸润在美好的情境和意境中。我喜欢他阅读课上的细腻和智慧，喜欢他作文课上的严谨和自由，喜欢他依托文本又超越文本，喜欢他善于在学生理解的基础去发现、提炼、深化、激发并提升。

他的教学本真，是坚守语文本色，追求课堂本真，遵循语言规律，把握语文教学规律，与学生一起读书，与文本一起对话，师生一道进行心灵远游。他的教学本真，是凭借自己深厚的语文素养和积淀，依托语文自身的独特魅力，培养学生听说读写的能力和言语运用的能力，并在语文教学中培养学生做人的情怀，让语文教学对学生的人生之路影响得更深远，更有意义，更显价值。我喜欢他朗读训练扎实、形式多样，喜欢他引导学习视野独特、内容饱满，喜欢他读写结合设计精巧、链接无痕，喜欢他关注语言和情感同构、语言和精神共筑。

他的教学清简，是和谐相生、自然简朴的，追寻用最简约的方法和手段，引领学生轻松而又扎实地走近丰富繁杂的语文世界。他的教学清简，把课堂上错综复杂的关系处理得恰到好处，从而使学生学得从容，学得自由，学得实在；理解和处理文本内容相得相生，关注言语形式和学会表达的相得相生。我喜欢他的讲读课热情明快而不枝不蔓，喜欢他的阅读课厚重而不繁不杂，喜欢他的略读课简略而不浮不浅，喜欢他的阅读与写作兼容贯通。

在"智慧、本真、清简"的教学风格里，汪智星老师在处理不同的课文时，又表现出教学风格的多样性或某一方面的侧重。《畅想图书馆》《字母组图》似有简略而不简单之感，《詹天佑》《那片绿绿的爬山虎》给人以丰满灵动之感，《乡下人家》《钓鱼的启示》则表现出清新明快之感，《自己的花是让别人看的》又有荡气回肠之感，《记金华双龙洞》更有引人入胜之感。虽然每篇课文给人以不同的印象，但万变不离其宗，其总体教学风格也就由此逐步完善，并达到了一定的境界和高度。

八、简约中见本色　简单中见本真

——细致、全面解读汪智星老师的阅读教学及风格

（原南昌市教育科学研究所小学教研室主任　胡助金）

"三尺讲台，一片沃土，耕耘着未来的憧憬；三寸粉笔，一腔赤诚，描绘出灿烂的黎明。"

小学语文著名特级教师汪智星是这样说的，也是这样做的。

汪老师 1995 年师范毕业，分配到江西省婺源县鄣山乡车田小学教书，1997 年 8 月调入家乡江湾镇中心小学，1999 年调入婺源紫阳第一小学任教。2008 年 10 月，他参加了全国小语会举办的全国第七届青年教师阅读教学观摩活动，此时他的教学风格日臻成熟。在大赛的课堂上，他那带有强烈的个人风采的教学艺术破茧而出，大放异彩，真是"一言一语育桃李，一举一动扫凡俗"。

仔细揣摩、认真解读汪老师的教学特色和风格，你会发现有许多过人之处，尤为突出的是他的教学形式简约，教学设计简单，但又彰显本色，寻求本真。每堂课都浸润着浓浓的语文味，品词、诵读、练笔是他教学的基点，充分体现了语文课程的工具性；文本中有关的知识点也成了他激化、培养学生情感的支撑点。因此，在他的课堂上，无论是从文本里，还是在教学中，他总能把"知识与能力""过程与方法""情感、态度与价值观"三维目标很好地相互渗透，简单而又简约地把语文知识与人文情感有机地连接起来。文本中的知识是浸润着情感的知识，学习的过程是流

汪智星接受南昌电视台记者的现场采访

淌着情感的过程，学习能力也因情感激发而逐步形成，方法因情感更是恰到好处。情感是气场，是支点，是学习语文知识的巨大动力。汪老师在语文教学中牢牢地把握了习文得意的基本准则，充分体现了语文的工具性与人文性的完美结合。

1. 在诵读、品词、练笔中彰显本色

教学《乡下人家》一课时，汪老师引领学生聚焦于乡村美景，通过对关键词句的赏析、诵读，使学生对课文所描绘的画面不但"感于目"，而且"会于心"。在初读课文阶段，汪老师先引导学生找出"乡下人家，不论什么时候，不论什么季节，都有一道独特、迷人的风景"这一贯穿全文的重点句子，再带领学生反复诵读，品析、理解"独特、迷人"的意思，指导学生读出"独特、迷人"的美感。在一次次的诵读中，学生的眼前仿佛出现了乡下人家"独特、迷人"的景色，与作者产生共鸣，向往之情油然而生。

在《自己的花是让别人看的》一课的教学中，汪老师从"奇"字入手，带学生诵读课文，品析词句。他出示课文中的句子，请学生读一读："走过任何一条街，抬头向上看，家家户户的窗子前都是花团锦簇、姹紫嫣红。许多窗子连接在一起，汇成了一个花的海洋，让我们看的人如入山阴道上，应接不暇。"之后，老师点击出"花团锦簇""姹紫嫣红"这两个词语，请学生说说词语的意思，理解"花团锦簇"侧重写花的形态，"姹紫嫣红"着重写花的色彩，接着引导学生想象画面，说说自己仿佛看到了怎样的情形，再进一步把"花团锦簇、姹紫嫣红"与"花的海洋"联系起来，和学生一起诵读感悟，引导学生展开联想，置身于"这条街""那条街""条条街"上，一起走进"花的海洋"的画面。这样有层次地诵读和品词，帮助学生理解了句子的深刻内涵，也提高了学生的语感和审美能力。

教学《钓鱼的启示》时，汪老师精心设计、巧妙引导学生读题品词。课伊始，汪老师出示了特别的板题形式：用红粉笔将"鱼"字写得特别大，用蓝粉笔板书"启示"一词，在"钓鱼"一词下画了横线，让学生读题、思考、质疑。通过对题目中重点词语的品析，最后提炼出三个很有价值的问题：这是一条怎样的鱼？是怎么钓鱼的？得到了什么启示？引领学生通过诵读课文、品读词句，自己读懂课文、解决问题。

教学《去年的树》这课时，汪老师在"初读课文、整体感知"的教学环节，先用课件出示了四个词语"融化、剩下、伐木、煤油灯"，让学生用心记住后进行听写；接着让学生在自读课文后，用上这四个词说说课文写了一个怎样的故事。这样的教学设计，从读词听写，了解全篇大意，然后用上关键词说说故事内容，符合三年级学生的认知规律，教给了学生学习的方法，培养了学生的学习能力。

课堂教学中，汪老师不仅重视指导学生通过诵读品词把握主要内容，掌握语文知识，还注重好词好句的积累和课堂练笔，提高学生的学习能力。他说过："最有效的'写'，应该在课堂上而不是在课外。我们应该安排好高效的课堂'练写'，让学生在语文课堂上解决语文问题，从而真正减轻学生的课业负担，实现语文课堂的高效。"

课堂上，汪老师实实在在教方法，认认真真做指导。他要求学生抄写好词好句时会先示范。教学《母鸡》一课，学完课文后，老师留出几分钟说："读书的过程也是一个积累语言的过程。我读了这篇课文，觉得课文的第9自然段特别令我震撼，于是就把它摘抄了下来。"随即出示了自己的摘抄本，接着向学生提出了抄写的要求："抄写时，字要规范、美观。摘抄的好词佳句要养成写明出处的习惯。"学生现场摘抄完，老师还展示部分摘抄得漂亮的句子。

他的练笔形式多样，不拘一格，颇具情趣。学完《花的勇气》一课后，汪老师出示了这样一个填空："在_____中，_____是_____的勇气。"学生们顺理成章地回答出："在冷风冷雨中，拔地而起是花的勇气。"这时，汪老师话锋一转，说："请结合生活体验或自己的所见所闻，模仿这个句式说说，在什么中，什么是谁的勇气。"学生们边思边写，片刻，学生依次展示："在狂风暴雨中，不屈向上是小草的勇气。""在漫天风雪中，不畏严寒是红梅的勇气。""在瑟瑟秋风中，竞相开放是菊花的勇气""在电闪雷鸣中，直冲云霄是雄鹰的勇气。""在炮火纷飞中，冲锋陷阵是战士的勇气。"……学生展示后，汪老师在屏幕上以诗歌的形式打出他们的句子。学生们顿时为之一振：啊，我们的诗！他又引导学生给这首"小诗"加个题目——勇气，然后带领大家兴致勃勃地读起了自己的"杰作"。课堂上始终充满浓厚的学习气氛。

教学《记金华的双龙洞》一课，他指导学生学习描写山路上的景象段时，把引读与课堂背诵相结合，在学生诵读感悟了"美丽的山路中"的段落后，汪老师顺学而导："如此美的语言，要是背下来，那将是更美的事。"他给学生3分钟的时间背诵，要求会背的大声背诵，不会背时也可看看书。教学《乡下人家》一课时，在学习了"雨后春笋图"后，他也进行了相同的背诵训练。这些实实在在的训练、颇具匠心的教学设计渗透在汪老师的教学智慧中，镶嵌在语文教学的本色中，学生的语文能力在轻松有趣的练笔中积淀、收获。

2. 在揣摩、想象、感悟中展现本真

一篇课文就是作者的所见所闻、所感所悟，也是作者写作时心境的真情写照。走进文本的字里行间，感受、理解作者的真情实感，与作者的心紧紧地连在一起，这是阅读教学的真功夫所在。汪老师在感悟型的语文教学中可谓驾轻就熟，游刃有余。他充分利用文本中的情感因素，抓牢文中表达情感的词语、句子、段落，引导学生咬文嚼字，品词析句，课堂练笔，达到学生、作者、老师同为一体的最佳境界。

教学《去年的树》时，汪老师将内容感悟与情感激发紧密联系，做到工具性与人文性的有机统一，使得语言训练与情感熏陶相得益彰。他紧扣中心句——"一只鸟儿和一棵树是好朋友"，采用多种方式诵读课文，引领学生品词析句，从字里行间感受朋友间的真挚情感，细雨润物般地进行了情感、态度、价值观的体验。学生从文本中体会到了真情，懂得了"朋友"一词的深刻内涵，明白了："好朋友要彼此支持，好朋友要学会欣赏，好朋友要懂得尊重，好朋友要学会赞美，好朋友会为其担心，好朋友要兑现承诺。"

教学《詹天佑》一课时，汪老师出示问题，指导学生学习第 2、第 3 自然段："读了课文第 2、第 3 自然段以后，喜、怒、忧、乐，你是哪一种心情？"学生带着这个问题仔细读课文后，各抒胸臆，不仅很好地说出自己读课文时的情感，而且找出了文中内容做依据。有的说读了课文，为詹天佑是否能够成功修筑如此艰险的铁路而备感担忧；有的说读了课文，对嚣张的帝国主义者满腔怒火；还有的说读了课文，为祖国终于有自己的总工程师而兴奋与自豪……这一从情感入手的教学设计别出心裁，很好地引导学生深入读书，体会、感悟文本中表现出的思想情感，突破了教学难点。像这样的教学实例，在汪老师的课堂上俯拾皆是。教《一个中国孩子的呼声》一课时，学完课文，他让学生写几句话来赞美文中的父亲，但不要出现"自豪""骄傲"这类词。汪老师在激发学生内心真情实感的基础上，引导学生感受文本所表达的情和意，写发自内心的话。《母鸡》一课的教学中，他带领学生先找出作者情感的变化词句"改变了心思"，再边诵读边思索，"作者为什么会改变心思"，体味作者的心境，进入作者的情感世界，从而感受到母鸡的伟大。《钓鱼的启示》一课的教学中，他紧紧抓住那些寓意深刻、感情浓烈、内涵丰富的语句，引导学生通过诵读文本，展开想象，由浅入深地体会哲理。这些都折射出汪老师求真务实的教学理念和风格。他注重内容感悟与情感激发的紧密联系，让阅读变成愉快的审美过程，做到了工具性与人文性的完美结合，使得语言训练与情感熏陶相得益彰。

汪老师的教学风格简单、简约，又不失本真与本色。他引领孩子们在语言文字的国度里遨游，在情感的碧波里荡漾。苏教版教材主编张庆先生早几年就倡导"务本倡简"的教学理念，语文教育专家杨再隋也提出"本色语文"的教育思想，全国小语会理事长崔峦一贯主张"简简单单教语文，实实在在求发展"，这些都影响着汪智星的语文教学。

他教得简单、简约，孩子们学得轻松、愉快，体现出了语文教学的本色与本真，让孩子们受益终生。汪老师的这一教学神韵和风格，将影响一代青年教师的成长。

"乘风破浪会有时，直挂云帆济沧海"，愿汪老师教得更好、走得更远！

九、智慧的教学　务本的课堂

——特级教师汪智星课堂教学风格浅析

（江西省婺源县教学研究室小学语文教研员　王文生）

汪智星老师是胸怀大志的人。我与汪老师相识已有十年，每次一起交流，我常常被他的勤奋与执着打动。

汪老师在比较早的时候就有自己明确的教学追求和风格意识。记得 2003 年 10 月，我参加全县青年教师教学比武活动，汪老师是评委，赛后他对我说："你的课总体还行，但是没什么特色。我们上课要力求上出自己的个性。"个性，或者说风格，并不是凭空而来的，它需要长期的磨炼与积淀。汪老师自己的教学经历验证了这一点。

在我们朋友眼里，汪老师是个"拼命三郎"——他把全部的激情都倾注在读书思考和教学钻研上，心无旁骛，几十年如一日。在他的书房里，我们可以看到一排排整整齐齐的教育教学书籍，还有一沓沓稿纸和读书笔记本。这是汪老师的"练功房"。他沉静在此，潜心研读，背诵经典诗文，夯实理论功底，改善知识结构，跟踪教改前沿。有一次，我向他借来《于永正语文教学精品录》和《易语文——小学语文教学新思维》，看到他在书中或圈或画，还有许多随手记下的阅读心得，密密麻麻的，让我不禁感叹：汪老师如此用心教学，有朝一日，他一飞冲天是必然的事。

经过几十年的专业学习与实践磨砺，汪智星老师的语文课堂逐步形成了自己的风格，"智慧"则是汪老师课堂教学的最大特色。

首先，"智慧"表现在他对课文准确而又颇为独特的解读上。研读《自己的花是让别人看的》一课时，他从"家家户户""临街窗子""花朵朝外""花的海洋""年年如此"这几处词句中读出了德国人种花的"奇特"，并以此来设计教学过程，线索清晰，效果甚佳。研读《钓鱼的启示》一课时，他抓住文本的中心：这条鱼是一个巨大的"诱惑"，放或者不放，对作者父子来说都是一次艰难的"抉择"。然后他围绕人物内心的冲突展开教学，让学生入情入境地朗读、感受、倾诉，不知不觉间把学生带进了文本之中。《白鹅》一课，汪老师不仅关注白鹅，而且留意到作者多处写狗这一细节，在课堂上他自然而然地引导学生体会文章这样安排的独特作用，促进了学生阅读能力和写作技巧的提高。

其次，"智慧"表现在他对教学内容深入、恰当的挖掘上。语文课"教什么"比"怎么教"更重要，教学内容决定教学方法。汪老师能依托文本，根据学情确定合宜的教学内容。执教《钓鱼的启示》，他先引导学生在自由阅读的基础上概括地说说课文内容，然后问学生"启示"是什么意思，在学生说出自己的理解后，他说道："课文通过叙述一件小事来说明一个道理。同学们，今后若读到这类课文，我们可以先读明白课文讲了一件什么事，然后读出课文所说明的道理；若写这类文章，也可以尝试着按这种用一件小事来阐明一个道理的方法进行写作。"此处，汪老师让学生了解叙事性文章的特点，并将教学的触角延伸到日常写作中。在《乡下人家》的教学中，汪老师与学生一起品悟文字，读出了图画与意境，然后他问大家是用什么方法来体会"乡下人家"的独特与迷人的，学生一番静思与小议后，领悟到了是"抓关键词"和"想象情境"。接着，汪老师带领学生运用这种学法走进另外四幅图中，以此实现学法迁移，让学生真正学有所得。

最后，"智慧"表现在他对儿童学习心理的把握和运用上。执教《去年的树》一课，汪老师利用儿童乐于接受挑战的心理，设计了一个"创造奇迹"的生字识记环节。他说他曾在一个 63 人的班里做过一次实验，让学生速记 1 分钟后听写本课的 4 个生字，结果全对的只有 19 人，不知道在座的学生能不能创造奇迹。然后，他出示"融化""剩下""伐木""煤油灯"这四个词语，让学生速记，当场听写，全班只有个别学生"融"字有误，其余的全对。汪老师的这番激将法，让学生当场主动、积极地识记、听写并及时修正，收到了很好的效果。在《詹天佑》一课中，汪老师设计的"采访"环节，也是以新颖的形式激发了学生阅读与表达的兴趣，学生在学习中"文""意"兼得。

汪老师的课堂闪烁着智慧的光芒。他的课教学环节简约，气氛轻松幽默，节奏起伏有致，结构浑然一体。观摩他的课是一种享受，乐在其中而不知时光之流逝。"真正的教育是一棵树摇动另一棵树，一朵云推动另一朵云，一个灵魂唤醒另一个灵魂。"我想，汪老师智慧地教学自然也会催生孩子们智慧地学习，智慧地成长。

风格是特殊的人格。如果说汪老师的智慧教学得益于他的禀赋与勤奋，那么汪老师课堂教学的另一大风格——"务本"，则源于他为人真诚，以及他对语文教学的坚守。汪老师是一位古道心肠的人。记得以前他在家乡教书时，我常去他那儿坐坐。他有时向我介绍一些新书，有时跟我交流课堂教学和教育写作的心得。2008年暑假，我配合上级部门开展了一次小学教师暑假培训情况的专项调查活动，约他做访谈。那时候，他正在准备参加全国小语会举办的第七届青年教师阅读教学观摩活动，接到我的电话，他满口答应。后来，他又寄来一封近2000字的信，详细地记叙了他对教师假期培训的所见所闻、所思所感，给我们调查报告的撰写提供了很大的帮助。

汪智星应邀在江西教育学院进行主题讲座

孔子云："君子务本，本立而道生。"对语文教学改革的方向，汪老师有着自己清醒的判断。课改之后，有一次我与他聊起小学语文界流派纷呈，有令人眼花缭乱之势，汪老师说道："不管是什么流派，用什么口号，或是扛什么旗帜，都应以学生的语言学习为核心。所有的学习活动要围绕语言的理解和运用来展开，这叫万变不离其宗。"

汪老师是这么说的，更是这么做的。在他的课堂上，大家可以看到他对文本关键词句的品读，对学生语文能力的关注。他常常对学生说："真正会读书的人，能够把厚书读薄。他们能把一篇课文读成一句话，甚至读成一个词。""在读书时要学会用两只眼睛：一只眼睛看到文字，做到字字入目；另一只眼睛看到文字的背后，去体会文字的意思。"执教《詹天佑》一课，汪老师要求学生用一个词或者一个短语说说詹天佑是个怎样的人，以收"提领而顿，百毛皆顺"之效。学生带着问题自由读书，汇报时积极热烈："詹天佑是一个爱国、杰出的人。""詹天佑是一个一丝不苟的人。""詹天佑是一个身先士卒的人。""詹天佑是一个谦虚好学的人。""詹天佑是一个勇于实践的人。""詹天佑是一个敢于创新的人。"……执教《去年的树》一课，汪老师让学生用心读课文，移情入课文，从中体会到好朋友要彼此支持，要学会欣赏和尊重对方，会为其担心，要善于赞美，更要兑现承诺。在师生交谈与朗读中，文本的内涵得到了开发和拓展，学生的阅读能力得到了有效的训练。

汪老师的课堂上，一些并不显眼的小环节也体现了他对学生语言发展的重视。在《钓鱼的启示》一课中，汪老师出示他阅读课文后写的一句富有哲理的话，让学生也以"未来著名的某某家某某某"署名，写一句自己的理解与感悟。这个写话训练是对学生思维品质的提升，用时少而功效大。在《自己的花是让别人看的》这一课的结尾，汪老师要求学生把课文中描写花美的句子或对自己启发很大的句子抄下来。看似简单的抄写，其实是引导学生从范文中吸收和积攒语言表达的词汇和句式，用意深矣。

汪老师的课堂有"根"，这"根"立在他的学术修养和教育情怀之中。他常说："教育是件针线活。"正是他的这份耐心、细心与责任感，成就了他智慧的教学风格、务本的课堂特色。汪老师活力四射，前景光明，犹如一棵夏日的绿树。祝愿汪老师在江西省这片红土地上根扎得更深，花开得更艳，果实结得更大！

十、"智、真、简"三境课中品特色

——读特级教师汪智星教学感言

（江西省婺源县赋春中心小学教研处主任　江有庆）

打开记忆的典籍，"百度"搜索，终于找到了几帧宝贵的画面：①夜深了，女儿已经进入梦乡，一个胖实的男子坐于案前，一手执笔，一手翻书，时而蹙眉凝思，时而奋笔疾书，似乎忘记了夜的深沉，忘记了疲倦困顿。②一个一脸灿烂阳光的男子，兴奋地拨打手机："江老师，告诉你个好消息，你破格申报的小学特高级教师刚刚通过了评审，祝贺你！"③一个精神饱满的青年，面对上百位农村教师，讲述"揠苗助长"中的"揠"为什么不能用"拔"代替。拔只是把禾苗往上提，这样禾苗并不会死，而揠则是把禾苗的苗心拔出，禾苗会死掉。原来如此，听者释然、欣然、钦然。

汪智星讲述《人生第一粒扣子》的故事

读第一帧画面，我感受到了智星老师对事业的执着忘我，对教学的严谨追求，对学生的关爱负责。读第二帧画面，我体会到了智星老师浓浓的关爱，真挚的友情，轻轻地一声"祝贺你"犹如一股暖流，每每在心头泛起。读第三帧画面，我领悟到了智星老师潜心文本，善于思考，求真务实的敬业精神。执着、挚友、智慧构建了我对智星老师的三维印象，再翻阅智星老师的篇篇教学实录、案例、感悟和故事，"智慧、本真、清简"的教学风格，犹如画卷般清晰地展现于眼前，令人观摩、留恋、感悟。

1. 智生趣，慧养志，志趣课堂绽异彩

智慧课堂，趣味情境。成功、高效的课堂都离不开一个"趣"字，有趣才有活力，有活力才有好效益。趣因智得，智因勤就。勤奋刻苦，执着不懈，练就智慧；

多读多思，琢磨体悟，创设情境，境成趣生。

　　汪老师执教《假如没有灰尘》一课，学生随着课文的学习，由对"灰尘的讨厌"，渐生对"灰尘的崇敬与喜欢"之情，因势利导，就境施教，智慧生焉。教者抓住时机，让学生学后仿"时时勤拂拭，莫使染尘埃"一句，以"时时＿＿＿＿，＿＿＿＿"的句式练笔，要求表达出对灰尘的喜欢、崇敬之情。有"悱""愤"在前，发挥便在瞬间，效益斐然：时时亲灰尘，不要厌灰尘。（万骏宇）/时时留灰尘，勿使太单调。（熊宇欣）/时时见灰尘，勿使尘埃走。（彭方园）/时时护环境，灰尘不可无。（陶泽林）/时时景万千，不离小尘埃。（施明豪）/时时风光好，勿使除尘埃。（曾啸）/时时向天望，灰尘岂能消？（段然）顺学而教，以学定教，讲究的就是临场发挥，机智应变。智慧课堂就是这样自然、活泼，富于活力。

2. 本生信，真养诚，诚信师生添绚丽

　　务本信生，求真诚至。务本就是要务小学语文教学之本，即听说读写训练，知情意行培养，简言之，阅读与写作。抓住了"阅读"就抓住了语文教学的根，抓住了"习作"就抓住了语文教学的本。

　　说到阅读教学，汪老师自创了一套"智多星读书法"。该读法主要包含这么几个方面的要求：第一，在课堂教学中，老师站到谁的身旁谁就开始读，站到谁的旁边谁就来回答问题。第二，老师在课上会穿插指导写作文的方法，注重读写结合。第三，在文本空白处，做批注、写感受的时候特别强调写上"未来的某某家某某某"，目的是培养学生的反应能力和读书做笔记的习惯，增强学生的自信心，提高学生的学习兴趣。把读书与理想相结合，把读书与感受相融合，让学生在读书理想中得到激励，在感悟理解中得到发展，这才是"智多星读书法"的旨趣所在。

　　汉字是表意文字，观其字，度其意。"信"人说话之意，立信就是立言。言而据本，言而求真，就是"本真"的境界所在。汪老师多年探索追求的以"本真"为主旨的小学语文教学，已经内化为他的教学素养，呈现为他独特的教学风格，培育为绚丽开放的朵朵花蕾。单看学生笔下的汪老师、学生眼中的智多星、学生心里的大男孩，就能感受到"本真"教学的力量。《假如汪老师离开南昌》的习作训练，就像一块彩石，击破了孩子们内心的宁静。

"我们需要您！我们喜欢您！我们舍不得您！""遇见这么好的老师，是我们的福气啊！""这一年多来，汪老师为我们付出了太多，给我们留下了太多的难忘。""虽然只是一次假如，但汪老师真的离开我们，还真舍不得呢！"……

"假如汪老师有一天离开南昌，我是多么地舍不得啊！因为这一年多来，汪老师为我们付出了太多，给我们留下了太多的难忘。"

"班上的气氛刹那间僵住了，原本有着轻轻讨论声的教室瞬间鸦雀无声。这是谁也不会料到的，我们可以说是连想都没想过。"

"个个脸色苍白，愁眉苦脸，有的甚至哭了起来。"

"我难忘汪老师夜以继日地工作，每天批改我们的习作到深夜的情景。我更难忘汪老师对我的句句鼓励，'你很有灵气！''你真棒！''我喜欢你！'等批语，像一股暖流涌进我的心里。每当我被同学欺负时，汪老师会为我主持公道，使我受委屈的心得以抚慰，他像父亲般地关心我们。"

"假如有一天，汪老师真的离开了南昌，我会做两件事情：一是写一篇作文来赞扬和表达我对汪老师的想念，因为我是那么舍不得他离开南昌。二是我会祝福汪老师，因为他是人才，他的教学水平已名扬省内外。如果出于工作需要，他要调离南昌，到其他地方去传'经'送'宝'，虽然我们舍不得他，但是不管他走到哪儿，我都会永远祝福汪老师幸福、安康！我会永远牢记他——敬爱的汪老师。"

对一个教师而言，学生的眷恋和赞许是最幸福的奖赏。从学生的依依不舍，我感动于汪老师对学生真挚关爱的感情；从学生的声声敬仰，我钦羡于汪老师本真扎实的教学艺术。

3. 清生实，简养朴，朴实教学增效益

清则简，简则实，自然、简朴、扎实的语文教学，是汪老师一贯的追求。清简中，学生学会了做人、思考、读书、习作；朴实里，学生懂得了要做自己喜爱的事，养成了个性化读书的习惯。

著名特级教师张庆提出，阅读教学应遵循"倡简、务本、求实、有度"这八字方针，这与汪老师尚简崇真的教学风格不谋而合。

执教《乡下人家》一课，汪老师创设了一个富于情趣童真的"院落晚餐图"教学片段。

师：乡下人家吃饭是在哪里呢？
生：门前的场地上。
师：噢，原来乡下人家是在门前的场地上吃饭的。假如你在这样的地方吃饭，请你抬头向天空看，你会看到什么？
生：天边的红霞。
生：归巢的鸟儿。
生：快要落山的太阳。
师：假如你在这样的地方吃饭，请你放眼向远处看，你会看到什么？
生：远处的青山。
生：山上郁郁葱葱的树木。
生：清澈的小河。
生：一块块平整的田地。
············
师：在这里吃饭，就像在画卷里吃饭一样，这就叫天高地阔地吃。（生齐读。）
师：在这里吃饭，你还可能边吃饭边做什么？
生：看看夕阳。
生：下桌去逗逗小鸡。
生：去小河边看看小鱼。
生：和一同吃饭的人一边吃一边讲着话。
生：相邻居家的伙伴一边吃一边聊天。
生：端着碗到另一家去夹菜吃。
师：在这里吃饭，自由自在，不受拘束，随心所欲，这就叫天高地阔地吃。
（生齐读。）

简简单单学语文，扎扎实实求发展，汪老师的教学就是这样自然、亲切、真实、简约。课堂教学既紧扣文本，又贴近生活；既注重言语能力的训练，又立足学生情感发展的培养。

课如其人，人如其课，"智、真、简"三境既是汪老师教育人生的概要，又是他课堂教学精华的荟萃。"智、真、简"三境就是一部厚实的小学语文教学专著，徜徉其间，我们会不时惊羡于志趣课堂绽放出的流光溢彩；流连其间，我们会不时感动于诚信师生的真挚感情；沉入其间，我们会启悟于朴实语文教学的自然、简约。读汪老师的教学，我既情动于汪老师"认认真真育人"的执着的教育追求，更感佩于汪老师"安安静静读书"的淡定精神。

十一、特级教师汪智星教学风格初探

（江西省上饶市婺源县紫阳第一小学教研处副主任　何晓明）

一直很遗憾，同是婺源人，认识汪智星老师却很晚；一直很遗憾，曾经和汪智星老师同事一场，时间却很短。如果你听过汪智星老师的课，你一定会对我上面这句话深表认同。走进汪智星老师的课堂，你就会不自然地被吸引，就会自然而然地进入他和他的学生的那个世界中去。2008—2010 年，我曾经和汪智星老师有过短暂的三年同事时间。也就是这三年时光，我开始自觉地关注他的课堂教学。从《詹天佑》到《自己的花是让别人看的》，从《白鹅》到《钓鱼的启示》，汪老师的语文教学智慧而又本色，简约而又精巧。

1. 智慧

走进汪智星老师的课堂，你不得不佩服当初他的父母是多么有预见性，给他起了这样一个充满智慧的名字。

汪智星的课堂是充满智慧的。在课堂上，他总能巧妙地调动学生学习的积极性。教学《詹天佑》一课时，为了提高学生读书的质量，他对学生说："请同学们边默读课文第 2、第 3 自然段边思考，无论是读到一个词、一个句子还是一段话，只要脑子里产生了问题，就及时地用笔把问题记在书中相应的地方。看谁提的问题和我提的一样。""如果有同学猜着了我要提的问题，那么，我立刻向他鞠躬。"能够得到老师的鞠躬，这对学生来说实在是太有吸引力了。他们怎能不努力读书，努力思考呢？果不其然，孩子们后来抛出了一个个极有见地的问题。教学《钓鱼的启示》一课时，为了引导学生关注课题，他故意用红粉笔将"鱼"字写得特别大，用蓝粉笔板书"启示"一词，在"钓鱼"一词下画横线，引导学生品读、质疑。

汪智星的课堂是充满智慧的。这智慧不仅因为教师的教学充满智慧，更因为在这样的课堂上，我们看到了学生智慧的成长。教学《去年的树》一课时，学生在他的引导下把课文读成一句话，读成一个词。在这里，我们看到了学生阅读智慧的成长。教学《乡下人家》时，学生在他的引导下想象乡下人家天高地阔地吃饭的情景，想象竹笋成群地从土里探出头的情景。在这里，我们看到了学生感性智慧的抽枝。教学《钓鱼的启示》一课时，学生在他的引导下，领悟到了用一件小事来阐明一个道理的写作方法。在这里，我们看到了学生表达智慧的拔节……诸如此类，不胜枚举。一句话，汪老师的课是关注学生智慧成长的课。

2. 本色

有一段时期，语文课被塞进了太多太多的东西，一会儿成了历史课，一会儿成了科学课，一会儿成了品德课，语文课"种了别人的地，荒了自己的田"。但我们走进汪老师的课堂，绝对看不到这种误人误己的现象。汪老师在教学中紧紧抓住语言这根缰绳不放松，始终把语文的本体放在教学第一位。汪智星老师一直认为，语文教育的目的就是让学生学会正确理解和运用祖国的语言文字，语文课就是让学生学习语言的课，就是让学生学习表达和理解的课。一堂好的语文课必须遵循两条规律——语言发展的规律和人的发展规律。教学《钓鱼的启示》一文时，汪老师不是满足于让学生说说课文中的道理，而是让学生用笔写出自己的感悟，从而有效地提高学生的表达能力。教学《自己的花是让别人看的》一文时，对"花团锦簇""姹紫嫣红"这两个学生似乎有些理解又不完全理解的词，他引导学生进行了细致的辨析，使学生明白了：花儿成团，一簇紧挨着一簇，十分茂盛，就叫"花团锦簇"；花儿有紫有红，五颜六色，十分艳丽，就叫"姹紫嫣红"。汪老师的课就是这样扎扎实实地对学生进行语言文字的训练。

更可贵的是，这种训练不是教师生硬地强加给学生的，而是顺应学生的年龄特点的。汪老师自己就曾说过："课堂上，教师的语言、教师的问题等，能否适应所教的年级的学生，能否适应所教的学段的学生，教师都要通盘考虑。"每次上课，他总会用一些学生喜闻乐见的方式引导他们进行语文学习。例如，教学《钓鱼的启示》一文时，为让学生体会鱼之大，教师要求学生把自己的猜测轻声附耳对老师说，这样一种貌似游戏的行为极大地激起了学生学习的兴趣。后来，在学生读鱼之大时，一个比一个读得声高，这不能不归功于汪老师的独特的教学方式。正是教师顺应学生的年龄特点，把学生放在教学的第一位，所以在汪老师的课堂上，学生总是学得情趣盎然。

3. 简约

有人曾经说过，这个世界上最伟大的事情就是把复杂的问题简单化，可是我们的语文教学偏偏把简单的问题搞复杂了。纷繁复杂的表演、眼花缭乱的课件满堂飞，一节课下来，光教学目标就有十多个，一会儿讲东，一会儿讲西，最后连教师也不知道这节课自己主要在教什么。汪老师对这种现象一直保持着极大的警惕。他曾说过："有限的教学时间内，教学内容切忌贪多求全，面面俱到。'弱水三千，只取一瓢'。教学内容的选择要深谙'有取有舍、取舍得当'的原则，力求'一课一得'。"教学《乡下人家》一课时，他紧紧抓住"独特、迷人"让学生体会。他的课堂结构也是简约的。他一直强调课堂的主线要清晰，整节课下来，要清清楚楚一条线，不可旁逸斜出，支离破碎。教学《自己的花是让别人看的》一文时，他紧紧抓住"奇"这个字，顺着"家中奇""街上奇""永远奇"展开教学。一节课上完，教师教的过程和学生学的过程都很清晰。

4. 精致

课品即人品。生活中，汪老师就是一个追求精致的人。文章写完之后，他一定要改了又改；做一件事情，他一定要做到完美。于是在课堂中，我们总能看到他对精致的追求，而且这种追求是一种理性自觉支配下的追求。比如，对过程，他有过这样的论述："教学是一个过程，它是由一个个点串联在一起的。只有点上的精彩，却没有整个过程的有效、自然、完美的串联，教学也会大打折扣。"对结课，他又有过这样的论述："许多课叫人听后总觉得课不能或不该结束，却硬生生地结束了。造成这种情况，是因为老师在备课时没有通盘考虑。像写文章一样，没有整体构思，想到哪，写到哪，失去了文章的完整美。备课中，教师一定要设置回顾课文、回归主题的环节。一节课下来，学生对自己所学的知识、所掌握的能力要有一个回顾、总结与提升。"这些话语反映的都是他内心对课堂的一种美的追求。其实，课堂的简约又何尝不是他课堂美学观的一种反映？记得他上《去年的树》一课时，以新美南吉始，以新美南吉终，整个教学浑然一体，宛若天成。

我深知，以我的浅学来解析汪智星老师的教学风格，是冒险的。像汪智星这样一位在教学之路上追求卓越的老师，岂是我这三言两语所能说尽的？汪智星老师的语文教学是一座思想的宝库，值得所有有志于语文教学的同人去发掘，去探宝。

十二、我的导师汪智星①

（江西省南昌市邮政路小学　"汪智星名师工作室"核心成员　蔡　豪）

我是邮政路小学的蔡豪，今天能和大家一齐分享汪老师的故事，我的内心是忐忑的。汪老师上星期和我交代这个任务的时候，我问他，准备些什么呢？他说，什么都不用准备，不要潸然泪下的鼓动，就安安静静来讲个故事，说说那些发生在咱们工作室的故事就好。

好，那我就来讲讲我身边的汪老师，我亲历的那些故事……

1. 浅浅的相识

我到邮政路小学比汪老师还早，当年在任的刘校长说，今年学校要引进一名优秀的特级教师，师从小语界的泰斗于永正。听完刘校长的一席话，大家都议论纷纷，这究竟是一位怎样的名师呢？

等汪老师来到我的面前，却与我想象的有些不同。我想象着特级教师应该是两鬓斑白，颇有年纪，有着丰富经验的老教师，可汪老师不是，他看上去也不过三十出头，微胖的身材让人觉得他圆乎乎、憨憨的，我心底不禁想着：好年轻的名师。

可是第一次走进他的课堂，我对他的印象有了彻底的改观。这个看上去憨厚的男老师，课堂上有着藏不住的智慧。犹记得，我听的第一节课是他的习作指导课。学校老师素来爱学习，走进多媒体教室，教室里早已坐满了慕名而来的听课老师。我想大家和我一样，都对这位新的家庭成员充满好奇。语文老师都知道，习作指导课是最难上的课型，好多孩子提笔就是一脸的哀愁，不愿意动笔。但是，

---

① 本文依据蔡豪老师于 2016 年 10 月 31 日在南昌市东湖区教育科技体育系统"道德课堂"上的一次演说整理而成。

那节课上他指导学生用英文字母写话，一个个英文字母在他的课堂上成了一个个跳动的音符。他带着孩子们去说、去想、去写，我看不到孩子们脸上的忧愁，而是看见了一个个最美丽的童真笑脸……你别看孩子们在课堂上玩得轻松，其实一切都在他的掌握中。课堂的流程清晰，语言简洁，没有花枝招展地炫技，没有夺人眼球的多媒体抢功，一支粉笔，一块黑板，一个背景全白的课件，呈现了一节精彩纷呈的作文课。

在课堂上，他是忘我的，没有自己，只有学生。一次习作课上，这位名师背着绿色小挎包，穿着红马褂，戴着小黄帽就上场了，听课的老师们忍俊不禁，而他呢，像个没事人一样，全情投入自己的课堂，已经到了忘我的境界。说实话，年轻的我常常害怕自己太年轻，站在讲台上，尤其是面对高年级的孩子，怎么树立自己的威信呢？于是穿得老气横秋，企图用外表掩饰内心的空虚，可是从他身上，我明白，做一个好老师，真正的威信不是来自外在的塑造，而是认真备好一节节课，用学识和言行去影响学生。

最初他给我的印象是——好一个智慧的老师。

2. 细细的感受

就这样和汪老师共事几年之后，他成立了自己的工作室"汪智星名师工作室"，也是在那时，我才有机会走近他身边，细细地感受他的教学艺术。

工作室成立之初，大家像一盘散沙，不知道要干什么。可是作为工作室主持人的他很清楚，要我们每个人写自己的发展计划，告诫我们青年教师一定要树立一种不断学习、勇于追求的意识，平常要多看书、多动笔、多交流。他常和我们说起他的教学经历，从一个乡村体育老师成为一名优秀的语文老师，靠的不是天赋，而是花时间大量去阅读、去思考、去求教。他说这话时，常常是面带微笑，平淡地述说，可是这背后的付出，是常人不能想象的。

当时已是副教导主任的他，在承担教学任务及教导处相应事务的同时，仍然经常出现在学校的各类公开展示课上。翻开他的博客，可以发现仍旧保持着每天更新的习惯，大多数文章后面的发布时间是凌晨两三点。那些文字里有对教学的感悟，有对学生作文的点评，有他的读后感……

有一回交年会论文，学校收上了大家的初稿，没过多久，稿子就发下来了，可是发下来的稿子中用铅笔密密麻麻写满了修改符号。我们都纳闷是怎么回事，后来才知道这 80 多篇不同学科的论文，都是汪老师一个人帮我们修改的，所以他那时常揶揄自己："瞧，我到咱校这几年，瘦了十几斤，我的肥肚子都没啦！"我想这句玩笑话的背后，是他惊人的付出。

好一个勤奋的汪老师，我钦佩他的勤奋，更钦佩他的人品，在引领教师专业化成长的道路上，他不遗余力地付出着。

3. 深深的影响

2017 年的工作室总结会上，他和我们谈到个人课题的话题，他说自己有许多省级课题在研究，还坚持做个人课题，就是想带动我们学校的老师一块儿做。我看了看工作室的成员，很多在座如我一般年轻的老师都已成为学校的骨干，工作室里陈列的我们这些年轻老师的奖状，使我深深地感受到在工作室的这些年，我们的成长是多么迅速，他对我们的影响是多么大……

汪智星向来"汪智星名师工作室"视察指导的领导、专家汇报工作

2015 年，我经历了人生的一个新阶段——为人母。休完产假回到学校上班的我，还没有从初为人母的角色中抽离出来，上班第一天，他把我叫到他的办公室，希望我能接手四年级的一个班级，担任语文老师及班主任的工作。对待学校提出的要求，我没有拒绝，但心里是纠结的。我害怕自己适应不了高强度的工作节奏，汪老师仿佛看透了我的这点小心思，说道："我很佩服女同志，又要工作还要兼顾

家庭。这个班的家长们一直很渴望有个优秀的老师能接手班级。你是我的工作室成员，我希望你能理解学校目前老师紧缺的困难。胡校长对你特别有信心，她相信你能做得很好，而作为工作室的成员，我也希望你能在学校各项工作中不怕吃苦，勇于挑战。"

如果说这次谈话的内容是布置工作，谈话的过程却是一个"老大哥"在叮咛晚辈。我听他这么说，心里也犹如注入一针强心药。接手班级第二天，时逢区里每年开学初的教研活动，正当我发愁时间上安排不过来的时候，我在楼道碰见了汪老师，他问我："下午的教研活动安排好时间了吗？"我焦急地说："下午两节课，正愁不知道怎么办呢。"他说："别急，我来看看教导处能不能给你安排一节，你自己再换一节！"我心里很清楚，这是汪老师在给我"开后门"，平常学校的代课、换课有着严格的管理制度，老师是不能随意换课的。可是，别看他给我"开后门"，业务上他却不让我有丝毫偷懒。我这个哺乳期妈妈，该参加的教学比赛绝没少过。他把我催进录播教室录课，找专家给我听课，又逼着我再改教案再试教。该做的教学常规，也必须保质保量完成，丝毫没有"他是老大哥，我是他小妹，多多通融"的意思。我知道，他是想告诉我，年轻老师一定要关注自己的成长，在业务上要过硬。

2015年下学期，区里选拔区学科带头人，我刚刚在省骨干教师的评比中受挫，全然没有干劲，于是弃权，没交材料。他把我叫到办公室去说了我一通："你怎么回事啊？有材料怎么不交呢？你看你这一错过，又要几年的时间，上周五我还提醒你了，你怎么还是没有交材料啊？"这大概是我印象中他第一次用严厉的语气和我说话，我无从辩解，确实是我自己的问题。我的内心是渴望进步的，不过初为人母的角色让我对工作产生懒惰情绪。想想汪老师，再想想自己，从那以后，我工作再不敢偷懒啦！

2016年，汪老师出版了自己的第二本语义专著——《汪智星与你相约语文》。我在他的书里偶然翻到一个篇章是写他在出席一次劳模会议时，一个劳模向他夸起我，说她的孙子在家里是如何把蔡老师夸上天的……这么一件细微的事情，他却记在书里，那篇文章还一并夸了工作室的其他老师，文章题目是《做一个被需要的老师》。我想，他自己就是这么给自己定位的吧？做一个被需要的老师。放下书的第二天，我主动报名参加了学校每年一次的"枫杨杯"教学比赛，这是我们学校青年教师的练兵台，很多青年教师既渴望展示自己，又惧怕超强的比赛水准和节奏。现在比赛已经进入初赛阶段，每晚哄孩子睡下，我才能拿出课件、教案开始修改，有时候夜深了，也困了想入睡，可是想起汪老师书里的那句"做一个被需要的老师"，我坚持了下来，我想做一个被学校、家长、学生需要的好老师。

这些年来，汪老师取得了各种头衔，许多年轻老师在他的影响下成长起来。这次，他让我不做任何准备，就这么说故事，我想了想，还是打了个草稿带来，因为我想在这有限的时间内，把数不清的故事梳理出个头，娓娓道来，让它们汇成一股清流，涓涓流往各位的心田，由你们去品味这些故事背后的汪老师是一个什么样的老师……

十三、我眼中的汪老师

[江西省南昌市邮政路小学六（6）班学生　汪一凡]

我叫汪一凡，是南昌市邮政路小学六（6）班的一名学生。汪老师就是我们班的语文老师。汪老师是在我们读三年级的时候开始教我们的。

1. 初次见面

说到汪老师，我想先从他的名字说起。记得那是汪老师给我们上的第一节课，汪老师走进教室，没有告诉我们他叫什么，而是先让我们猜他叫什么名字。他告诉我们他姓汪，又说他的名字就藏在"发挥聪明才智，培育希望之星"这两句话里面，让同学们都来猜猜。这下子教室就像炸开了锅，同学们七嘴八舌地议论起来……有猜"汪发挥"的，有猜"汪明星"的，有猜"汪培星"的，有猜"汪希望"的，有猜"汪育星"的。总之，全班同学一个个猜得不亦乐乎！汪老师都笑着摇摇头，同学们没一个猜对的，最后汪老师告诉大家，他叫"汪智星"。原来那两句话是他爸爸给他取名的含意："发挥聪明才智，培育希望之星。"

2. 创新的阅读课

嗯，再说说汪老师的爱好吧！老师们猜猜看汪老师每天都会布置的同一项作业，

你们知道是什么吗？对！那就是坚持课外阅读。汪老师不仅自己爱阅读，而且经常呼吁同学们爱上阅读。每节课上，汪老师叫我们做的第一件事就是有感情地把课文完整地读一遍。他是如何教我们阅读的呢？就让我讲一讲汪老师上的一节创新阅读课吧！汪老师上课与众不同，他要请一位"小老师"上台当助手。前几天，我就又当了一回小助手。汪老师叫我给同学们范读课文中的一个自然段。在读的过程中，我有些许紧张，当然，这很正常。我为了当好小助手，就十分"卖力"地读着。读完后汪老师会指点一番，我想汪老师教的阅读课的巧妙之处就在于此，他想让我们在一次次的练习中学会读书。

汪老师还常常告诉我们："要学会阅读，学会思考，不读书学不好语文。相反，当你读了大量书籍之后，你的语文水平自然就会提高！"

3. 有趣的习作课

对大部分学生来说，写作文是让他们头疼的事。课堂上，只要一听到"写作文"三个字，他们立马就会开始头疼，可汪老师在他的课堂上巧妙地解决了这个问题。记得有一天上课前比较反常，铃响后汪老师才走进教室。他一句话也没说，就连"上课、起立"也没喊。他在讲台前站定了一会儿，然后把外套的拉链打开，只见里面的衣服上贴着一张便条，上面写着"大胃王"三个字，同学们一看就笑傻了。汪老师继续从外套里拿出东西，好像拿出一个类似篮球大小的东西，但手上又什么都没有，同学们都十分好奇，不知道老师今天要上一节什么样的课。只见汪老师对着那个东西用鼻子闻着，双眼微闭，感觉很陶醉的样子，然后用手做着撕鸡腿的动作，撕下一个鸡腿有模有样地吃着。吃的过程还有吐骨头的动作，吃完了还用餐巾纸假意地擦着嘴角，最后还打了个饱嗝。只见汪老师将一块又一块的"肉"塞进嘴里，突然，汪老师好像被什么卡住喉咙了。他用水咽，没用；他又反复"哈"，也没用；最后他用手指反复抠，终于弄出来了。演得真是像极了！同学们在看的过程中都没说话，安静地看着汪老师对着一团空气表演。

表演完了，汪老师告诉我们刚才他表演的是一个吃烧鸡的哑剧，接下来要求我们把刚刚的哑剧过程写一篇作文。奇怪的是，同学们这次竟然高兴地开始写起作文来，好像把刚刚憋了一肚子的话要全部写出来！从那以后，大家对写作文就不再觉得那么难了。这节课，汪老师教会了我们写好文章的秘诀：要善于观察，把看到的、想到的真实地写下来，这就是好作文。

4. 师生深情

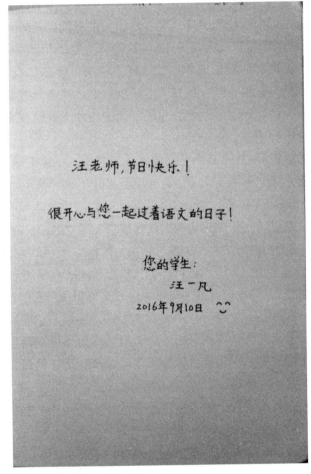

学生汪一凡送给汪智星的节日小卡片

　　汪老师在博客里写道："我爱自己班里的每一位学生，正如他们深深地爱我一样。"是的，我们也深深地爱着汪老师。

　　四年级时的一天，汪老师患上了感冒，引发了咽喉炎，课堂上几乎发不出声来。看到这一幕，我的嗓子仿佛也痛了起来。放学后，我奔向药店，买了一些药，次日课间，我来到汪老师的身边，从衣服口袋里掏出了昨天买的那两盒药。我带着微笑，

轻声对他说："汪老帅，这一盒是含片，你白天含着吃；另一盒是喷剂，晚上休息时，对着咽喉喷一喷就行了。"汪老师没有拒绝我的心意，他感动地接过我手中的两盒药，幸福地说："谢谢你，汪一凡。"当时我便感到心情特别愉悦。第二天课前，我又来到汪老师身边，轻声询问："汪老师，你的咽喉好一点了吗?"他告诉我："快了。"就这样，我每天都会来到汪老师的身边轻声地问候，直到他咽喉完全恢复。

　　时间过得真快，跟汪老师共同相处了快三年。如今，我们都读六年级了，也意味着小学将要毕业。我又回忆起与汪老师之间发生的点点滴滴，在这一个个故事的背后，反映的是我和汪老师之间那份浓浓的师生之情!

　　这就是我眼中的汪老师，也是我们六（6）班同学眼中的汪老师。

附　录

一、教育专著

1.《过着语文的日子》，南昌，江西人民出版社，2012。
2.《汪智星与你相约语文》，南昌，江西高校出版社，2016。

二、代表性文章

1.《〈乡下人家〉（第二课时）教学实录及评析》，载《小学教学（语文版）》，2007 年第 10 期。

2.《〈詹天佑〉（第 1 课时）课堂教学实录》，载《小学教学（语文版）》，2008 年第 1 期。

3.《"学会推销自己"的说课设计》，载《江西教育》，2008 年第 1 期。

4.《意料之外　情理之中——"果冻课堂"习作指导课的前后思考》，载《小学教学（语文版）》，2008 年第 7/8 期。

5.《教〈一个中国孩子的呼声〉的课后反思》，载《小学教学研究》，2009 年第 1 期。

6.《作文是自然而然的事——由〈畅想图书馆〉作文指导课引发的思考》，载《小学教学（语文版）》，2009 年第 3 期。

7.《名师教我解读教材》，载《小学语文》，2009 年第 6 期。

8.《"玩"上一回又何妨——〈画老师〉作文教学实录及反思》，载《小学教学（语文版）》，2009 年第 7/8 期。

9.《教育是件"针线活"》，载《小学教学（语文版）》，2009 年第 9 期。

10.《梦，从大山里开始》，载《小学教学（语文版）》，2009 年第 4 期。

11.《〈自己的花是让别人看的〉教学实录及点评》，载《小学教学（语文版）》，2009 年第 4 期。

12.《钻出味儿，教出味儿》，载《小学教学（语文版）》，2009 年第 4 期。

13. 《与"不动学生"道"拜拜"——〈将相和〉之"完璧归赵"教学案例诊断》，载《小学教学（语文版）》，2009 年第 11 期。

14. 《作文教学需"灵光一闪"——〈掌心的秘密〉作文指导叙事》，载《小学教学（语文版）》，2010 年第 1 期。

15. 《做绝顶聪明人——"奇异的蔬菜瓜果"作文指导课实录及评析》，载《小学教学（语文版）》，2010 年第 7~8 期。

16. 《领略景观之奇妙——"自然景观"习作指导课实录》，载《小学教学（语文版）》，2010 年第 12 期。

17. 《"字母组图"习作指导课教学实录》，载《小学教学（语文版）》，2011 年第 5 期。

18. 《它不仅是只高傲的白鹅——〈白鹅〉教学实录及评析》，载《小学教学（语文版）》，2011 年第 7~8 期。

19. 《在"去年"与"今年"之间抒写"好朋友"——〈去年的树〉课堂实录及评析》，载《小学语文教学》，2011 年第 12 期。

20. 《基于小学语文有效备课的思考》，载《小学教学研究》，2012 年第 1 期。

21. 《〈晏子使楚〉课堂教学实录》，载《小学教学（语文版）》，2012 年第 7/8 期。

22. 《奇异之旅　全新体验——"蒙眼作画"习作指导课教学实录》，载《小学教学（语文版）》，2012 年第 12 期。

23. 《悟内涵　想画面　独词朗读亦有情》，载《小学教学（语文版）》，2013 年第 1 期。

24. 《漫画习作教学策略思考——以人教版六年级上册第四单元习作为例》，载《小学教学（语文版）》，2013 年第 6 期。

25. 《品味诗中画——例谈如何运用多媒体进行小学古诗文教学》，载《江西教育》，2013 年第 7~8 期。

26. 《所有的付出都是享受——"玩"习作教学实录及评析》，载《小学教学（语文版）》，2013 年第 7~8 期。

27. 《基于阅读教学练写误区及方略的审视》，载《江西教育》，2013 年第 9 期。

28. 《"我的课余生活"习作指导课实录》，载《小学教学（语文版）》，2013 年第 12 期。

29.《要确立三种意识》，载《江西教育》，2013 年第 12 期。

30.《"玩作文"：舞动习作教学新天地》，载《江西教育》，2015 年第 12 期。

31.《习作讲评要"有的放矢"——三年级"我最喜欢的人"习作讲评课实录》，载《小学教学（语文版）》，2014 年第 4 期。

32.《字里行间觅"温暖"——〈燕子专列〉教学实录及反思》，载《小学教学（语文版）》，2014 年第 7～8 期。

33.《"趣味汉字听写"习作教学实录及反思》，载《小学教学（语文版）》，2014 年第 9 期。

34.《情境体验式习作教学实践与研究》，载《小学教学（语文版）》，2014 年第 11 期。

35.《基于童话特征的童话写作指导——以人教版四上第三单元童话作文指导为例》，载《小学教学（语文版）》，2015 年第 3 期。

36.《习作教学中有"趣""法"——"大胃王吃烧鸡"习作教学实录及评析》，载《小学教学（语文版）》，2015 年第 7～8 期。

37.《"玩"语文，构建幸福教研的新路径》，载《河南教育（基教版）》，2015 年第 12 期。

38.《从"一般"到"多元"提升——人教版五（上）七单元"读后感"习作指导及赏评课教学实录》，载《小学教学（语文版）》，2016 年第 1 期。

39.《品外貌语言　悟慈母情深——〈慈母情深〉课堂教学实录》，载《小学教学（语文版）》，2016 年第 7～8 期。

40.《"读后感"练写的"四法宝"》，载《小学教学研究》，2017 年第 9 期。

41.《"漫画习作"可以这样写》，载《小学教学研究》，2017 年第 18 期。

42.《以读为本，语文之道——〈自然之道〉教学实录及评析》，载《小学教学（语文版）》，2017 年第 7/8 期。